能力培养型生物学基础课系列实验教材

植物学实验教程

（第三版）

赵遵田　苗明升　主编

科学出版社
北　京

内 容 简 介

本书依据高等师范院校植物学教学大纲，在多年实践经验的基础上编写而成。内容包括植物形态解剖学部分和系统分类学部分，共设33个实验。书中介绍了显微镜的结构和使用、测量技术、细胞结构、种子植物形态结构、孢子植物主要类群的形态结构、种子植物主要科、属的特征和植物标本制作等，以及植物学基本实验技术与方法，还附有常用植物学实验仪器和常用实验试剂的配制方法。

本书可供高等师范院校生命科学专业学生使用，也可作为农、林、医药院校教师和学生的教学与参考用书。

图书在版编目(CIP)数据

植物学实验教程／赵遵田，苗明升主编．—3版．—北京：科学出版社，2014．11
能力培养型生物学基础课系列实验教材
ISBN 978-7-03-042241-5

Ⅰ．①植… Ⅱ．①赵… ②苗… Ⅲ．①植物学－实验－高等学校－教材 Ⅳ．①Q94-33

中国版本图书馆CIP数据核字(2014)第245660号

责任编辑：陈　露
责任印制：谭宏宇／封面设计：殷　靓

科学出版社 出版
北京东黄城根北街16号
邮政编码：100717
http：//www.sciencep.com
南京展望文化发展有限公司排版
广东虎彩云印刷有限公司印刷
科学出版社发行　各地新华书店经销

*

2014年11月第　三　版　开本：787×1092　1/16
2024年 9 月第二十六次印刷　印张：10
字数：226 000

定价：30.00元

《植物学实验教程》第三版编写人员

主　编： 赵遵田　苗明升

副主编： 樊守金　张　萍　孟庆杰　王文房

编　者： （以姓氏笔画为序）

于惠敏　马成亮　王元军　王文房

卞福花　任　强　刘柏玲　李思健

李彦连　张秀玲　张学杰　张　萍

苗明升　周长路　孟庆杰　赵月玲

赵丽萍　赵遵田　胡德昌　侯元同

徐恒戬　樊守金

第三版前言

植物学是生物学专业的一门重要的基础课，是研究植物界和植物体的生活及发展规律的科学，实验课则是植物学教学中的一个重要环节，它不仅与课堂讲授的基本理论、基础知识相结合，也是学习后继课程和进行科研工作的基础，同时又是训练学生掌握科学思维的方法，培养实事求是的科学态度和独立工作能力的重要手段。

本书依据全国高等师范院校植物学教学大纲，在多年的植物学实验教学经验基础上，参考国内外相关著作、文献和兄弟院校的相关教材，并吸收一些新的实验方法和内容编写而成。为了培养学生独立工作能力，书中介绍了植物学的基本实验技术与方法，每个实验都让学生自己动手操作，并结合固定切片对比观察。教学的最主要目的是培养学生分析问题和解决问题的能力，根据这一宗旨，本实验教程在内容的编排上进行了新的尝试：共分为三部分，第一部分为基础性实验，主要培养学生基本实验技能；第二部分为综合性实验，主要培养学生综合分析能力；第三部分为设计性实验，或称之为探索性实验、设计性实验，主要培养学生的创新能力，为做毕业论文打下良好的基础。

本书内容包括植物形态解剖学部分和系统分类学部分，共设 33 个实验，每个实验 3 学时，有个别实验内容较多，教师可根据情况加以选择。

本书编者力求顺应当前学科发展，努力贯彻理论与实践紧密结合的指导思想，突破了传统的只是验证、巩固和描述教材内容的实验模式，重视与培养学生发现问题、解决问题和科学探索的综合实践能力，在各院校应用过程中得到好评。本书的特点是：基础性实验部分易于学生独立操作、观察、分析，实验材料可选取性强；综合性实验通过学生自己设计实验问题和实验方案，融会贯通各章节的段落知识，使学生综合运用知识、资料的能力得到培养；探索性实验启迪学生的创新意识、激发学生的探索激情和创新思维，培养学生的实践能力和解决实际问题的能力。

本书可供高等师范院校植物学专业及农、林、医药院校等相关专业师生使用，也可供中学植物学教师作教学参考书。限于编者水平，书中难免有不足之处，诚恳有关专家和读者批评指正。

编者
2014 年 10 月

目　录

第三版前言

第一部分　基础性实验

绪论 ………………………………………………………………………………（3）
　一、植物学实验的目的和要求 …………………………………………………（3）
　二、植物绘图法 …………………………………………………………………（3）
　三、实验报告范文 ………………………………………………………………（4）
第一章　植物学基本实验技术 ……………………………………………………（9）
　第一节　显微镜的构造和使用 …………………………………………………（9）
　第二节　植物制片法和显微测量技术 …………………………………………（12）
第二章　植物细胞和组织 …………………………………………………………（21）
　实验 1　植物细胞的结构 ………………………………………………………（21）
　实验 2　植物细胞的有丝分裂和分生组织 ……………………………………（25）
　实验 3　植物的成熟组织 ………………………………………………………（27）
第三章　种子植物的营养器官 ……………………………………………………（32）
　实验 4　根的结构 ………………………………………………………………（32）
　实验 5　茎的结构 ………………………………………………………………（37）
　实验 6　叶的结构 ………………………………………………………………（42）
第四章　植物的繁殖器官 …………………………………………………………（47）
　实验 7　花的形态和解剖结构 …………………………………………………（47）
　实验 8　果实、种子的类型、结构及胚的发育 …………………………………（56）
第五章　藻类植物 …………………………………………………………………（63）
　实验 9　蓝藻门、裸藻门、黄藻门、硅藻门 ……………………………………（63）
　实验 10　绿藻门、轮藻门 ………………………………………………………（67）
　实验 11　红藻门、褐藻门 ………………………………………………………（71）
第六章　菌类和地衣 ………………………………………………………………（77）
　实验 12　黏菌门、真菌门（Ⅰ） ………………………………………………（77）
　实验 13　真菌门（Ⅱ）、地衣门 ………………………………………………（80）

第七章 苔藓植物 ……………………………………………………………… (85)
　　实验 14　苔纲、藓纲 ……………………………………………………… (85)
第八章 蕨类植物 ……………………………………………………………… (89)
　　实验 15　石松、楔叶及真蕨亚门 ………………………………………… (89)
第九章 裸子植物 ……………………………………………………………… (94)
　　实验 16　银杏纲、苏铁纲、松柏纲 ……………………………………… (94)
第十章 被子植物 ……………………………………………………………… (98)
　　实验 17　木兰亚纲、金缕梅亚纲 ………………………………………… (98)
　　实验 18　石竹亚纲、五桠果亚纲(Ⅰ) ………………………………… (102)
　　实验 19　五桠果亚纲(Ⅱ)、蔷薇亚纲(Ⅰ) ………………………… (108)
　　实验 20　蔷薇亚纲(Ⅱ) ………………………………………………… (113)
　　实验 21　菊亚纲 …………………………………………………………… (116)
　　实验 22　泽泻亚纲、鸭跖草亚纲、槟榔亚纲、百合亚纲 ………………… (121)

第二部分　综合性实验

　　实验 23　种子萌发及幼苗形成过程的观察 ……………………………… (125)
　　实验 24　植物营养器官的整体性研究 …………………………………… (128)
　　实验 25　检索表的编制和使用 …………………………………………… (130)
　　实验 26　植物标本的采集和制作 ………………………………………… (132)
　　实验 27　藻类植物的采集和培养 ………………………………………… (134)
　　实验 28　校园植物的调查研究 …………………………………………… (136)

第三部分　研究性实验

　　实验 29　不同生境下植物叶片形态结构的比较观察 ……………………… (139)
　　实验 30　不同形态结构的花与传粉的关系 ……………………………… (140)
　　实验 31　植物物候期的观察 ……………………………………………… (141)
　　实验 32　近郊常见植物调查 ……………………………………………… (142)
　　实验 33　植物花粉形态观察研究 ………………………………………… (143)

附录 ……………………………………………………………………… (145)
　　附录 1　常用植物学实验仪器 …………………………………………… (145)
　　附录 2　实验药剂的配制 ………………………………………………… (146)

主要参考文献 …………………………………………………………… (151)

第一部分

基础性实验

绪　论

一、植物学实验的目的和要求

植物学实验是植物学教学的一个重要组成部分，要求掌握实验的基本方法与技能，贯彻理论联系实际，培养独立工作能力，养成严谨的科学态度与工作作风。

1. 基本方法与技能的具体要求

1）熟练使用光学显微镜，并能在显微镜下识别代表性植物的细胞、组织、器官结构。

2）掌握徒手切片、离析、压片、透明、染色、临时装片等实验方法。

3）学会使用放大镜、显微镜观察植物器官的外部形态。

4）学会植物绘图，掌握花图式、花程式。

5）熟练使用和编制植物检索表，识别常见科、属的主要特征及其代表植物。

2. 加强对基本知识和基本理论的理解

1）观察切片标本时注意切面与整体的关系，通过显微镜下局部组织和画面建立立体结构的概念。

2）观察载玻片标本时要注意结合观察植物体的外形，了解取材部位，联系解剖结构与生理功能，对比各种结构的异同、特点，达到深入认识和理解。

3）联系实际建立植物界各大类群的进化概念和掌握植物分类的基本方法。

3. 培养科学态度和独立工作的能力

1）在实验过程中要求学生自己动手、独立操作，在观察、记录、绘图、填表或列表时应认真仔细，实事求是。

2）遵守实验室规则，保持良好的工作习惯，根据实验指导要求按时完成作业。

二、植物绘图法

研究植物科学，绘图是重要的基本技能之一，它在物种鉴定、学术交流以及教学中都起着重要的辅助作用。

植物图和艺术图有明显的不同，艺术图是作者站在艺术的角度、用艺术的观点去观察、分析事物，在绘画的过程中，除了要考虑画面的大小与长短外，作者还要根据对景物作筛选处理的经验和体会，通过艺术的手法将景物表达出来。而植物图是作者从科学研究的角度出发，站在科学的立场上，用科学的观点去观察所画的植物，绘图必须符合实际，实事求是。描绘符合科学的植物图，要求具有一定的植物学专业知识，并有一定的艺术修养，要在符合科学性的前提下，注意构图、笔触、衬阴或色调等事项。这样画出来的植物图，不仅逼真，而且美观。

植物图主要供科学研究和教学应用，有的要通过印刷出版来交流、研究。因此植物绘图技术要注意如下事项。

1) 用2H或3H的铅笔,铅笔要削尖。

2) 要边看显微镜,边按视野中的实际情况绘图,先轻轻勾画出轮廓,而后再画具体。

3) 图的大小要适当,应位于图板的中央略偏左上方,以便在右侧和下方注解文字。

4) 图中较暗的地方,用铅笔点上细点表示,越暗的地方(如细胞核)细点越多。

5) 画点时铅笔应与纸面垂直,点要圆,不能像逗号,且点的疏密适当,不重叠。

6) 线条的粗细应有规律,太粗、太细或太密都不符合要求。墨色不能浓淡不匀,线条不能漏画或合并。

7) 字尽量注在图的右侧,用尺引出水平的指示线,指示线的右端平齐,然后注字。

8) 在图的下方标示所画图的名称及放大倍数。

9) 一幅图中,只要详细画出部分结构,其余的只要勾画出轮廓即可。

10) 版面要清洁,做到黑白分明。

三、实验报告范文

实验报告范文1(形态学实验)

姓名: ________ **班级:** __________ **学号:** ________

实验题目: 植物细胞的结构

一、实验目的

观察、认识植物细胞的基本结构特点及其代谢产物,掌握临时装片的制作技术。

二、方法步骤

1. 洋葱表皮装片的制作与观察

撕下一小片洋葱内表皮,制成临时装片(加碘液)于显微镜下观察洋葱表皮细胞的形态、结构和排列情况。

2. 果肉离散细胞的观察

用镊子挑取少许成熟的番茄果肉,制成临时装片于显微镜下观察其形态结构。

3. 质体类型的观察

取白菜菜心、菠菜叶、红辣椒果肉分别制成装片,观察白色体、叶绿体和有色体。

4. 原生质流动的观察

取紫竹梅的表皮毛制成装片,在显微镜下观察原生质的流动。

5. 后含物

用紫竹梅叶、秋海棠叶柄、马铃薯块茎、橘皮、豆类种子制成临时切片或装片观察花青素、结晶体、淀粉粒、油滴、糊粉粒(蛋白质)等。

三、观察结果

用文字或表格的形式记录观察到的实验结果。

观察内容	取材部位	形态、结构特点	功能
洋葱表皮细胞			
番茄果肉细胞			
质　　体			
原生质流动			
后 含 物			

四、绘图

绘出几个番茄果肉细胞结构图和各种类型的淀粉粒图。

实验报告范文 2(分类学实验)

姓名: ________ **班级:** ________ **学号:** ________

实验题目: 木兰亚纲、金缕梅亚纲

一、实验目的

通过对典型植物的解剖观察,掌握木兰亚纲、金缕梅亚纲各科植物的主要特征,了解木兰科、毛茛科、睡莲科植物的原始性状及其在植物系统演化中的地位。

二、方法步骤

1. 木兰科 Magnoliaceae

观察玉兰枝条和腊叶标本。取花,先观察花被片数目及排列方式,再将花纵切,观察花托的形状,雌、雄蕊的数目及排列方式。

2. 莲科 Nelumbonaceae

观察莲的植株并对一朵花进行解剖,观察花萼、花瓣、雄蕊和心皮的数目及排列方式。

3. 毛茛科 Ranunculaceae

观察毛茛新鲜植物体和腊叶标本。取一朵花先观察外形和花托的形状、萼片、花瓣、雌、雄蕊的数目及排列方式;用镊子取下一枚花瓣,放在载玻片上,观察花瓣内侧基部的结构。

4. 桑科 Moraceae

观察桑的新鲜枝条。观察雄花序的形状,雄花萼片和雄蕊的数目及排列关系;取雌花,观察萼片和雌蕊心皮的数目、胚珠着生的位置。

5. 山毛榉科 Fagaceae

观察板栗的枝条和腊叶标本。

三、观察结果

1. 总结木兰科的主要特征。
2. 总结毛茛科的主要特征。
3. 写出毛茛和玉兰的花程式。

四、绘图

绘玉兰、莲、毛茛的花图式。

实验报告范文3(研究性实验)

姓名：__________　　**班级**：__________　　**学号**：__________

实验题目：不同生境下植物叶片的形态结构观察

一、实验原理

叶子是植物的重要器官，它有两大生理功能，光合作用和蒸腾作用。蒸腾作用是根系吸收水分的动力之一，植物根系吸收的矿物质主要是随蒸腾液上升并转运到植物体的其他部位。另外，蒸腾作用也能降低叶片的表面温度，从而使叶子在强烈的日光照射下，不至于因温度过分升高而受损伤。但蒸腾作用会消耗很多植物体内的水分，因而植物根系吸收的水分和叶片蒸腾作用消耗的水分之间需达到一个等量的状态，即水分平衡状态。植物在长期的进化过程中，逐渐形成了防止水分过分散失的结构，如叶表面的角质层、密生茸毛、气孔下陷或形成气孔窝、叶片内储水组织发达等，都是为了适应保持水分，减少水分蒸腾的特征。植物生活于不同的生态环境中其叶片的这些适应性结构不同，形态变化也较大。

二、实验材料及方法

以菹草、眼子菜、夹竹桃、芦荟、松树、慈姑、小麦等植物的叶为实验材料，观察其叶子的形态，并结合徒手切片、冰冻切片观察叶片的结构并绘图。用放大镜、解剖镜仔细观察叶片的表面，拍照或画简图。

三、结论及分析

1. 绘出夹竹桃、芦荟、菹草叶的横切片结构图，并把实验观察结果填入下表。

项目 \ 植物名称	小麦	菹草	夹竹桃	松树	慈姑	芦荟	眼子菜
叶形、大小							
厚度、质地							
气孔数目/单位面积							
表皮附属物							
叶肉细胞							

续　表

项目＼植物名称	小　麦	菹　草	夹竹桃	松　树	慈　姑	芦　荟	眼子菜
栅栏组织							
海绵组织							
生长环境							

2. 植物的根系从土壤中吸收的水分，经输导组织运送到地上部分，通过气孔散发到空气中。因而不同环境中生长的植物的叶片结构、表面附属物（表皮毛、角质层、蜡质等）有很大的差别。如夹竹桃叶下表皮形成气孔窝，气孔都分布于凹陷的气孔窝内，并有表皮毛覆盖于其上，最大限度的减少了水分的散失；而慈姑生长于水环境中，其叶片表面较光滑，少表皮毛和角质层。

3. 植物（旱生、水生，阳地、阴地植物等）叶子之所以适应于生存环境，是植物长期生活于此环境中而逐渐形成了与环境条件相适应的形态结构特点。

第一章　植物学基本实验技术

植物学实验的基本技术很多，这里只介绍植物组织制片的基本技术和显微测量技术。植物组织制片技术可根据特定的材料和观察目的而定。例如，单细胞的、丝状或薄的叶状体以及幼小的胚胎等都可以不经切片，进行整体的制片；易于分离的组织可以在载玻片上压散或涂成一层，染色后制成压片或涂片。复杂的及大块的组织，可用徒手切片或用滑走切片机切成薄片。不太坚硬的材料在切片前还可以埋藏在包埋物质（如石蜡或树脂）中，然后切片等等，在这里，介绍几种最基本的方法。

第一节　显微镜的构造和使用

一、显微镜的构造

主要部分：目镜和物镜；辅助部分：镜座、镜柱、镜臂、载物台、聚光照明系统、镜筒、转换器及粗、细准焦螺旋（图 1－1）。

载物台用于承放被观察的物体。利用调焦旋钮可以驱动调焦结构，使载物台作粗调和微调的升降运动，使被观察物体调焦清晰成像。它的上层可以在水平面内沿作精密移动和转动，一般都把被观察的部位调放到视野中心。

聚光照明系统由灯源和聚光镜构成，聚光镜的功能是使更多的光能集中到被观察的部位。照明灯的光谱特性必须与显微镜的接收器的工作波段相适应。

物镜位于被观察物体附近，是实现第一级放大的镜头。在物镜转换器上同时装着几个不同放大倍率的物镜，转动转换器就可让不同倍率的物镜进入工作光路，物镜的放大倍率通常为 4～100 倍。

物镜是显微镜中对成像质量优劣起决定性作用的光学元件。常用的有能对两种颜色的光线校正色差的消色差物镜；质量更高的还有能对三种色光校正色差的复消色差物镜；能保证物镜的整个像面为平面，以提高视场边缘成像质量的平像场物镜。高倍物镜中多采用浸液物镜，即在物镜的下表面和标本片的上表面之间填充折射率为 1.5 左右的液体，它能显著地提高显微观察的分辨率。

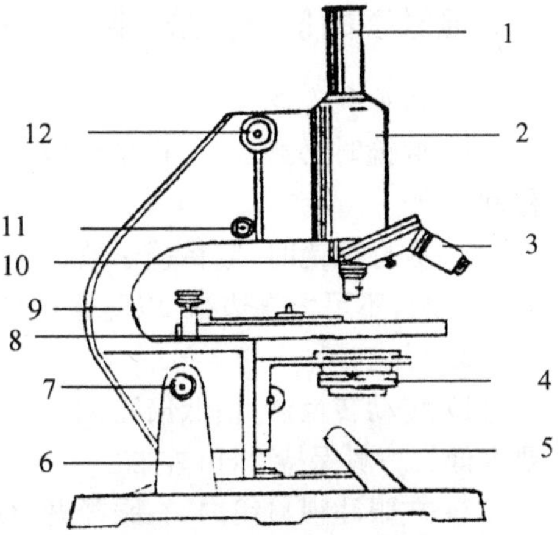

图 1－1　显微镜结构图

1. 目镜；2. 镜筒；3. 物镜；4. 聚光器；5. 反光镜；6. 镜座；7. 倾斜关节；8. 镜台；9. 执手；10. 物镜转换器；11. 细准焦旋钮；12. 粗准焦旋钮

目镜是位于人眼附近实现第二级放大的镜头，放大倍率通常为 5～20 倍。按照所能看到的视场大小,目镜可分为视场较小的普通目镜,和视场较大的大视场目镜(或称广角目镜)两类。

载物台和物镜两者必须能沿物镜光轴方向做相对运动以实现调焦,获得清晰的图像。用高倍物镜工作时,允许的调焦范围往往在微米水平,所以显微镜必须具备极为精密的微动调焦机构。

显微镜放大倍率的极限即有效放大倍率,显微镜的分辨率是指能被显微镜清晰区分的两个物点的最小间距。分辨率和放大倍率是两个不同的但又互有联系的概念。

当选用的物镜数值孔径不够大,即分辨率不够高时,显微镜不能分清物体的微细结构,这时即使过度地增大放大倍率,得到的也只能是一个轮廓虽大但细节不清的图像,称为无效放大倍率。反之如果分辨率已满足要求而放大倍率不足,则显微镜虽已具备分辨的能力,但因图像太小仍然不能被人眼清晰看见。所以为了充分发挥显微镜的分辨能力,应使数值孔径与显微镜总放大倍率合理匹配。

聚光照明系统是对显微镜成像性能有较大影响,但又是易于被使用者忽视的环节。它的功能是提供亮度足够且均匀的物面照明。聚光镜发来的光束应能保证充满物镜孔径角,否则就不能充分利用物镜所能达到的最高分辨率。因此,在聚光镜中设有类似照相物镜的,可以调节开孔大小的可变孔径光阑,用来调节照明光束孔径,以与物镜孔径角匹配。

改变照明方式,可以获得亮背景上的暗物点(称亮视场照明)或暗背景上的亮物点(称暗视场照明)等不同的观察方式,以便在不同情况下更好地发现和观察微细结构。

二、显微镜的使用方法、步骤及注意事项

1. 取镜和安放

1) 取镜时必须一只手握镜臂,另一只手托住镜座,并使显微镜与地面垂直,水平移动。

2) 放显微镜时,应将镜子放在身体略偏左侧(左胸前)的实验台上,且距实验台边缘5 cm左右,不可太靠边缘,以防止显微镜滑落。

2. 对光

1) 转动转换器,使低倍物镜对准通光孔,物镜的前端与载物台的距离不要太高,也不要太低。一般保持2 cm左右。

2) 左眼注视目镜内,右眼睁开(便于同时画图)。转动反光镜,使光线通过通光孔反射到镜筒内。通过目镜,可以看到白亮的视野。对光的结果,视野必须达到白亮。这样,要用最大的光圈对准通光孔,最常用的是凹面反光镜。

3. 观察

1) 把所要观察的载玻片标本安放到载物台上时,将有盖玻片的一面朝上放置,并用片夹夹紧(注意标本要安放平整,观察物体要正对通光孔的中心。)。

2) 转动粗准焦旋钮,使镜筒缓缓下降,接近玻片标本2～3 mm,这时眼睛注视物镜;而后注视目镜,反向转动粗准焦旋钮,使镜筒缓慢上升,直到看清物像。

3) 再略微转动细准焦旋钮,使看到的物像更加清晰。

4) 从目镜内看到的物像是倒像,所以要想将视野左上方的物像移到视野中央,需要将载玻片标本向左上方移动。

4. 油镜的使用

在用 40 倍物镜调焦清晰后，移开 40 倍物镜，在载玻片上的光斑位置滴一滴香柏油，再使用 100 倍物镜观察。这时，应轻微转动转换器，驱除香柏油中的气泡，以免影响观察效果。观察完毕，应即刻用镜头纸蘸上二甲苯或工业酒精与乙醚的混合擦镜液（混合比 3∶7）擦拭干净。

显微镜内物像的放大倍数是目镜的放大倍数与物镜放大倍数之积。

显微镜使用完毕后将其收好，放回原处。

三、显微镜的分类

1. 光学显微镜

显微镜有多种分类方法：按使用目镜的数目可分为双目显微镜和单目显微镜；按图像是否有立体感可分为立体视觉显微镜和非立体视觉显微镜；按观察对象可分为生物显微镜和金相显微镜等；按光学原理可分为偏光显微镜、相衬显微镜和微差干涉显微镜等；按光源类型可分为普通光学显微镜、荧光显微镜、红外光显微镜和激光显微镜等；按接收器类型可分为目视显微镜、摄影显微镜和电视显微镜等。常用的显微镜有双目显微镜、金相显微镜、偏光显微镜、紫外荧光显微镜等。

双目显微镜是利用双通道光路，为左右两眼提供一个具有立体感的图像。它实质上是两个单镜筒显微镜并列放置，两个镜筒的光轴构成相当于人们用双目观察一个物体时所形成的视角，以此形成三维空间的立体视觉图像。双目体视显微镜在生物、医学领域广泛用于切片操作和显微外科手术；在工业中用于微小零件和集成电路的观测、装配、检查等工作。

金相显微镜是专门用于观察金属和矿物等不透明物体金相组织的显微镜。这些不透明物体无法在普通的透射光显微镜中观察，故金相显微镜和普通显微镜的主要差别在于前者以反射光照明，而后者以透射光照明。在金相显微镜中照明光束从物镜方向射到被观察物体表面，被物面反射后再返回物镜成像。这种反射照明方式也广泛用于集成电路硅片的检测工作。

偏光显微镜是用于研究所谓透明与不透明各向异性材料的一种显微镜。凡是有双折射的物质，在偏光显微镜下就能分辨得清楚。它将普通光改为偏振光进行镜检，以鉴别某一种物质是单折射性（各向同性）或双折射性（各向异性）。偏光显微镜广泛应用在矿物质、化学等领域，在生物学上也有应用。

紫外荧光显微镜是用紫外光激发荧光来进行观察的显微镜。某些标本在可见光中观察不到细节结构，但经过染色处理，以紫外光照射时可因荧光作用而发射可见光，形成可见的图像。这类显微镜常用于生物学和医学中。

电视显微镜和电荷耦合器显微镜是以电视摄像靶或电荷耦合器作为接收元件的显微镜。在显微镜的实像面处装入电视摄像靶或电荷耦合器取代人眼作为接收器，通过这些光电器件把光学图像转换成电信号的图像，然后对之进行尺寸检测、颗粒计数等工作。这类显微镜可以与计算机联用，便于实现检测和信息处理的自动化，多应用于需要进行大量繁琐检测工作的场合。

扫描显微镜是成像光束能相对于物面作扫描运动的显微镜。在扫描显微镜中依靠缩小视场来保证物镜达到最高的分辨率,同时用光学或机械扫描的方法,使成像光束相对于物面在较大视场范围内进行扫描,并用信息处理技术来获得合成的大面积图像信息。这类显微镜适用于需要高分辨率的大视场图像的观测。

双筒解剖镜,又称体视显微镜或实体显微镜,这种显微镜立体感较强,放大倍数较低,适宜作一般实物的观察。它的构造基本上与显微镜相似,也分为机械装置和光学系统两部分,只是构造更简单一些。机械装置有镜座、镜台、镜筒、支柱和调节轮等部分;光学系统有接目镜、接物镜和反光镜等部分。双筒解剖镜只设有一对粗调节旋钮进行焦距调节。接目镜和接物镜也有各种不同的放大率,一般双筒解剖镜的放大倍数,从 10 几倍到 100 倍左右。

2. 电子显微镜

人们常说的电子显微镜即透射电子显微镜,是使用电子束代替光线的一类显微镜,电子显微镜以特殊的电极和磁极作为透镜代替玻璃透镜,能分辨相距 2 Å($1Å=10^{-10}$ m)左右的物体,放大倍数可达 80 万~120 万倍,其分辨率比光学显微镜高 1 000 倍,是了解植物细胞超微结构的精密仪器。

扫描电子显微镜是另一种类型的电子显微镜,它是经过电磁透镜汇聚成很小的电子束,并使电子束在样品上进行扫描,收集样品上所产生的次生电子,经过放大在显像管的荧光屏上出现样品影像。扫描电子显微镜所能放大的有效范围,可从 10 几倍到 10 几万倍,其图像的分辨率为 150 Å,有的还可达到 100 Å 左右,且样品的制备方法简单,图像真实,立体感强,可利用在入射电子作用下产生的不同信号,对样品进行成分和元素分布的分析。由于上述的独特优点,扫描电子显微镜已广泛应用于生物学的各个学科领域。

第二节　植物制片法和显微测量技术

一、徒手切片及临时装片的制作

徒手切片法不需要任何的机械设备,只需要一把锋利的刀片切下材料制成临时装片就可进行观察,不但方法简单,而且也容易保持植物细胞的生活状态,所以有很大的实用价值。

1. 一般材料的切片方法和步骤

进行切片前,准备一个盛有清水的培养皿、毛笔、刀片等用具。将待切材料切成 2~3 cm 长的小段。截取材料和削平切面,均应用解剖刀或用过的刀片。而在做徒手切片时,再用锋利的新刀片,以保证切出合乎要求的切片。例如切某植物茎的横切片时,不要求切下完整的一片,而只需切一小部分能够观察它的组织就行了,有时切的一边厚一边薄,取薄的一侧制成临时装片亦可用于观察。

用左手大拇指、食指和中指捏住材料,拇指略低于中指,使材料突出于手指之上,这样以免损伤手指。右手平稳地拿住刀片,将刀片平放在左手的食指之上,刀刃向内,且与材料断面平行,然后以均匀的力量,从左前方向右后方拉,材料要一次切下。(切忌切片中途停顿或前后作"拉锯"式切割,切片时要用臂力而不要用腕力,而且不要用力过大,也不能用刀片直接挤压材料,或从左右两方向来回切割材料,这样都不能切出合格切片。)

为了避免材料干枯,应使材料的切面及刀刃上保持有水,呈湿润状态。薄的切片应该是透明的，切片可留在刀刃上继续切，一连切几个切片，然后用蘸水的毛笔把切片取下，放入盛有水的培养皿中，或直接选薄的放在滴有水滴的载玻片上，制成临时装片进行观察。

2. 柔软或坚硬材料的切片法

过于柔软的器官，例如幼嫩的叶子，难于直接拿在手中进行切片。切时需放在夹持物中，以便于操作。夹持物一般用胡萝卜根、土豆块茎等，将要切的材料夹于其中，然后进行切片。

对于较坚硬的材料，需要经过软化处理才能进行切片。其软化方法通常是将要切的材料先切成小块，然后在开水中煮沸 3～4 h，再浸入软化剂(50%酒精：甘油=1：1)中，一昼夜后或更长些时间后再切。

对于已经干燥或富含矿物质而更硬的材料，可先于 15%的氢氟酸水溶液中浸渍数周后，使之充分浸透，再置于甘油中软化后方可进行切片。

3. 临时装片的制作

(1) 擦净载玻片和盖玻片：① 擦载玻片：用左手的拇指和食指捏住载玻片的边缘，右手用纱布将载玻片上下两面包住，然后反复擦拭，擦好放在干净处备用。② 擦盖玻片：先用左手拇指和食指轻轻捏住盖玻片的一角，再用右手拇指和食指用纱布把盖玻片包住，然后从上下两面隔着纱布慢慢地进行擦拭。(注意用力一定要小而均匀，以免盖玻片破损。)

(2) 取样：用滴管滴一滴蒸馏水于载玻片的中央，再用镊子或毛笔取待观察材料切片，置于载玻片的水滴中展开。

(3) 盖盖玻片：右手持镊子，轻轻夹住盖玻片的一角，使盖玻片的边缘与材料在左边水滴的边缘接触，然后慢慢倾斜下落，最后平放于载玻片上。这样可避免产生气泡。如盖玻片下水过多，可用吸水纸将多余的水吸掉，这样制好的临时装片就可在显微镜下进行观察了。

二、滑行(走)切片法

滑行切片法是用滑行切片机进行切片，切片性质和徒手切片法相同，只不过是用机械操作而已。不过，由于机械的帮助，它能按需要调节切片的厚度，切出的切片厚薄均匀，比较完整。适用于切制较坚硬的材料。

滑行切片机的用途很广，它不但可切一般的新鲜材料，也能切石蜡包埋的材料，并可用于冰冻切片等，其缺点是不能做成连续的切片。具体方法如下。

1. 材料选择

选用新鲜的具有代表性的根茎等材料(注意取其粗细适宜、没有病腐现象、生长正常的材料)。材料可分割成 3 cm 长的小段或小块，其大小不超过切片机夹物部的口径。坚硬的材料需先经过软化剂的处理。

2. 材料处理

(1) 固定与排气：一般用 FAA 固定 1 d，中间可换一次新液。因材料中通常含有空气，在固定时往往漂浮，直接影响药液的透入，所以在软化处理之前，需将空气排除。可用水煮法，将材料投入水中加热煮沸 20～30 min，取出后立即投入冷水中 30～40 min，然后再煮沸，如此反复进行多次，至材料下沉水底，则表示空气已全部除净。

(2) 软化：滑行切片的材料较坚硬的，切片时不但费力易碎，而且会损坏切片刀，为了避免这一问题,必须先将材料软化。

1) 水煮法 水煮除可以排气外,也兼有软化的作用,木材一般要直接煮 3~5 h。

2) 甘油-酒精法 将已排除空气的材料浸入纯甘油和 70%酒精各半的软化剂中,不同的材料软化的时间不同,约一周或更长时间,也可长期保存于其中备用。至于软化程度是否适当,要经试切后,才能确定。

3. 切片方法

先把切片刀固定在夹刀上,然后调节好切片的厚度,将材料固定在夹物部的软木中,露出软木 0.5 cm 左右,再固定在切片机的夹物装置上,使松紧适宜。调节升降器,使刀口接近材料,材料的切面在刀口之下稍稍接触。切片时右手应均匀用力拉动夹刀部,使切片刀沿滑行轨道由前向后移动,经过材料时就切下一片,粘在刀口上,当夹刀装置由后推回前端时,夹物装置就按调节好的厚度上升,使材料升高至所需的厚度,紧接着再拉动刀架,再切下一片,如此循环往复。每切一片,都需用毛笔蘸些水湿润刀口和材料,以免材料干涩或切片皱缩,然后将切下的切片用毛笔轻轻刷下,放在 70%酒精或其他固定液中,待染色后封固观察,亦可通过固定、脱水、染色和封固等程序,制成永久封片。

切片完毕后,必须注意清理切片机。切片刀取下后应用纱布擦干,然后涂上凡士林油放入盒中保存。切片机各部分也应擦拭干净,并加入少许机油以润滑机件,最后用玻璃罩或塑料套将切片机盖好。

三、石蜡切片法

石蜡切片技术是显微技术上最重要最常用的一种方法,优点在于:① 应用范围广,几乎适用于所有的植物材料;② 能切成极薄而且连续的切片,较清楚地显现细胞、组织的细微结构;③ 切片可以长期保存,便于以后观察比较。因此,这项技术自 18 世纪创建以来,在植物细胞、组织研究史上发挥了重要作用,并且在今后仍将作为一项常规技术而发挥作用。

石蜡切片技术的整个过程较复杂,可大体概括为:取材→固定→脱水→透明→浸蜡→包埋→修块→切片→粘片→染色→制片。

1. 取材

根据观察研究的目的不同,选用合适的材料。

2. 固定

固定是用一定的化学溶液(固定剂)在尽可能保持细胞生活结构的情况下迅速杀死组织的过程,其作用如下。

1) 防止组织溶解及腐败;

2) 使细胞内各种成分沉淀保存下来,保持它原有的生活结构;

3) 使细胞内的成分产生不同的折射率,造成光学上的差异,便于观察;

4) 使细胞硬化不容易变形,利于固定以后的处理。所以材料选定后,应迅速进行固定。

固定时应根据材料的性质及制片目的选用固定液,常用的固定剂有 FAA、卡诺和纳瓦兴式固定液。要根据材料大小、多少掌握固定液的用量,一般最少为所固定材料总体积的 20 倍。某些含水量大的材料,应多换几次固定液,以保证固定液维持一定的浓度。对所固定材料大小一般要求以不超过 0.5～1 cm^2 为宜，尽量做到小而薄，并且用锋利的刀片截取。材料放入固定液后，最好是四面都接触药液，以保证固定液迅速浸入。因此，若材料太重而紧压瓶底时，可以在材料下面垫上玻璃棉；若材料漂浮在固定液表面，则应进行抽气处理或用其他机械处理办法，直至材料全部浸入固定液。另外，严格掌握固定的时间，要视材料的种类、性质、大小和固定剂的种类而定，可从 1～2 h 到 10 几小时甚至更长的时间。固定完毕的材料，若不能立即制片，可放到 70%酒精中存放。

3. 脱水

脱水是指用脱水剂逐级除去材料中的水分，是制片中一个十分关键的环节。目的在于：使材料变硬，形状愈加稳定；利于材料的保存和下一步的透明、透蜡等，因为透明剂与水是不能混合的。常用的脱水剂为酒精。所用量约为材料体积的 3～5 倍。

脱水的方法应逐步进行，否则会引起材料的强烈收缩而变形。一般把脱水剂配成各种浓度，自低浓度到高浓度循序渐进，逐渐使材料中所含水分被脱水剂所取代。各级酒精的浓度为：30%、50%、70%、85%、95%和 100%。

4. 透明

将酒精中的材料用 1/2 乙醇和 1/2 二甲苯混合液处理 2～3 h，转入纯二甲苯中，每次 1 h，共处理两次。以便把材料中的酒精除净，并使材料块透明。

5. 浸蜡

使石蜡慢慢溶于透明剂中，然后完全取代透明剂进入材料中，将上述已透明好的材料换入新的二甲苯中，然后加入等体积的碎蜡，置于 40℃左右的温箱中。随着碎蜡的溶解，不断加入碎蜡使石蜡饱和为止。时间需 1～2 d。

6. 包埋

把透足石蜡的材料包埋在石蜡里成为一定的形状以便切片。浸蜡后，在 60℃的温箱中，换两次已溶解的纯蜡，每次约 2 h。包埋之前，先准备好包埋用具，一般需要镊子、酒精灯、火柴、一盆冷水及包埋用的纸盒，包埋时将融化的石蜡倒入纸盒中，迅速用烧热的镊子把材料放入并按需要的切面和一定的间隔排列整齐，然后平放入冷水中，使其快速凝固。包埋好的材料（石蜡块），可长期存放在 4℃冰箱中，备切片用。

7. 修块

将包埋好的材料切割成小块，每个小块包含一个材料。然后按需要的切面将蜡块切成梯形，切面在梯形的上部（注意上部矩形的对边平行）。用烧热的蜡铲将梯形的底部固定在木块上。

8. 切片

把包埋好的材料块用轮转式切片机切成连续的蜡带。切片时，将材料夹在切片机的固定位置上，调整材料切面与切片刀口平行，根据观察的要求调节好所需要的厚度，转动切片机进行切片。切片过程中往往会出现各种问题，需要分析原因，及时纠正。

9. 粘片

即将切好的蜡片粘在载玻片上的过程。首先在预先洗净并干燥的载玻片上涂上一小滴粘贴剂（用量绝不可多），用手指反复涂匀，然后加 1～2 滴 3%福尔马林或蒸馏水，用镊子轻轻将蜡片放在液面上，将此载玻片放在 45℃左右的温台上，至蜡片受热慢慢伸直展平为止，用解剖针调整蜡片在载玻片上的位置，吸去多余水分，置入 30℃温箱中烘干，时间约需 24 h。若大量切片时,可采用温水捞取法。先将割开的蜡片放入 40℃左右水浴锅水浴,蜡片便自然展平,然后用涂有粘贴剂的载玻片捞取,调好位置并进行干燥处理。

10. 染色制片

切片贴好烘干后可进行染色,采用何种染色方法可根据观察目的不同而选择。染色方法很多,下面以植物制片中最常用的番红与固绿对染的方法为例,说明从去蜡、染色至最后封藏的全部制片程序(均在染色缸中进行操作)。

1) 脱蜡　取已干燥好的载玻片放入二甲苯中脱蜡,使石蜡完全溶解,约 10 min。

2) 过渡　转到 1/2 二甲苯和 1/2 酒精的混合液中过渡约 5 min。

3) 水化　脱去蜡的切片依次浸入 100%→95%→85%→70%→50%→30%酒精中各 1~2 min,最后浸入蒸馏水。

4) 番红染色　置 0.5%~1%番红水液中染色 2~24 h。

5) 冲洗　用自来水洗去多余的染液,必要时用酸酒分色。

6) 脱水　依次用 30%、50%和 70%的酒精处理约 30 min。

7) 固绿复染　用 0.1%的固绿的 95%酒液复染 10~40 s。

8) 继续脱水　用 95%酒精和 100%酒精两次彻底脱水,每次 30~60 s。

9) 透明　用酒精和二甲苯各半的混合液处理 5 min,再用纯二甲苯浸5 min,使材料完全透明。

10) 封固　把切片从二甲苯中取出后,立即取一滴用二甲苯溶解的加拿大树胶或中性合成树胶,滴在材料上,盖上盖玻片(注意不能加过多胶液,尽量避免其产生气泡),然后将载玻片放在 30~35℃恒温箱中烘干。

四、整体封固法

整体封固法适用于微小或扁平的材料。例如,丝状或叶状的藻类、菌类、蕨类的原叶体、孢子囊、纤小的苔藓植物,以及被子植物的表皮、花粉粒、幼胚等幼小的器官。这种方法不需经过切片,就可以在显微镜下直接观察。

整体封固法由于所用的脱水剂、透明剂、封固剂不同而有多种方法。这里介绍的是常用的方法——甘油法。甘油法是用甘油脱水和透明,并封固于甘油中,方法简单并可保持植物的自然颜色。对于制作含有色素的材料(如绿藻)效果较好,必要时还可以进行染色。

以水绵为例,依据下列的步骤可制成染色的和不染色的封片。

1. 不染色的封片

1) 采集新鲜水绵,用水洗净附着的泥土后,取少许丝状体放在小培养皿中,加多量的 10%甘油。将滤纸盖于液面上,以防尘土落于其上。然后把培养皿放于较温暖的地方,让它慢慢蒸发至纯甘油浓度,使材料逐渐脱水和透明。

2) 用镊子取出少许水绵,放在载玻片中央展开,在显微镜下检查,如果材料没有收缩或变坏,便可进行装片,即在材料上滴一小滴纯甘油,将丝状体挑开,盖上盖玻片。甘油不可太多,如果甘油多到从盖玻片边缘溢出,就会影响下一步封固,此时可将盖玻片拿开,用滴管将多余的甘油吸掉,重新加盖玻片。

3) 用较稠的加拿大树胶沿盖玻片四周封边(也可以用火漆及其他易干漆封边)。

2. 染色的制片

1）把洗净的水绵，放在标本管中，加入铬酸-乙酸固定液固定 24 h，固定液量约为材料体积的 20 倍。

2）将材料放在培养皿中，换水洗 5～6 次。

3）用蒸馏水洗一次。

4）把材料移入标本管中加 1%曙红水溶液染色约 12 h[苏木精染色（可用 4%铁矾作媒染剂）效果也很好]。

5）用蒸馏水把多余染料洗去。在显微镜下观察，如果染色不够深，应重染；过深则可放在 1%～2%的乙酸中分色至合适的程度。

6）把材料放在培养皿中，加 10%甘油，盖上滤纸，放于通风处蒸发至纯甘油浓度。然后装片、封边即可。

甘油法操作注意事项。

● 蒸发速度不可太快，否则材料易收缩，因此不宜放在过高的温度下。蒸发期间不宜添加 10%甘油，以防材料由于浓度骤变而收缩；

● 10%的甘油用量不能少于材料体积的 10 倍。这样在蒸发至纯甘油浓度时仍能浸润材料，不至于干涸；

● 封片时，不宜放置材料太多，并注意将丝状体分开。过长的丝状体应用剪刀剪断，并避免重叠，否则影响观察效果。

3. 甘油冻胶封固

一些不易收缩的材料，如花粉粒制片常用此法。其好处不仅操作方便，而且有利于观察花粉粒的形态，因为把制作好的封片在酒精灯上微热，使甘油冻胶溶化，用手轻轻移动盖玻片，此时花粉粒在冻胶中转动，这样就可以帮助我们观察到花粉粒的整体形态。

用刚开放的花的花粉粒可根据下列步骤制片：把配好的甘油冻胶（配法见封固剂，并加一点甲基绿）用热水浴使之溶化，在载玻片上滴上一小滴甘油冻胶，用镊子取下鲜花的雄蕊，把少量花粉粒撒在甘油冻胶上，然后封固。

五、组织离析法

离析法的原理是用一些化学药品配成离析液，使组织细胞的胞间层溶解，细胞彼此分离，获得分散的、单个的完整细胞，以便观察不同组织的细胞形态和特征。离析液的种类很多，下面介绍常用的方法。

1. 铬酸-硝酸离析法

适用于木质化的组织，如导管、管胞、纤维等。具体步骤是将植物材料（如木材、枝条、果壳等）先切成火柴棒粗细、长约 1 cm 的小条或小块，放入小玻璃管中，加入离析液，其量约为材料的 20 倍，将口盖严塞紧，放在 30～40℃的温箱中，经1～2d。具体浸渍的时间可因材料块的大小而不同，如果两天以后仍未分离，则可换新的离析液继续浸渍。草本植物可不必加温。

检查材料是否离析：以细胞间的胞间层溶解、细胞彼此能够分开为宜。可取出材料少许放在载玻片上的水滴中，加盖破片，用滴管的橡皮头轻轻敲压，若材料分离，表示浸渍时间已够。这时倒去离析液，用清水浸洗已离析好的材料。将玻璃管静置，待材料下沉后,再倒去上清液,如此反复多次,至没有任何颜色为止(如有离心机,可将材料转入离心管,用离心机洗酸更为迅速),然后转移到 70%酒精中保存备用。需要时,可按临时装片法制片观察或制成永久性的载玻片标本。

2. 盐酸-草酸铵离析法

这种方法较前面的方法缓和,适用于草本植物的髓、薄壁组织和叶肉组织等。把材料切成小块,约 1 cm×0.5 cm×0.2 cm 大小,放入 3∶1 的 70%或 90%酒精和浓盐酸中。若材料有空气,应抽气,抽气后更换一次离析液。24 min 后,用水清洗干净。放入 0.5%草酸铵水溶液中,时间的长短视材料的性质而定。可以每隔 1～2 d 作检查。其余方法同上。

六、压片法

压片法是将植物的幼嫩器官如根尖、茎尖和幼叶等经过处理后,被涂抹或压在载玻片上,使组织成一薄层然后进行观察的制片方法。染色后可作临时的观察标本,也可以经过脱水、透明等手续制成永久的玻片标本。近年来在植物细胞遗传学等方面的研究中应用极为普遍,特别在染色体数目的检查方面,这种方法尤为重要。

下面以制作植物根尖细胞有丝分裂的压片为例,介绍压片法的一般步骤。

1. 幼根的培养

取洋葱或大蒜的鳞茎置于广口瓶上,瓶中盛满清水,使洋葱或大蒜的下部(鳞茎盘)浸入水中,置于温度在 20～25℃的温暖处,并注意每天换水,3～5 d 后,即可长出幼根。

2. 材料的固定和离析

先用等量的浓盐酸和 95%酒精配成混合液,这种溶液既能迅速杀死细胞并保持其细胞结构接近于生活状态,又能溶解细胞间的中胶层,在压片时使细胞易于分散,故称其为固定离析液。

当上述幼根长到 2～3 cm 时,即可进行固定和离析处理。具体方法是在上午 10～11 时之间,将 3 mm 左右的根尖剪下,立即投入上述固定离析液中,经 3～5 min,取出放入清水中漂洗几次即可制片。也可经过 50%的酒精后将其保存在 70%酒精中保存备用(在 4℃冰箱中可保存 7～10 d)。

3. 压片的制作

取一个经过固定离析的根尖,放在干净的载玻片上,加一滴 0.5%的龙胆紫染液染色 2 min,用解剖针轻轻将根尖压裂,再盖上盖玻片,用右手大拇指对准盖玻片下的材料,垂直均匀用力下压,将材料压成均匀的、单层细胞的薄层,用吸水纸条吸去溢出的染液,即可在显微镜下观察,这时可以看到许多离散的各个分裂时期的细胞。若染色过浅,可在盖玻片一侧再加一滴染液染色;如果染色过深,可在盖玻片一侧加一滴 45%的乙酸进行褪色。

上述压片也可用小麦、水稻的颖果和蚕豆等种子萌发出根后制作。但要注意不同植物根尖细胞有丝分裂活动的高峰是不同的,所以取材固定的时间也不一样,如小麦在上午 11 时至下午 1 时,水稻在下午 4 时左右,玉米和蚕豆除在上午有一个高峰外,若下午进行实验,可于 3～4 时固定,也可获得分裂相较多的根尖细胞有丝分裂压片标本。如果是事先固定材料,上课时分发给学生使用,则可于午夜 12 时取材,分裂相更多。若将材料用秋水仙素进行预处理和低温固定,所制得的压片中细胞分裂相会更好,且染色体清晰可见,可用观察细胞染色体的形态、数目和组型分析。

七、显微测微尺的应用

显微测微尺是在显微镜下测量被检物体的大小或长短的专用工具，植物学实验中可用它通过显微镜观察测量细胞各部分的大小、厚薄，测量细胞、淀粉粒以及细胞内部一些结构的大小。

1. 安装指针的简易方法

显微镜的目镜中一般没有指针，为便于教学和指示特定目标，可以自己动手在目镜中安装指针。具体方法如下：先剪取长 5～10 mm 的一段头发(其长度约等于目镜筒的半径)，再将目镜的上盖(一片透镜)旋下，用镊子夹住头发的一端，头发的另一端蘸上少许加拿大树胶或透明胶水，再将其粘在目镜筒内的视场光阑上面，并注意使头发的尖端位于视野的中央，稍干后，旋上目镜上盖即可使用。这时，在视野中会出现一条黑色的指针。

2. 测微尺的使用

常见的测微尺包括镜台测微尺(图 1-2)和目镜测微尺(图 1-3)

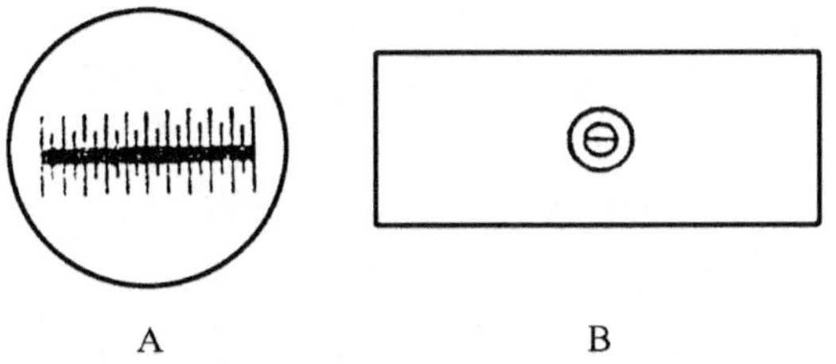

图 1-2　镜台测微尺

A. 标尺的放大；B. 镜台测微尺

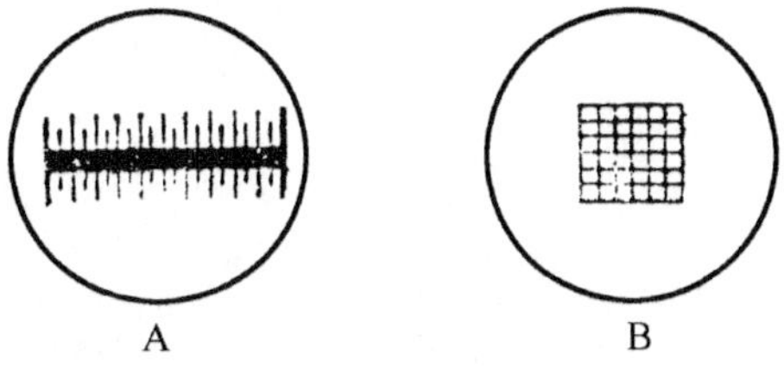

图 1-3　目镜测微尺

A. 直线式；B. 网格式

测量时须将其配合使用方可达到测量目的。镜台测微尺是一特制的载玻片，在载玻片中央封有一个 1 mm 长并分为 100 个等距离小格的刻线，每一小格为0.01 mm，即 10 μm。目镜测微尺为一具有标尺的圆形玻片，直径 20～21 mm，正好能放入目镜筒内。目镜测微尺上的标尺有直线式和网格式两种。直线式一般用于测量长度，其标尺分为 50 或 100 小格，每小格长 0.1 mm。网格式一般用于计算数目和测量面积，其上刻有网格式标尺，网格的大小、数目因种类不同而异。

长度测量法：测量长度时，必须以目镜测微尺和镜台测微尺配合使用。先将直线式目镜测微尺正面放入目镜筒中的金属光阑环上，观察时即可见到目镜测微尺的标尺刻度。但其格值是不固定的，可随物镜放大倍数的改变而改变，所以不能直接用它测量，必须先用镜台测微尺确定它的格值。其方法是先将镜台测微尺置于载物台上，与观察普通玻片标本一样，调节光线和对准焦点，使镜台测微尺的标尺刻度清晰可见。这时即可移动镜台测微尺，使其标尺刻度与目镜测微尺的标尺刻度重叠起来。然后选取二者刻度线正好完全重合的一段，记录两重合线间的格数，依据下式计算目镜测微尺的格值。

$$\text{目镜测微尺的格值}=\frac{\text{镜台测微尺两重合线间的格数}\times 10}{\text{目镜测微尺两重合线间的格数}}\ \mu\text{m}$$

例如，目镜测微尺的零点刻度与镜台测微尺的零点刻度完全重合，另外又发现目镜测微尺的第 50 格刻度正对镜台测微尺的第 68 格刻度线，则目镜测微尺的格值为：68/50×10=13.6(μm)。也就是说在这一目镜、物镜组合中目镜测微尺的每一小格代表的实际长度为 13.6 μm。

求得目镜测微尺的格值以后，即可移去镜台测微尺，换上待测标本封片，用目镜测微尺测量视野中的物体的大小。若目镜测微尺的格值为 13.6 μm，测得某物体长占目镜测微尺 10 小格，则该物体的实际长度为 13.6×10=136(μm)。

在显微测量过程中，如果变换显微镜或改变物镜或目镜的放大倍数时，都必须重新进行校正目镜测微尺的格值，其次，为减小误差应多次测量，取平均值。

第二章 植物细胞和组织

实验1 植物细胞的结构

【目的与要求】

1. 观察植物细胞在光学显微镜下的基本结构。
2. 认识植物细胞的结构特点及其代谢产物。
3. 掌握临时装片的制作技术。

【材料与用品】

洋葱、番茄、白菜心、菠菜、红辣椒、紫竹梅、万寿菊管状花瓣、轮藻的假叶、柿子胚乳细胞永久封片、松树木材、橡皮树叶横切片、秋海棠叶柄、鸭跖草叶、马铃薯块茎、橘皮、豆类种子(花生);

显微镜、尖头镊子、载玻片、盖玻片、滴瓶、培养皿、滴管、刀片、剪刀、解剖针、吸水纸、擦镜纸、纱布;

蒸馏水、I-KI溶液、稀硫酸溶液、30%甘油、甲基蓝液。

【内容与方法】

1. 植物细胞的基本结构

(1) 洋葱表皮装片的制作与观察

1) 洋葱表皮装片的制作(图1-4) 取洋葱肉质鳞片,用刀片在鳞片内表皮划一个3～5 mm^2 小格,用镊子撕一下薄膜状的内表皮,制成临时水封片(表面朝上)。若水过多,

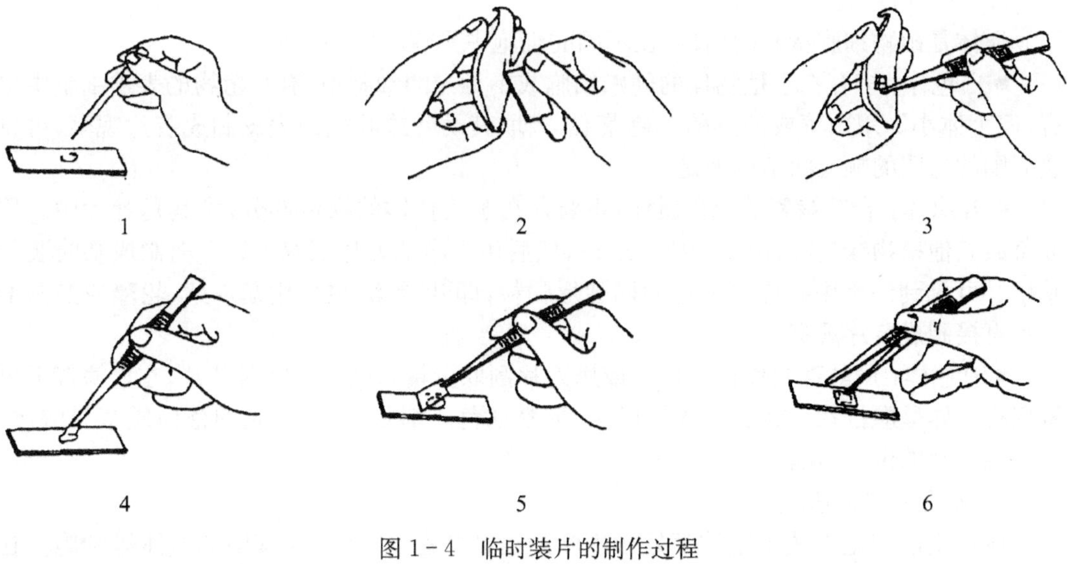

图1-4 临时装片的制作过程

用吸水纸清除。

2) 洋葱表皮装片的观察　先在低倍镜下观察洋葱表皮细胞的形态和排列情况。然后选择一个比较清楚的区域,换高倍镜观察,注意以下几部分。

● 细胞壁：无色透明,只见侧壁,黄色。

● 细胞核：圆形或卵圆形的球状体,内有明亮的小球体——核仁(注意在表皮细胞中,细胞核的位置为什么不同？有的为什么看不到细胞核?)。

● 细胞质：位于细胞核以外,紧贴细胞壁内侧的无色透明的胶状物质。内有许多小颗粒,即细胞器。

● 液泡：位于细胞的中央部分。

如果各部分不容易识别,可用 I－KI 染色(图 1－5)。将染液滴在盖玻片的一侧,在另一侧用吸水纸将染液吸入,这样可把 I－KI 溶液引入载玻片内,待洋葱表皮被染成淡黄色时,进行观察(注意细胞核的形状、位置和核仁的数目及液泡与细胞质之间的界限)。

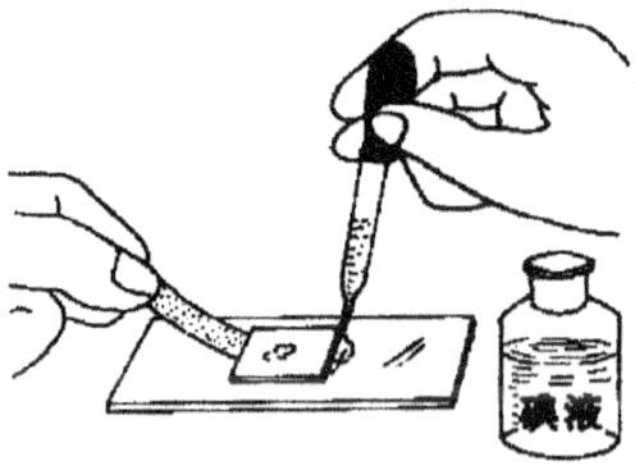

图 1－5　滴加染色液的方法

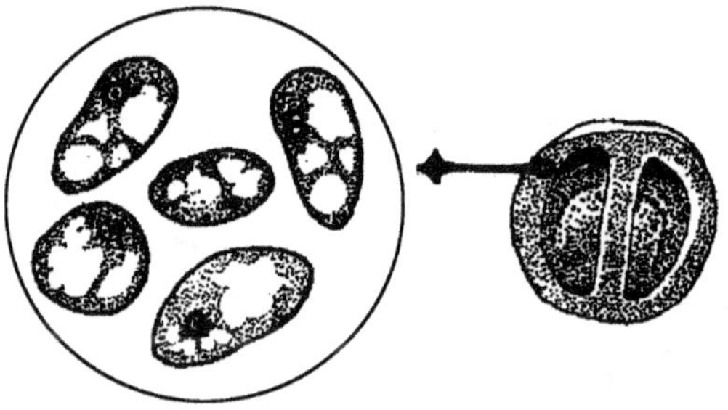

图 1－6　番茄果肉细胞

(2) 果肉离散细胞的观察：用尖头镊子挑取少许成熟的番茄果肉,制成临时装片,置于低倍镜下观察,选一个离散细胞置高倍镜下,观察其基本结构(图 1－6)。并比较与洋葱细胞的异同点。

2. 质体的观察

质体是植物细胞特有的结构,在不同的细胞中具有不同的类型。

● 白色体：多存在于植物体的幼嫩细胞或不见光的细胞中,有些植物的表皮细胞中也有,但个体小。用白菜或油菜的白色菜心,撕取其幼叶或叶柄的表皮制成装片观察,可见核周围的透明的颗粒状结构即是。

● 叶绿体：含叶绿素的绿色质体,主要存在于植物体的绿色部分,尤其是叶片中。用菠菜或其他植物绿色叶,用镊子撕去表皮,然后用干净的刀片刮取少许叶肉制成临时装片观察。可见到细胞中有许多绿色的椭圆形颗粒,即叶绿体;也可用葫芦藓、轮藻或黑藻的叶片直接制成装片观察。

● 有色体：用红辣椒作徒手切片或用刀片刮取少量果肉制成临时装片,在显微镜下可看到有色体呈颗粒状、条状、块状等形状,呈橙红色。细胞成熟时,它的蛋白质基质解体,可呈现规则的色素结晶。

3. 原生质流动的观察

植物生活细胞中的细胞质都处于不断的运动状态,它能带动其中的质体等细胞器在细胞内沿一定的方向和“轨道”流动，但因速度十分缓慢，所以不易观察到。

取紫竹梅或吊竹梅花丝上的表皮毛，在念珠状的表皮毛细胞中，可观察到原生质的流动。也可用万寿菊的管状花瓣、轮藻的假叶作实验材料观察。观察时请注意原生质流动的方向。

4. 植物细胞的胞间连丝和纹孔的观察

(1) 柿子胚乳的胞间连丝：柿子胚乳是一种具有生活原生质体的、特殊的薄壁组织——贮藏组织。组成它的薄壁细胞是将贮藏的营养物质——半纤维素，沉积在细胞壁上，使其初生壁加厚。

取柿子种子剥去种皮，将胚乳切成薄片置于乙醚中溶去油类，再依次用100%、95%、85%、70%、50%、35%、20%梯度浓度的酒精浸泡，每梯度酒精5 min。再将切片置于载玻片上，加一滴I-KI溶液，盖上盖玻片，染色数分钟，待切片染成淡黄色时，再在盖玻片边缘滴一滴稀硫酸液，使切片着色较深。然后，在盖玻片边缘加一滴甲基蓝液染色3 min，至切片呈蓝色为止。去掉盖玻片，将材料于水中冲洗。取出切片，用吸水纸吸去多余水分，最后用甘油封片。在显微镜下观察，可看到细胞壁呈蓝色，在较厚的初生细胞壁上可见到横贯细胞壁的细丝，这就是胞间连丝。另取柿子胚乳固定封片对比观察。也可用玉米籽粒、红辣椒作材料，做徒手切片，制成临时装片后观察。

(2) 红辣椒果实表皮的初生纹孔场：取一块红辣椒果皮，将表皮向下放在载玻片上，用镊子压住材料，拿刀片刮去果肉细胞。将留下的表皮制成临时装片，在低倍镜下找一清晰的区域，换高倍镜观察细胞壁，可见到一些较薄的部位，形成相对的凹陷，呈念珠状，即初生纹孔场。初生纹孔场内穿过的细丝就是胞间连丝。

也可以用朝天椒、珊瑚盘和酸浆的果实观察。

(3) 具缘纹孔(示范)：用松树木材为材料制作切片，在其管胞壁上可以观察到具缘纹孔。

5. 后含物

(1) 花青素的观察：植物细胞常见的代谢物质之一，是一种常溶解在细胞液中的色素。能使植物的茎、叶、花和果实呈现红色、紫色和蓝色等各种颜色。

用紫竹梅等植物红色或紫色的叶，取表皮制作装片，在显微镜下可观察到花青素均匀地分布在液泡中(注意与有色体的区别)。

(2) 结晶体的观察(图1-7)：植物细胞中常见的代谢产物，常存在于表皮、皮层、髓和韧皮部等处的薄壁细胞的细胞液中。

- 钟乳体：观察橡皮树叶子的横切片，在表皮细胞中可观察到钟乳体。
- 单晶：洋葱外部膜质鳞片，浸入30%甘油后，可以看见。
- 针晶：取秋海棠叶柄的上部或鸭跖草的茎做徒手切片，制成临时装片在低倍镜下观察，可看见位于细胞中的针晶。
- 晶簇：秋海棠叶柄的基部做徒手切片，在切片的髓部可以看见。也可用椴树茎的横切片，在皮层细胞中很多。

(3) 淀粉粒的观察(图1-8)：取马铃薯块茎作徒手切片，或用刀片、镊子在块茎切面上刮取少量的浆液，放在载玻片的水滴中，盖上盖玻片。然后将装片放在显微镜下观察

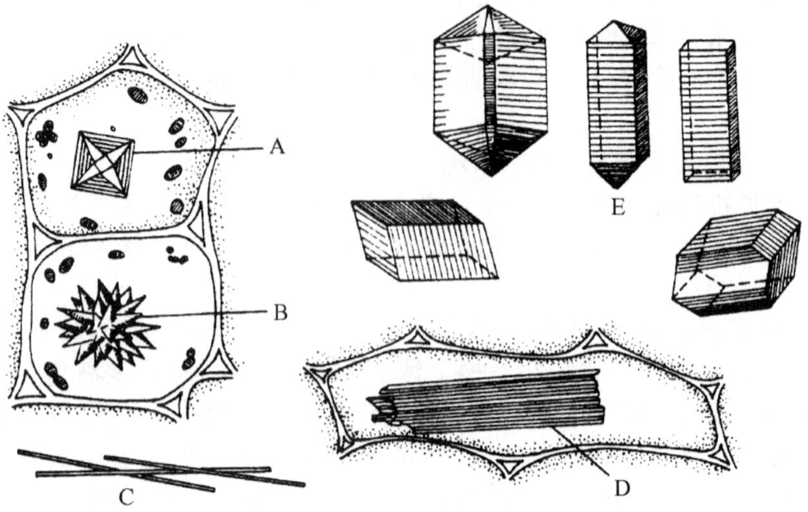

图 1-7 植物细胞中的各种晶体(引自何凤仙,2000)

A. 棱状晶体;B. 晶簇;C,D. 针晶;E. 其他形状晶体

(注意识别淀粉粒上的轮纹)。区别单粒、复粒和半复粒。也可以用 I-KI 染色,但时间不宜过长,以免染色过度。

(4) 油滴的观察:用橘皮作徒手切片,观察油囊中的油滴。

(5) 糊粉粒(蛋白质)的观察:糊粉粒为蛋白质的贮藏形式。取豆类种子(花生),用子叶作徒手切片,挑薄片观察,细胞内大的具同心圆花纹的颗粒是淀粉粒,较小的颗粒是糊粉粒,其内有球形或晶体结构,用 I-KI 染色时,呈金黄色。用蓖麻种子作材料,观察效果也很好。

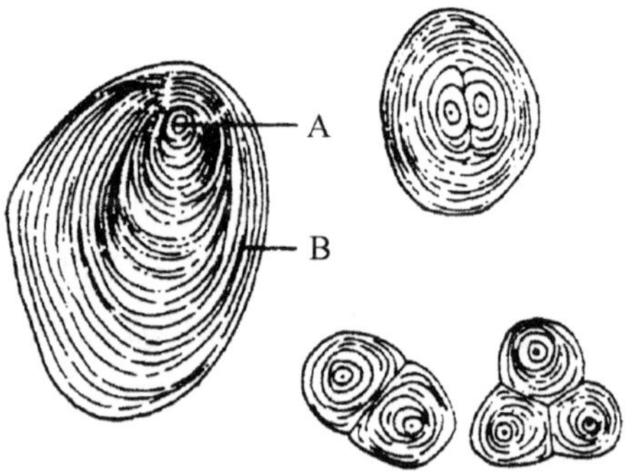

图 1-8 马铃薯块茎细胞中的各种淀粉粒(引自何凤仙,2000)

A. 脐点;B. 轮纹

【实验报告】

1. 绘 2~3 个番茄果肉细胞的结构图,并注明各部分结构名称。

2. 绘各种类型的淀粉粒。

【思考题】

1. 影响植物细胞原生质运动的因素是什么?为什么?

2. 植物体的茎、叶、果实呈现的不同颜色是由什么决定的?

【课外实验】

探讨植物体的颜色与植物细胞结构的关系

植物的叶、花和果实等器官有较鲜艳的颜色,决定这些颜色的是质体中的色素和液泡中的花青素等。取不同颜色的叶、花瓣和果实,制成临时装片,观察不同植物材料的器官颜色和细胞结构。

依据实验结果,分析叶、花和果实等器官的颜色与其细胞结构和成分的关系。

实验 2　植物细胞的有丝分裂和分生组织

【目的与要求】

1. 观察认识植物细胞的有丝分裂及各个时期的主要特征。

2. 掌握顶端分生组织的细胞特点。

3. 学习根尖压片制片技术。

【材料与用品】

洋葱根尖纵切片、发好根的洋葱头；

显微镜、载玻片、盖玻片、擦镜纸、纱布、解剖针、烧杯、培养皿、尖头镊子、培养箱、带橡皮头的铅笔、吸水纸；

卡诺固定液、70%酒精、盐酸酒精溶液(浓盐酸+95%酒精等量混合)、改良品红溶液(或乙酸洋红)、45%乙酸、蒸馏水。

【内容与方法】

1. 根尖顶端分生组织(图 1-9)

取生命力强的洋葱根尖末端 3～5 mm，制作成压片在显微镜下观察。

根尖顶端分生区细胞小，基本为等径；细胞壁薄，细胞质较浓，核相对较大，液泡少而小，分裂能力强；细胞排列整齐，无胞间隙；细胞内基本无后含物。

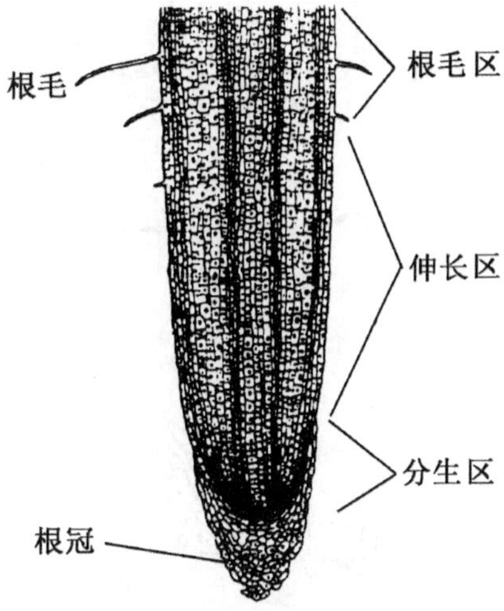

图 1-9　植物根尖的外形及分区(示分生组织区)(引自杨继，2000)

寻找的方法：先找到根冠，根冠之上细胞较小、密集、颜色较深的部位，即为顶端组织区。

2. 有丝分裂的观察

取洋葱根尖纵切片放在低倍镜下先找到根冠一端，再找到分生区中的有丝分裂各时期的细胞，分别移到视野的中央，换高倍镜仔细观察各时期的主要特征(图 1-10)。

(1) 间期：核仁清晰、核质均匀。

(2) 细胞核分裂期

- 前期：细丝状的染色体出现，核膜、核仁消失，纺锤丝开始出现；
- 中期：染色体集中排列于细胞的赤道面上或呈放射状散开(极面观)；
- 后期：染色体分裂成两组子染色体，在纺锤丝的牵引下，分别向两极移动；
- 末期：染色体到达两极，密集成团，至核膜、核仁重新出现，形成两个子核。

3. 有丝分裂压片的制作

(1) 培养及取材

1) 培养　用洋葱头或蒜瓣(需要固定好)，放在装有水的烧杯或培养皿上，置室温或培养箱中(25℃)培养 3～5 d，即长出白色的根。

2) 取材　待根长到 1 cm 时，选择根尖细胞分裂旺盛的时期取材，最好在半夜 12 时

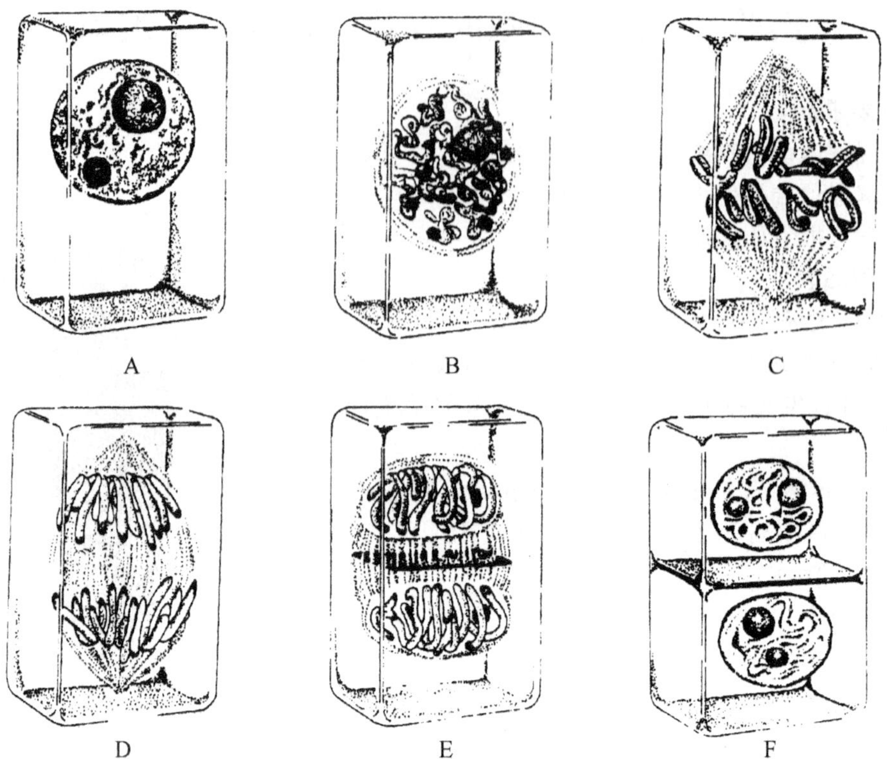

图 1-10 有丝分裂三维图像(引自杨继,2000)

A. 间期;B. 前期;C. 中期;D. 后期;E,F. 末期

左右。为实验方便,每天上午 10～11 时之间或下午 3～4 时之间也可。

(2) 固定与保存:从根顶端剪下 5 mm 左右根尖,放入卡诺固定液,固定 10～20 min 后取出,再放入清水中冲洗 10～20 min,即可制片。也可以将其保存于 70%的酒精中备用。

(3) 解离:取 1～2 条根尖置于载玻片上,加一滴盐酸酒精溶液处理约 10 min,然后冲洗干净。

(4) 制作压片:在根尖上加一滴改良品红(或乙酸洋红)。过 10 min,再滴加一滴 45%乙酸分色及软化,盖上盖玻片,用橡皮头轻压盖玻片,使细胞散开,即可观察。核及染色体均被染成鲜艳的紫红色,细胞质无色或淡粉色。(注意观察染色体的数目和形态。)

【实验报告】

1. 按顺序绘出洋葱根尖细胞有丝分裂全过程各时期的细胞图。

2. 当一个细胞处于分裂中期时,切片的方向与纺锤体的纵轴平行或与之垂直,观察两种切面有什么差异?用图解的方式表示。

【思考题】

1. 做好根尖有丝分裂压片的关键是什么?

2. 顶端分生组织有什么特点(位置和细胞特点)?

实验 3 植物的成熟组织

【目的与要求】

1. 了解植物成熟组织的类型及分布。
2. 掌握各种组织的基本构造和细胞特点。
3. 学会徒手切片及组织离析法制片。

【材料与用品】

玉树叶片、蚕豆叶下表皮装片、大叶黄杨叶的横切片、小麦叶片、菊叶、玉米叶、烟草腺毛装片、马铃薯表皮毛装片和块茎切片、茄叶、天竺葵叶、接骨木茎横切片、芹菜叶、梨、木槿皮、南瓜茎横切片、秋海棠叶横切、菹草叶片、橘皮、松茎横切片、棉花叶横切片、桑树茎、杨树茎及松茎离析材料；

显微镜、载玻片、盖玻片、尖头镊子、毛笔、培养皿、解剖针、刀片、剪刀、滴管、擦镜纸、纱布、吸水纸；

10%甘油、1/5 000 钌红酒(5 mg 钌红溶于 25 mL 水)、浓盐酸、5%间苯三酚、10%铬酸+10%硝酸，番红水溶液。

【内容与方法】

1. 保护组织

(1) 表皮(图 1-11、图 1-12)

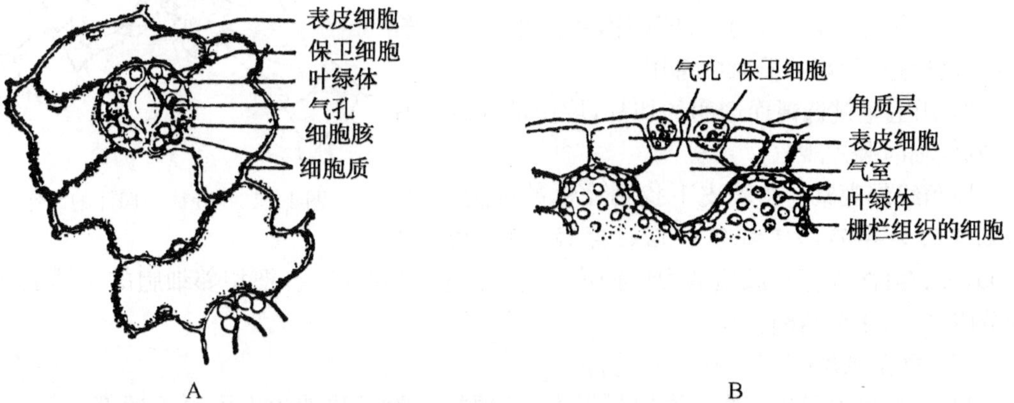

图 1-11 蚕豆叶下表皮(示气孔器结构)
A. 表面观；B. 切面观

1) 双子叶植物的表皮 取玉树的叶片，撕取表皮作临时装片，观察表皮细胞及气孔的形态结构以及表皮细胞与气孔的关系。

观察蚕豆叶的下表皮装片及大叶黄杨的横切片(注意表皮细胞与保卫细胞的形态和结构。注意与其功能相联系，如：叶外表面的角质层；表皮细胞的排列；保卫细胞不均匀加厚等)。

2) 单子叶植物的表皮 取一段新鲜的小麦叶片，平放在载玻片上，上表皮朝上。用左手紧压其两端，右手持刀片把上表皮及叶肉等其他组织刮掉，仅剩一层透明的、薄膜状

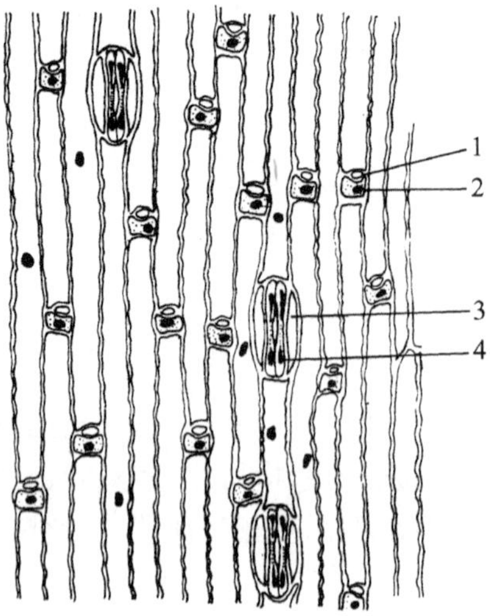

图1-12 小麦叶的表皮(引自高信曾,1995)
1. 硅质细胞;2. 栓质细胞;3. 副卫细胞;4. 保卫细胞

的下表皮,然后剪取一小片透明的表皮组织,制成临时装片,于显微镜下观察。若要长期保存装片时,用10%甘油封片。

(注意观察:表皮细胞的类型及排列;保卫细胞的形态及与副卫细胞的关系。)

玉米叶下表皮观察:制片方法同小麦叶制片方法。观察时同样注意表皮细胞的类型、排列、保卫细胞的形态及与副卫细胞的关系,看与小麦叶有何异同。

(2) 表皮附属物——表皮毛(示范):① 菊叶表皮的丁字毛;② 烟草腺毛(装片);③ 马铃薯表皮毛(装片);④ 茄叶的分枝毛;⑤ 天竺葵叶装片。

(3) 周皮:观察接骨木茎横切片,注意表皮下的周皮。

2. 机械组织

(1) 厚角组织:用芹菜叶柄做徒手切片,制成临时装片观察。徒手切片一般运用于软硬适度的植物根、茎、叶等材料。先将材料切成长2～3 cm、截面积为3～5 cm^2 的小块,便于手持(图1-13)。

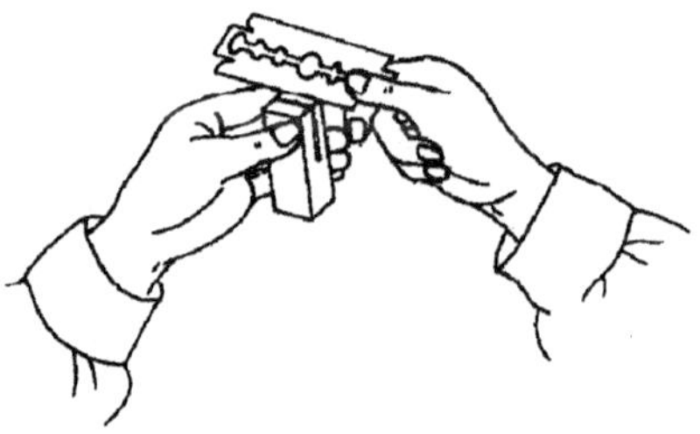

图1-13 叶徒手切片的制作

1) 取一个小培养皿,其中盛以清水,准备好毛笔、滴管和单(双)面刀片等用具和待切的材料。

2) 制作徒手切片,切下的薄片,用湿毛笔将其轻轻移入已盛水的培养器皿中备用。

3) 用毛笔挑选薄而透明的切片,取出放在载玻片上,制成临时装片观察。

厚角组织观察:在表皮下找到无色的细胞(注意细胞壁的加厚部位在相邻细胞的角隅处)。然后用0.001%钌红溶液把果胶质的中层染成红色,呈现明显的红线,把相邻细胞的角隅加厚部分分隔开来,十分清晰。

(2) 厚壁组织(图1-14)

1) 石细胞的观察　取少许的梨果肉(带硬粒),置于载玻片上用镊子柄部轻轻压散,滴上一滴浓盐酸。过一会,再滴加5%间苯三酚染色,盖上盖玻片观察,石细胞呈桃红色(注意细胞形态和结构)。

2) 纤维细胞的观察　取木槿皮一小部分,用铬酸和盐酸离析法,事先制成离析材料,贮存备用。观察时,用镊子夹取离析好的纤维少许,制成装片,在显微镜下观察。

(注意:细胞的形态及内容物;观察南瓜茎横切时,可看到在皮层中成一圈排列。)

3. 输导组织

(1) 导管和管胞

1) 南瓜茎的纵切片和横切片　观察各类导管和管胞的类型及连接方式。

2) 观察茎的木质部的离析材料

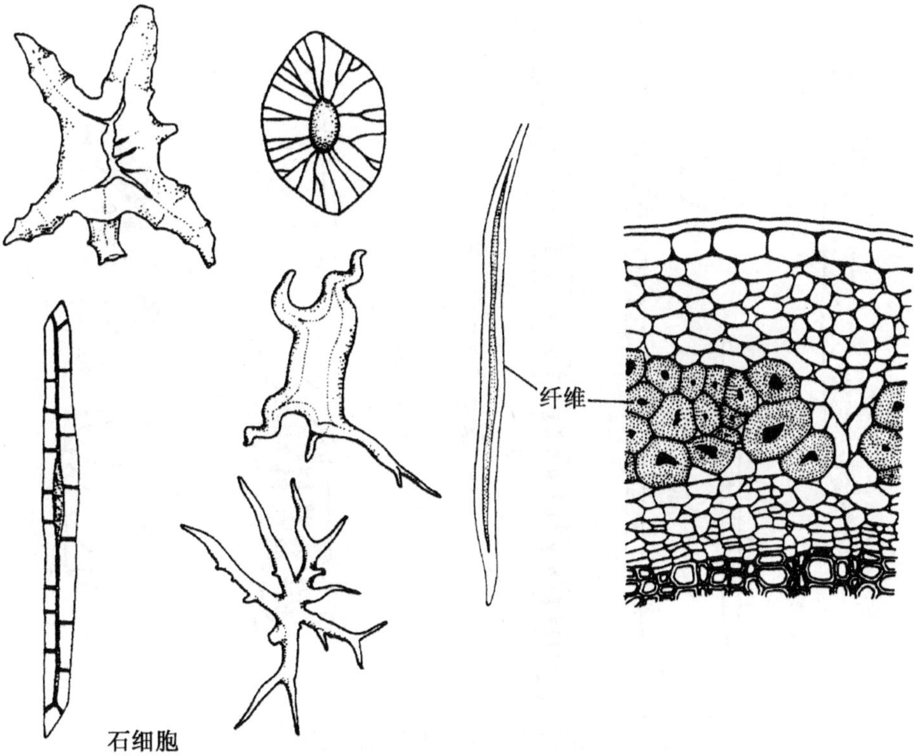

图 1-14 植物厚壁组织细胞(引自杨继,2000)

● 离析材料的制备:将松树、杨树等植物的木质部切成火柴棒粗细,1～2 mm 长,放入小广口瓶中。然后分别加入等量的 10%铬酸和 10%硝酸溶液(也可在使用前,先等量混合后,再加入),达材料的 20 倍。放入约 40℃的温箱中 2～3 d。经常检查(避免成浆糊状),至材料松散为止。用清水洗去离析液,加入 70%酒精保存。

● 观察:用镊子取少量离析的材料制作成水封片,直接观察,或者用番红水溶液将导管、纤维、管胞的壁染成红色,再观察。仔细区分各组成成分的形态和结构特点(图 1-15、1-16)。

(2) 筛管和伴胞:取南瓜茎的纵切片,先找到被染成红色的木质部(导管),在导管的内外侧找到韧皮部。将韧皮部移到视野中央观察,可见筛管由许多管状的细胞组成,其内无细胞核,有原生质束(原生质常收缩成一束)。在筛管侧面紧贴着一列染色较深的、具有明显细胞核的细长薄壁细胞,即为伴胞。在筛管上可观察到筛板和筛域(图 1-16)。

4. 薄壁组织(示范)

(1) 贮水组织:观察秋海棠叶横切片(注意大的薄壁细胞)。

(2) 贮藏组织:观察马铃薯块茎切片,细胞中含有很多淀粉粒。

(3) 通气组织:观察水生植物(菹草)叶的横切片,可看到在主脉的周围有气室。

5. 分泌结构

(1) 分泌腔的观察:取橘皮作徒手切片观察,可看到溶生的分泌腔(油囊),油囊腔四周具有破碎的残存细胞,腔内有油脂。

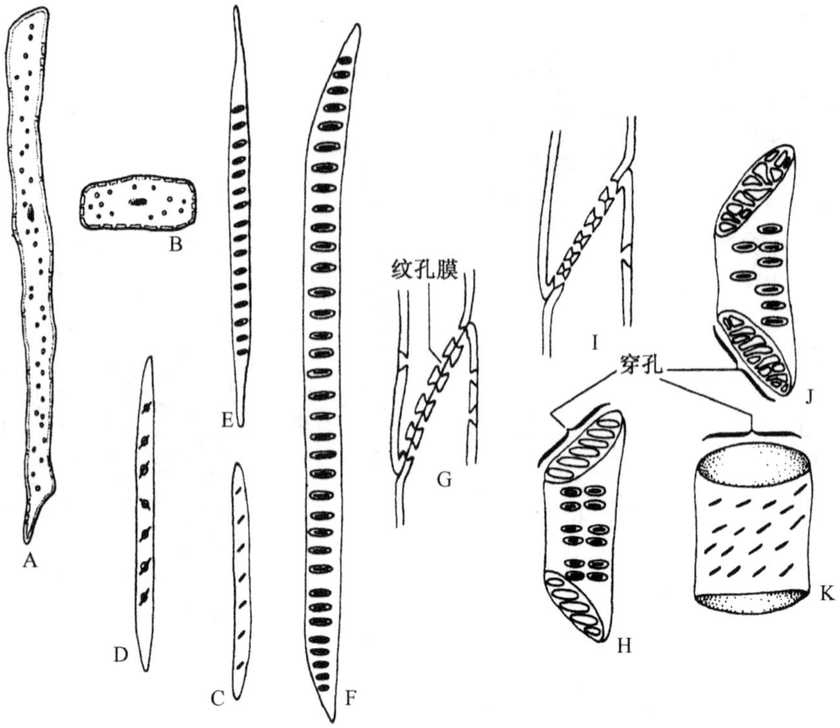

图 1-15 植物的导管与管胞(引自杨继,2000)

A、B. 木薄壁细胞;C、D. 纤维;E. 纤维管胞;F. 管胞;G. 管胞端壁的衔接;
H. 具梯状穿孔的导管分子;I. 具梯状穿孔的导管分子的衔接;
J. 具网状穿孔的导管分子;K. 具单穿孔的导管分子

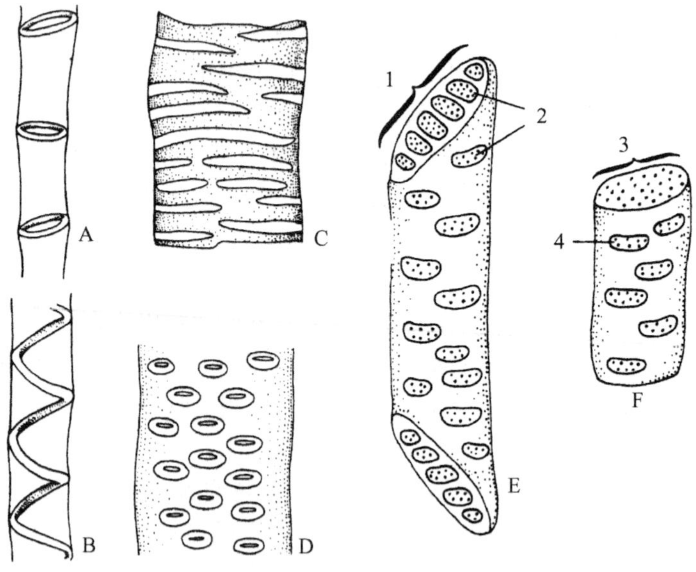

图 1-16 导管分子和筛管分子(引自杨继,2000)

A. 环纹导管;B. 螺纹导管;C. 梯纹导管;D. 孔纹导管;
E. 具复筛板的筛管分子;F. 具单筛板的筛管分子
1. 复筛板;2. 筛域;3. 单筛板;4. 筛域

（2）树脂道观察：取幼嫩的松茎横切片，制片后镜检观察，可见其中有许多较大的圆孔，圆孔周围有一圈较小，排列整齐、紧密的细胞，这个圆孔即为分泌树脂的树脂道。在韧皮部与木质部中，均有树脂道。可结合固定切片进行对比观察。

（3）分泌细胞、多细胞腺毛、乳汁管的观察：可用棉花叶横切片观察分泌细胞，多细胞腺毛；用桑树茎（或蒲公英）根作材料观察乳汁管。

【实验报告】

1. 绘蚕豆叶及小麦叶表皮细胞及其气孔器结构图，并注明各部分结构的名称。
2. 绘出你所观察到的木质部各种管状分子的结构图，注意它们各自的特点。

【思考题】

1. 表皮有何特点？这与其生理功能有何关系？
2. 就薄壁组织、厚角组织和厚壁组织而言，哪一种组织在细胞形态、结构和生理功能上具有更大的可塑性？为什么？
3. 做好徒手切片的关键技术是什么？

【课外实验】

气孔的数目和分布与植物生长环境的关系

气孔作为植物的通气结构主要分布在叶片上。生活在不同水分、光照条件下的植物由于其适应性不同，气孔的数目和分布也发生着变化。要求学生设计实验，测定不同环境下，植物叶片的气孔数目、分布，并找出它们与环境的相关性。

第三章　种子植物的营养器官

实验4　根的结构

【目的与要求】

1. 掌握根尖的外形、分区和内部构造。
2. 掌握根的初生结构、次生结构及其基本特点。
3. 掌握根维管形成层的发生、特点和在次生结构产生中的作用。
4. 观察侧根的发生部位和规律。

【材料与用品】

小麦(或玉米)幼根、洋葱根尖纵切片、蚕豆、大豆、棉花(或毛茛)的幼根、蚕豆和大豆(或玉米)的老根、蚕豆根尖横切片、毛茛根横切片、小麦根横切片、鸢尾根横切片、棉花(或木槿)的老根及横切片；

显微镜、放大镜、载玻片、盖玻片、刀片、镊子、培养皿、吸水纸、纱布；

75%酒精、0.1%番红染液(或盐酸-间苯三酚)。

【内容与方法】

1. 根尖的外形和分区(图1-17)

(1) 实验材料的准备：实验前5～7 d,将小麦(或玉米)籽粒浸湿,并用75%的酒精等消毒剂进行消毒(防止在培养过程中出现霉菌污染)。将吸水膨胀的种子置于垫有湿润吸水纸的培养皿中培养。培养过程中注意保持一定的湿度(期间可向吸水纸上滴加少量清水保证幼苗的生长)和温度(15～25℃)。如果置于恒温培养箱中培养更好。待根长到2～3 cm时,可用来进行观察。

(2) 观察：可在培养皿中直接观察,也可以截取小麦(或玉米)根端部1 cm左右置于洁净的载玻片上,用肉眼或放大镜进行观察。

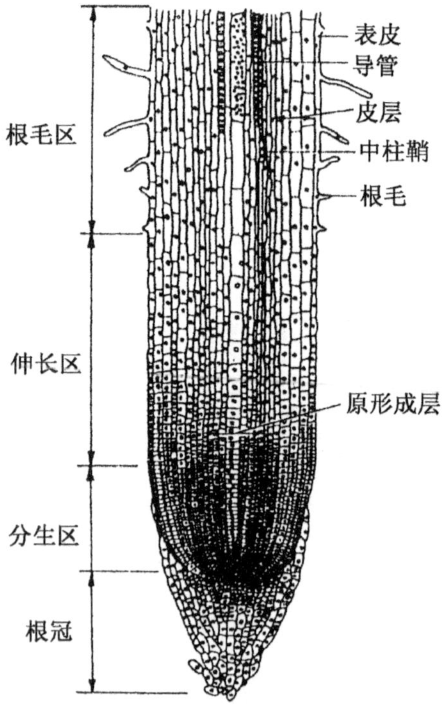

图1-17　根尖分区(引自杨世杰,2000)

1) 根冠　位于根的最尖端,呈半透明的帽状结构,罩于带黄色的生长点上。

2) 生长点　罩于帽状的根冠下,呈浅或深黄色,体积小,大部分被根冠所包裹。

3) 伸长区　位于生长点与根毛区之间,是一段光滑洁白的区域。

4）根毛区 位于根尖的上部，密生白色的根毛。

2．根尖的内部结构（图1－17）

取洋葱根尖的纵切固定装片，在显微镜下观察各区的细胞结构特点（观察时先在低倍镜下观察，然后再转到高倍镜下观察）。

（1）根冠：在根尖的最前端，略呈三角形，套在生长点的外面，是一群排列不整齐的薄壁细胞。

（2）生长点：位于根冠之内，长1～2 mm，由排列紧密的小型多面体细胞组成。在高倍镜下观察可见到许多正处于分裂状态的细胞。

（3）伸长区：位于分生区的上方，长2～5 mm，细胞在长轴方向上显著增加，在高倍镜下观察可见内部细胞开始出现分化。

（4）根毛区（成熟区）：在伸长区的上方，这个区域的细胞在大小上与伸长区相比没有太多变化，根的中央部分出现成熟组织。在高倍镜下观察可见不同增厚形式的导管分子。根毛由于切片的原因大部分被破坏，在高倍镜下观察可见表皮细胞上的残迹。

3．根的初生结构

（1）双子叶植物根的初生结构：取蚕豆[大豆、棉花或毛茛（图1－19）]等幼根的根毛区做徒手切片，制成临时装片，或取其固定装片，观察根的初生结构。由外到内可依次区分为：表皮、皮层、维管柱（中柱）三部分（图1－18）。

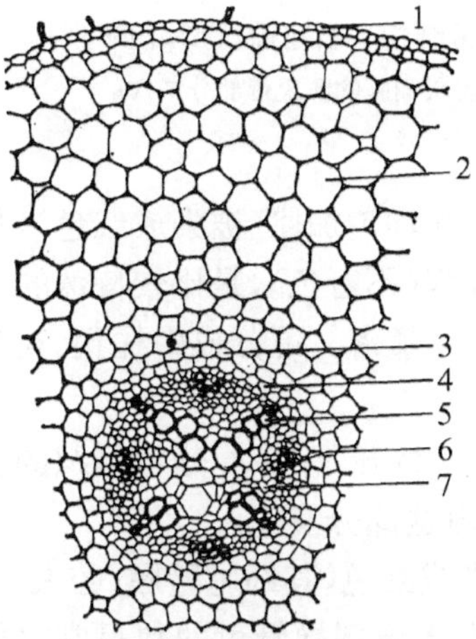

图1－18 蚕豆根尖横切（示初生结构）
（引自周仪，1993）

1．表皮；2．皮层；3．内皮层；4．中柱鞘；
5．初生木质部；6．初生韧皮部；
7．薄壁细胞

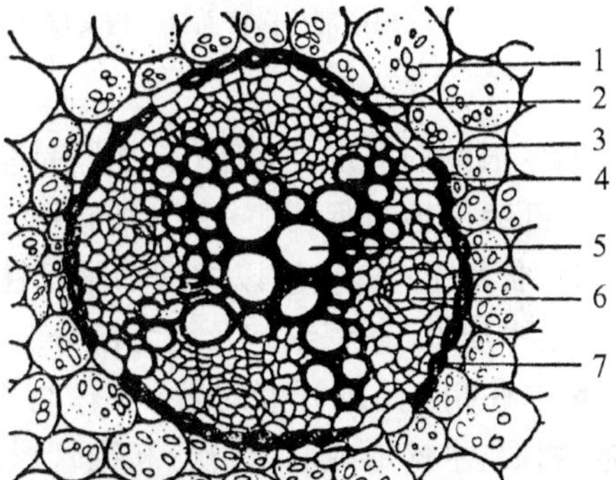

图1－19 毛茛根横切（示维管柱部分）
（引自周仪，1993）

1．皮层；2．内皮层（示六面加厚）；3．通道细胞；
4．原生木质部；5后生木质部；6．韧皮部；
7．中柱鞘

1）表皮 是根的最外一层细胞，排列紧密整齐，有的细胞可观察到有根毛残体。

2）皮层 在表皮之内，占幼根的大部分，由多层薄壁细胞组成。可进一步分为外皮层、皮层薄壁细胞、内皮层三部分。

● 外皮层：靠近表皮之下的几层细胞（一般1～3层），细胞较小，细胞壁常木栓化代替表皮起暂时保护作用。

● 皮层薄壁细胞：细胞体积较大，排列疏松，有较大的细胞间隙，细胞具有储藏作用。水生植物的这部分组织细胞常特化成通气组织。

● 内皮层(图 1－20)：是皮层的最内层细胞，围绕着内部的维管柱。细胞小，排列紧密，细胞横壁和径向壁上具有木栓化的加厚带状物——凯氏带，在根的横切面上可见常被染成红色的凯氏点(或凯氏带)。

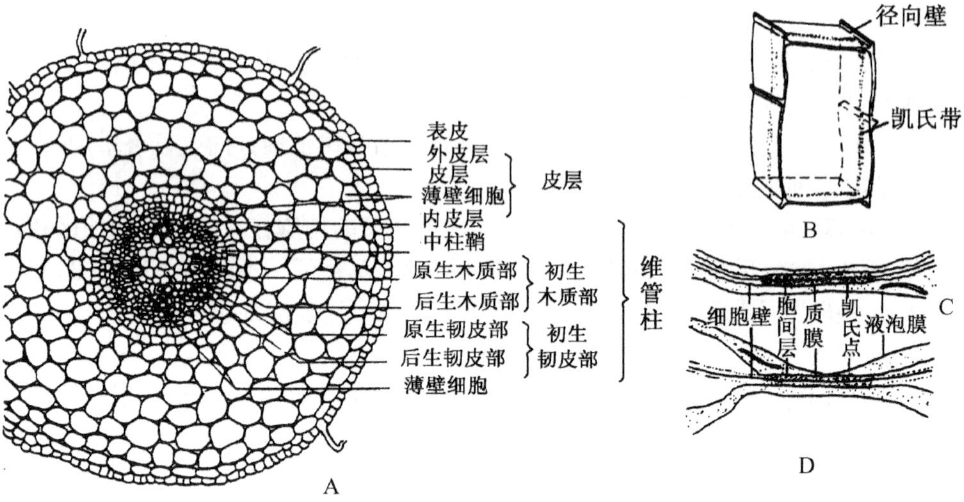

图 1－20　根的横切(示初生结构及内皮层上凯氏带结构)(引自徐汉卿，1996)

A. 根的部分横切面；B. 内皮层细胞；C. 两个相邻内皮层细胞的凯氏带部分结构；D. 同 C，示质壁分离后的状况

毛茛根的内皮层上，凯氏带加厚是整个细胞的六个面均匀加厚(被染成红色)，仅在正对木质部束的地方保留 1～2 个细胞壁不加厚的通道细胞(不着色)，是比较特殊的。

3) 维管柱　内皮层以内就是维管柱，细胞较小，排列紧密。可分成中柱鞘、初生韧皮部、初生木质部、薄壁细胞及髓几部分。

● 中柱鞘：是维管束的最外 1～2 层细胞，排列紧密、整齐，保持着分生组织的特点和功能，侧根、木栓形成层(首次)和维管形成层的一部分由这部分发生。

● 初生木质部：在切片中初生木质部的导管常被染成红色，其细胞壁厚、腔大，是输导水分和无机盐的组织，常排列成 4～6 束的星芒状，根据木质部导管束的数目常将根分为不同原型的根。如蚕豆根的木质部成星四束，即称为四原型根。初生木质部的发育(成熟)属外始式，靠外侧的是原生木质部，导管口径小，着色深。靠内侧的是后生木质部，导管口径大，着色浅。

● 初生韧皮部：与木质部相间排列，由深色的韧皮纤维和浅色的筛管、伴胞等构成，是输导同化产物的组织。

● 薄壁细胞：木质部和韧皮部之间有薄壁细胞存在，这部分细胞可以恢复分生能力，形成维管形成层的一部分。

● 髓：有些植物的维管柱中心的薄壁细胞不分化出木质部，这部分细胞称为髓。绝大多数双子叶植物根都没有髓。如棉花、向日葵等。

(2) 单子叶植物根的初生结构(图 1-21、图 1-22)：单子叶植物的根没有形成层产生所以只有初生结构。取单子叶植物，如：小麦(或玉米、鸢尾等)植物根的根毛区上方部位横切制成临时装片，或取其固定装片观察，区分表皮、皮层、维管柱三部分。

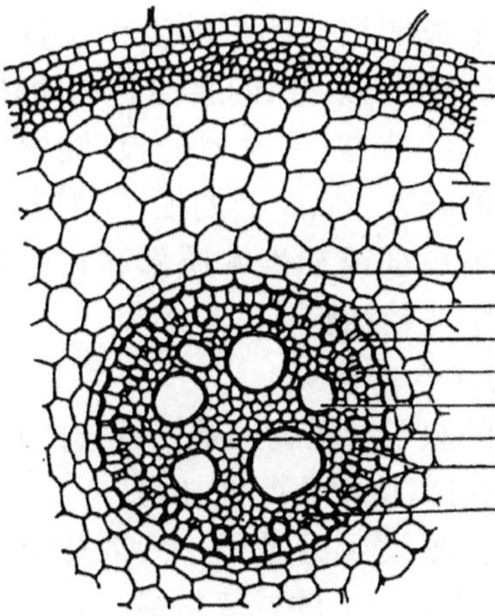

图 1-21 小麦根横切片(引自杨世杰，2000)

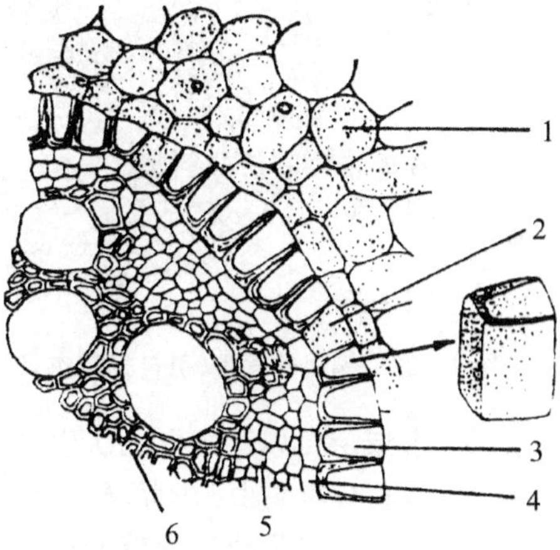

图 1-22 鸢尾根横切面的一部分
(引自丘安经，2001)

1. 皮层薄壁细胞；2. 通道细胞；3. 内皮层；
4. 中柱鞘；5. 初生韧皮部；6. 初生木质部

1) 表皮 是根的最外一层细胞，排列紧密整齐，可观察到有根毛残体。

2) 皮层 在表皮内。靠近表皮下的几层细胞(1～2 层)，细胞较小，称为外皮层。在较老的材料中可见 2～3 层细胞壁常木栓化代替表皮起保护作用，被染成红色。其内皮层幼龄期与蚕豆根相似，也可见凯氏带加厚(四面具有)。稍老后则细胞的五个面都加厚，并木栓化，仅外切向壁是薄的，显微镜下呈马蹄形。仅在正对木质部束的地方保留 1～2 个细胞壁不加厚的细胞，称通道细胞。

3) 维管柱 由中柱鞘、初生韧皮部(包括原生韧皮部和后生韧皮部)、初生木质部(包括原生木质部和后生木质部)、木质部和韧皮部之间的薄壁细胞及髓几部分组成。

中柱鞘是维管柱最外边排列紧密的小细胞，它的内部是相间排列成一轮的初生韧皮部和初生木质部，两者之间是薄壁细胞。原生木质部细胞口径较小，发生早，染色较深，在外部。后生木质部口径较大，发生晚，染色较浅，在内侧。每束后生木质部与外边的原生木质部相对。初生韧皮部的细胞在低倍镜下不易观察，可转换到高倍镜下观察(原生韧皮部在外，后生韧皮部在内)。维管柱的中央是由大型薄壁细胞组成的髓。

其他常用的实验材料还有大葱、韭菜、百合的根或玉米的支柱根等，这些材料更便于徒手切片，制成临时装片。观察时可用 0.1%的番红(或盐酸-间苯三酚)染色。需要注意的是许多单子叶植物根的中央髓细胞，幼嫩时是薄壁细胞，成熟后可以厚壁化，以增加根的支撑能力。也有一些植物根的中央为木质部的大导管所占据，还有一些湿生或水生植物的根，皮层组织往往胞间隙扩大成通气组织。

(3) 侧根的发生和形成(图 1-23)：取培养的蚕豆(或大豆、玉米种子)的根，在根毛区的上方进行连续的徒手切片，观察侧根的发生过程。切片的位置应选在稍上方，观察有

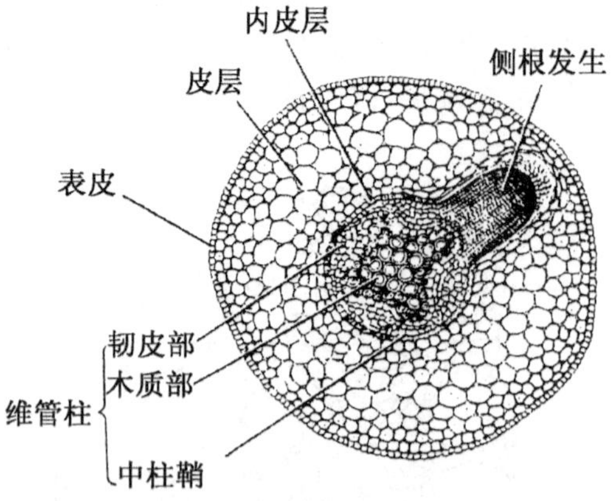

图 1－23 侧根的发生(引自杨世杰,2000)

许多小亮泡的地方进行连续切片。也可以取蚕豆根的横切固定装片进行观察,可见中柱鞘的部分细胞恢复分生能力,形成突起,这就是侧根的生长锥,它可以继续生长突破皮层、表皮,形成侧根。侧根的发生位置通常是固定的,一般三原型、四原型的根,侧根发生在木质部的外方;多原型的根,侧根发生在韧皮部的外方;二原型的根,侧根发生在对着初生韧皮部或初生木质部和初生韧皮部之间的中柱鞘细胞。

4. 根的次生结构

大多数的双子叶植物和裸子植物的根,由于具有形成层可以产生根的次生结构,使继续生长,因此可以使根不断地加粗。

(1) 形成层的发生:取培养的蚕豆(或大豆)幼根,在侧根发生区进行连续的徒手切片,进行观察,可见形成层形成的连续过程。也可以取示形成层发生的蚕豆根横切片进行观察。

观察时可见先是位于初生韧皮部内侧的薄壁细胞恢复分生能力,形成最早的形成层。而后初生木质部和初生韧皮部之间的薄壁细胞也恢复分生能力,最后初生木质部束尖端的中柱鞘细胞也恢复分生能力,这样就构成了一个波浪形的形成层环。随着次生结构的不断产生,形成层逐渐变成圆环状。

(2) 双子叶植物根的次生结构(图 1－24):取棉花(或木槿、向日葵等植物)的老根做徒手切片观察,或取其横切片进行观察。它的特点是原最外层的表皮和皮层已经脱落被木栓形成层产生的周皮取代,维管形成层向外产生了少量的次生韧皮部,向内产生了大量的次生木质部。在显微镜下观察,由外向内可区分出周皮、次生韧皮部、形成层、次生木质部、初生木质部及射线。

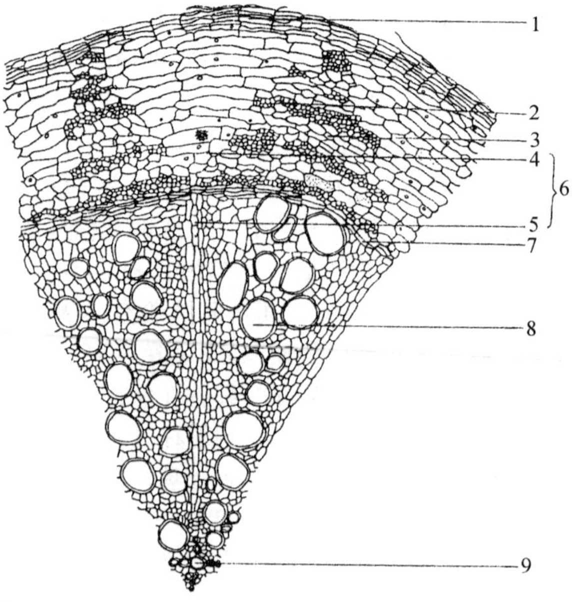

图 1－24 棉老根的次生结构(引自周云龙,1993)

1. 周皮;2. 韧皮纤维;3. 韧皮部;4. 韧皮射线;5. 木射线;6. 维管射线;7. 形成层;8. 次生木质部;9. 初生木质部

1) 周皮 可区分为木栓层、木栓形成层和栓内层三部分。

木栓层是老根最外排列整齐的几层死细胞。横切面成扁方形,细胞壁栓质化,常被染成暗红色,是由中柱鞘细胞形成的木栓形成层向外产生的细胞发育而成的次生性保护组织。

在木栓层之内,由一层扁方形的薄壁的生活细胞,细胞质浓厚,可被固绿染成黄色。木栓形成层是由中柱鞘细胞恢复分生能力而形成的，主要进行平周分裂，向外分裂产生木栓层细胞，向内分裂产生栓内层细胞。

木栓形成层之内有2～3层较大的薄壁细胞是栓内层，被固绿染成蓝绿色。

随着根的增粗，老的周皮会被破坏、脱落，但可以在内部再产生新的木栓形成层，形成新的周皮。这样，周皮的发生就逐渐由外向内推进到了次生韧皮部。

2）次生韧皮部 位于周皮之内，形成层之外。由筛管、伴胞、韧皮纤维和韧皮薄壁细胞组成。除韧皮纤维被染成红色外，大部分细胞被染成深浅不同的蓝绿色。其中，筛管、伴胞、韧皮纤维常集生在一起，韧皮薄壁细胞集生在一起，两者相间排列。在横切装片中集生的韧皮薄壁细胞呈放射状的倒三角形，是韧皮射线，具有横向运输的作用。初生韧皮部已被挤坏，常不能分辨。

3）形成层 位于次生韧皮部和次生木质部之间，有几层被染成浅绿色的扁长形细胞，称为"形成层带"。实际上形成层只有一层细胞，由于它向内向外的分裂非常迅速，而且刚产生的细胞尚未分化成熟，与形成层的细胞很难区分，因此，在横切面上看到的是多层细胞组成的形成层带。

4）次生木质部 是位于形成层内部的被染成红色的细胞区，占据了根的大部分。包括导管、管胞、木纤维和木薄壁细胞，其中细胞口径明显大于周围细胞的是导管，导管之间的一些细胞壁木质化的小细胞是管胞和木纤维，两者都属死细胞，在横断面上很难区分。它们之间夹杂着少量木薄壁细胞，是活细胞，被染成绿色，大部分木薄壁细胞排列整齐呈径向放射状排列，称木射线。

5）维管射线 由木射线和韧皮射线组成，两者是相通的。在根的次生结构中还有一些有定数的次生射线的存在。它是由正对着初生木质部束的维管形成层不断分裂产生的薄壁细胞，并沿着根的半径方向延长，呈辐射状排列，比其他木射线稍宽。

6）初生木质部 位于根的中心，呈星芒状。其最中心为一两个口径稍大的后生导管，周围是与它一起组成初生木质部的一些小导管、木纤维和管胞。初生木质部的每一个棱角对着一条较宽的射线。

【实验报告】

1. 绘一种植物根的初生结构图，并注明各部分的名称。
2. 绘棉花或木槿老根的结构图，并注明各部分的名称。

【思考题】

1. 植物的根尖可分为几个区？各自的细胞特点如何？各区之间是如何演变的？
2. 侧根是如何发生的？与根毛的发生进行比较。
3. 比较根维管形成层和木栓形成层的发生和活动特点。
4. 根的初生结构和次生结构的区别有哪些？比较其木质部和韧皮部的成熟方式。

实验5 茎的结构

【目的与要求】

1. 了解茎的形态和分枝(蘖)类型。
2. 了解芽的类型，掌握叶芽的结构。

3. 掌握双子叶植物和单子叶植物茎的初生结构。

4. 掌握双子叶植物茎的次生结构和皮孔的结构。

【材料与用品】

杨树(或丁香、胡桃)的枝条,苹果的枝条,小麦、水稻幼苗、丁香、大叶黄杨的叶芽,桃、苹果(或梨)的花芽,向日葵(或棉花)的幼茎,向日葵(或大丽菊)茎的横切片,玉米茎的横切片,小麦茎的横切片,椴树茎的横切片,棉花老茎的固定装片,向日葵茎横切片;

显微镜、解剖镜、放大镜、解剖刀、尖嘴镊子、解剖针、刀片、培养皿、载玻片、盖玻片;

0.1%番红染液等。

【内容与方法】

1. 茎的基本形态

取三年生杨树枝条(或丁香、胡桃等),观察其形态结构特征并辨认:节与节间;顶芽与腋芽;叶痕与维管束痕;芽鳞痕;皮孔。

观察苹果的枝条(注意区分它的长枝和短枝)。

2. 分枝类型

由于各种植物的芽其性质和活动规律不同,因此产生枝条的方式也不同,因而产生了不同的分枝类型,常见的分枝类型有:

(1) 单轴分枝:由顶芽不断向上生长而形成一个明显的主轴,侧枝不发达如松、杉类(室外观察)。

(2) 合轴分枝:顶芽生长只限于一定的时间,顶芽停止生长或生长缓慢或分化为花芽以后,由位于顶芽下面的侧芽代替顶芽继续发育。每年交替进行,因此主轴是由各级侧枝逐段联合而成,如苹果。

(3) 假二叉分枝:顶芽停止生长后。由顶芽下面的两个对生的腋芽同时发育成外形相同的侧枝,外形像二叉分枝,实际上是合轴分枝的另一种形式。如丁香。

(4) 禾本科植物的分蘖:禾本科植物(如小麦、水稻)的幼苗茎节很短而密集于基部,节上产生许多不定根,腋芽发育成分枝,称分蘖。产生分蘖的节称分蘖节。

3. 芽的类型及结构

(1) 芽的类型:芽是处于幼态,尚未伸展的枝、花或花序。

依其在茎上着生位置分为顶芽、腋芽和不定芽;依其性质分为叶芽、花芽和混合芽;依其结构分为鳞芽和裸芽;依其生理状态分为活动芽和休眠芽。

(2) 芽的结构

1) 叶芽的结构 取丁香、大叶黄杨的叶芽进行纵剖,置解剖镜下进行观察,可见芽的最外面几层是较硬的鳞片状叶,即芽鳞。芽鳞的内部有几片还未伸展的幼叶,在每一片幼叶的叶腋处有一突起,即腋芽原基,芽的顶端生长锥,属分生组织,其周围有一些侧生突起,即叶原基。叶原基、腋芽原基、幼叶等部分共同着生在芽轴上,芽轴实际上是节间没有伸长的缩短的茎。观察时可结合叶芽的固定装片或黑藻的茎尖固定装片对比观察。

2) 花芽的结构 取桃、苹果或梨的花芽进行纵剖,置解剖镜下进行观察,可见花芽的中间没有生长锥,而是突起的雌蕊和雄蕊原基。观察时可结合花芽的固定装片对比观察。

4. 茎的初生结构

(1) 双子叶植物茎的初生结构:取向日葵(图 1-25)(或棉花)的幼茎作横向徒手切

片观察，或取向日葵、大丽菊茎的横切装片进行观察，先在低倍镜下进行观察，区分出表皮、皮层和维管束三部分然后再转到高倍镜下进行观察。

1）表皮　茎最外面的一层较小的、排列比较紧密的细胞，是由原表皮发育而来，细胞壁的外壁可见角质化的角质层，属初生保护组织。另外，表皮上还分布有气孔器、表皮毛、腺毛等附属结构。气孔器的保卫细胞在横切面上较表皮细胞小，染色较深，还可见到两个保卫细胞之间的孔隙及其内方较大的孔下室。表皮具有保护作用。

2）皮层　表皮以内，维管柱以外的部分，由基本分生组织发育而来。靠近表皮的几层细胞比较小，细胞壁在角隅处加厚，为厚角组织，起支持作用。厚角组织内侧为由数层薄壁细胞构成的基本组织，其细胞体积较大，排列疏松，有细胞间隙。

茎的皮层中，一般没有形态上可以分辨的内皮层，但在有些植物的幼茎中，皮层的最内层细胞含有淀粉粒，称为淀粉鞘。

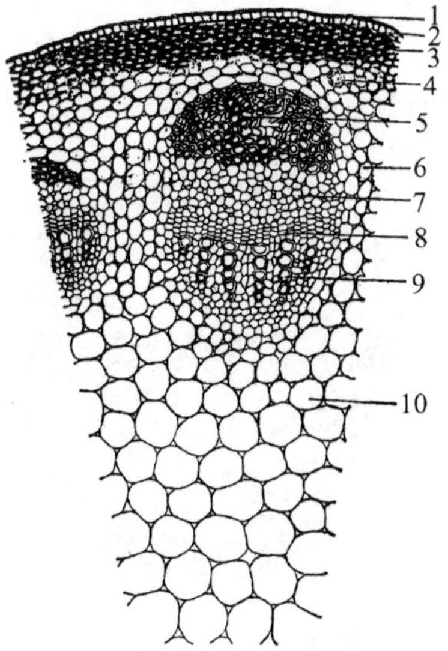

图 1-25　向日葵幼茎横切
（引自丘安经，2001）

1. 角质层；2. 表皮细胞；3. 厚角细胞；4. 分泌腔；5. 纤维细胞；6. 髓射线；7. 韧皮部；8. 形成层；9. 木质部；10. 髓

3）维管柱　皮层以内的轴状部分，较发达，占幼茎横切面中央较大的面积，由维管束、髓和髓射线组成。

● 维管束：呈束状，染色较深，在横切面上许多维管束排成一环。维管束之间为薄壁组织所隔离。每个维管束都由初生韧皮部、束中形成层和初生木质部组成，韧皮部位于木质部的外方，为外韧无限维管束。它们都是由原形成层发育而来的。由于有束中形成层存在，所以也叫无限维管束或开放式维管束。

初生韧皮部包括原生韧皮部和后生韧皮部，其发生过程是外始式。由筛管、伴胞、韧皮纤维和韧皮薄壁细胞组成。在向日葵茎的韧皮部的外方是原生韧皮纤维，也称为“中柱鞘纤维”。

束中形成层是由原形成层保留下来的，仍具有一定的分生能力的分生组织。在切片上细胞呈扁平形的小细胞，壁薄，染色较浅，位于韧皮部和木质部之间。

初生木质部包括原生木质部和后生木质部，前者靠近茎的中心，导管口径较小，染色较深，发生早。后者位于外方，导管口径较大，染色较浅，发生较晚。初生木质部的发育方式是内始式的。

● 髓：位于茎的中央，由一些体积较大、排列疏松的薄壁细胞组成，具有一定的储存能力。由基本分生组织发育而来。

● 髓射线：是位于两个维管束之间的薄壁细胞群，它内连髓，外连皮层，呈放射状，具有横向运输的能力并兼具贮存的能力，是由基本分生组织产生的。

（2）*单子叶植物茎的结构*：绝大多数单子叶植物茎中没有形成层，因此茎不能增粗，只有初生结构，构造比较简单。与双子叶植物的茎相比，主要的不同点在于维管束成散生状态，分布于基本组织中。常见两种类型。以禾本科植物的茎为例，观察单子叶植物茎的构造。

1) 玉米茎的构造(图 1－26,图 1－27)　取玉米茎的横切片进行观察,可见茎的中央没有髓腔,主要由表皮、基本组织、维管束三部分组成。

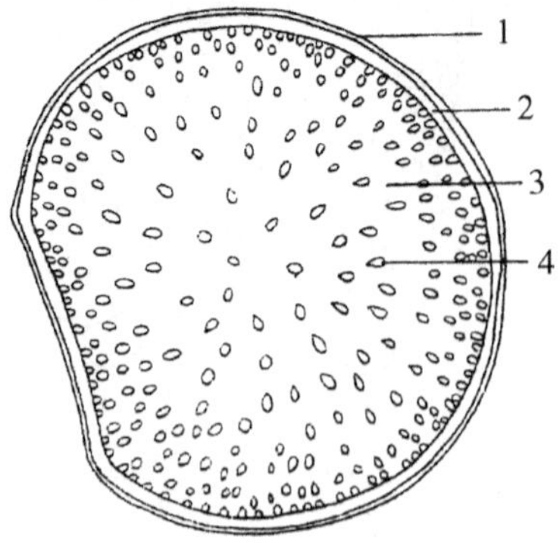

图 1－26　玉米茎横切面图
(引自周仪,1993)
1. 表皮;2. 厚壁组织;
3. 薄壁组织;4. 维管束

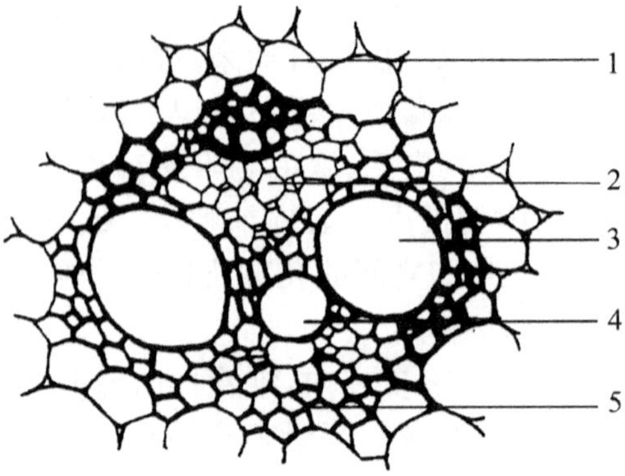

图 1－27　玉米茎的一个维管束
(引自周仪,1993)
1. 基本组织;2. 初生韧皮部;3. 后生木质部;
4. 原生木质部;5. 维管束鞘

● 表皮:为茎的最外层细胞,排列整齐紧密,横切面呈扁方形,外壁增厚,具有保护作用。表皮上有气孔器,横切面上可见其保卫细胞很小,两侧的副卫细胞稍大,中间的孔为气孔。

● 基本组织:外部靠表皮有 1～3 层形状较小、排列紧密的厚壁细胞,他们排列成一个保护环,每隔一定的距离为气孔所隔断,称外皮层,属基本组织的一部分,有机械支持和保护作用;内部为薄壁细胞,是基本组织的主要部分,细胞较大,排列疏松。有许多维管束散生其中。

● 维管束:分散在基本组织中,外方多而小,分布比较密集。靠近中央则大而少,分布比较稀疏。在高倍镜下仔细观察一个维管束,可见每个维管束的外面有一至数层厚壁细胞构成的维管束鞘包裹着。里面只有木质部和韧皮部,没有形成层,为有限维管束。其中韧皮部在外方,包括在最外方的原生韧皮部,多被挤坏,和里面的后生韧皮部,是韧皮部的有效部分,只有筛管和伴胞两种成分,排列较整齐。木质部通常含有 3～4 个显著的、被染成红色的导管,在横切面上排列成"V"形。其下半部分是原生木质部,由 1～2 个较小的导管和少量的薄壁细胞组成,小导管的内侧有一个空腔,是由于茎的伸长,最早形成的导管被破坏而形成的空腔,叫气腔或胞间道;其上部是后生木质部,有两个大的孔纹导管,两者之间分布着一些管胞。

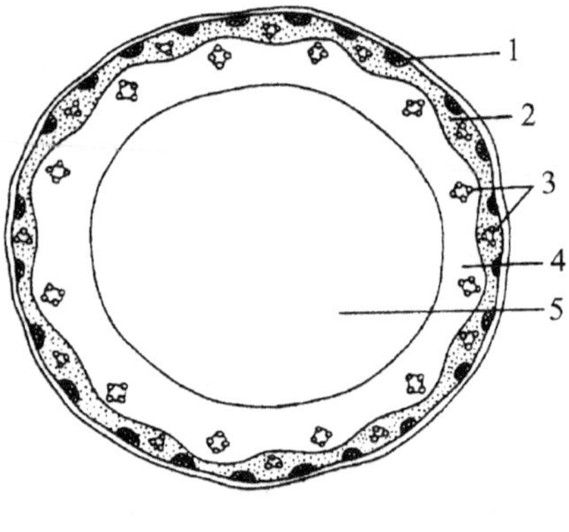

图 1－28　小麦茎横切的一部分
(引自李扬汉,1984)
1. 绿色组织;2. 机械组织;3. 维管束;
4. 基本组织;5. 髓腔

2) 小麦茎的构造　取小麦茎的横切片进行观察,与玉米茎的区别主要在于茎的中央具有髓腔,维管束在基本组织中排成内、外两圈。外圈的维管束体积较小,常与含叶绿体的同化组织相间排列。内圈的维管束体积较大。维管束的结构与玉米茎的维管束基本相似(图 1－28)。

5. 茎的次生结构

木本双子叶植物的茎和裸子植物的茎次生生长明显，而草本双子叶植物的茎一般只生长一年，次生生长不明显。

(1) 双子叶木本植物茎的次生结构：取3～4年生椴树茎的横切片（图1-29）（或棉花老茎的固定装片）进行观察。

1) 表皮　大部分已经脱落，仅余部分残片。

2) 周皮　位于茎的外围，由木栓层、木栓形成层和栓内层三部分组成，代替表皮起保护作用。

● 木栓层：由多层排列整齐紧密、扁平的死细胞组成，细胞壁栓质化增厚，木栓层是由木栓形成层细胞向外平周分裂而来。

● 木栓形成层：开始时（首次）多由皮层的外层细胞恢复分裂能力形成，为一层生活的薄壁细胞，向外分裂形成木栓层，向内分裂形成栓内层。

● 栓内层：是木栓形成层向内分裂形成的1～2层生活细胞。

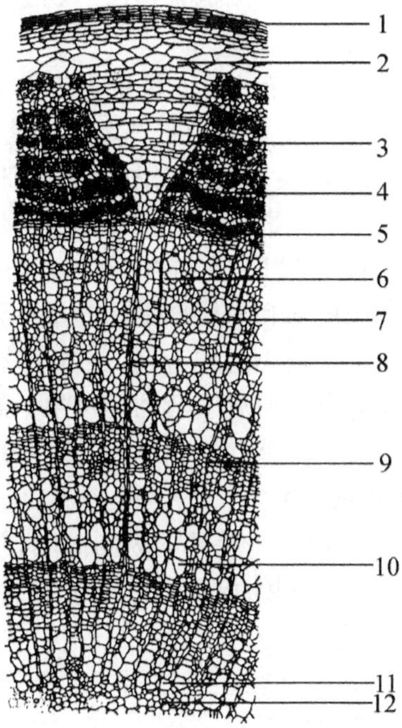

图1-29　椴树三年生茎横切
（引自周云龙，1993）

1. 周皮；2. 皮层；3. 韧皮射线；4. 次生韧皮部；5. 形成层；6. 维管射线；7. 次生木质部；8. 木射线；9. 晚材；10. 早材；11. 后生木质部；12. 原生木质部

3) 皮层　在周皮之内，维管柱之外，由数层薄壁细胞组成，其中靠外围的细胞排列紧密，靠内的细胞排列比较疏松。在皮层细胞中有一些细胞内含有晶簇。

4) 次生韧皮部　在皮层和形成层之间，细胞排成梯形，是由形成层细胞向外分裂而来，与排列成放射状的髓射线细胞相间排列。装片中，韧皮纤维被染成红色，韧皮薄壁细胞、筛管和伴胞被染成深浅不同的绿色，两种颜色的不同细胞相间成层排列。

5) 维管形成层　只有一层细胞，但因为其分裂出来的细胞还未成熟，所以看上去细胞有多层，形成层的细胞排列整齐紧密，容易辨认。

6) 次生木质部　在形成层之内，占据了装片的绝大部分。由于构成它的细胞的大小和壁的厚薄不同，可以明显看出年轮的界线，注意区分早材和晚材。细胞的组成分为导管、管胞、木纤维和木薄壁细胞。木质部内还有放射状的木射线。

7) 髓　位于茎的中央，由许多体积较大的薄壁细胞组成。

8) 射线　包括维管射线和髓射线，两者都是由薄壁细胞组成，在横切面上呈放射状，是横向运输系统。髓射线是由髓的薄壁细胞向外辐射排列，存在于维管束之间，有定数，经木质部时是1～2列细胞，至韧皮部细胞时多呈倒三角形或倒梯形。髓射线的原生部分由基本分生组织形成，次生部分由束间形成层形成。维管射线存在于维管束之内，由木射线和韧皮射线组成。维管射线属次生结构，数目不定、长短不一，是由束中形成层形成的。

9) 周皮上的通气结构——皮孔　取接骨木茎过皮孔的横切装片观察，首先发现一个两边拱起的裂口即皮孔，皮孔的两侧拱起的是周皮，裂口的内方是一些细胞间隙很大、排列疏松的圆球形薄壁细胞，称为补充细胞，可以透气，因此皮孔是周皮上的通气结构。在补充细胞的内侧也有木栓形成层,但它不形成木栓层,而是产生大量的补充细胞,因此能向外突起形成皮孔。

(2) 双子叶草本植物茎的次生结构:取向日葵老茎的横切装片进行观察。

1) 表皮　在向日葵老茎中终生保存有表皮层,具有保护作用。

2) 皮层　表皮之内是皮层细胞,外层的皮层细胞含有叶绿体,属厚角细胞,在厚角细胞之内是层数不多的皮层薄壁细胞。

3) 维管柱　在韧皮部的外方有许多厚壁细胞,细胞壁木质化,被染成红色,是韧皮纤维。韧皮部和木质部之间的束中形成层已开始活动。横切面上除了一些较大的维管束,还有一些较小的维管束,是属于次生性的,它是由一些束间的射线薄壁细胞恢复分生能力形成的束间形成层活动的结果。维管束之间仍有髓射线,维管束之内也有维管射线。

向日葵茎存在着明显的髓和髓射线,特别是髓一直非常发达。

【实验报告】

1. 绘一个叶芽的纵剖面图,并注明各部分的名称。

2. 分别绘出双子叶植物茎的初生结构图和次生结构图,并注明各部分的名称。

【思考题】

1. 叶芽在生长过程中各部分将发育为哪些结构? 植物茎的生长和分枝与芽的生长发育有何关系?

2. 比较双子叶植物根和茎初生结构的异同,单子叶植物根和茎的初生结构的异同,以及单子叶植物和双子叶植物茎初生结构的异同。

3. 双子叶植物茎内有几种形成层? 它们的活动产生了哪些次生结构?

4. 比较双子叶植物根、茎的维管形成层在发生、活动,以及形成次生结构的异同?

实验6　叶的结构

【目的与要求】

1. 掌握双子叶植物、单子叶植物和裸子植物叶的形态结构。

2. 了解植物叶的结构、生理功能及与环境的适应特点。

【材料与用品】

棉花、蚕豆(或女贞、海桐)新鲜叶片及其横切片,棉花新鲜叶片及其横切片,芹菜(或丁香)的叶柄,玉米新鲜叶片及其横切片,松属新鲜针叶及其横切片,夹竹桃新鲜叶片及其横切片,眼子菜新鲜叶片及其横切片;

显微镜、盖玻片、载玻片、刀片、解剖针、镊子、培养皿、纱布、擦镜纸;

0.1%番红染液等。

【内容与方法】

1. 双子叶植物叶(两面叶、异面叶)的结构

双子叶植物的完全叶包括叶片、叶柄和托叶三部分。分别对叶片和叶柄进行观察。

(1) 叶片的结构(图1-30):取棉花(或女贞、海桐)叶横切制片,首先在低倍镜下区分表皮、叶肉和叶脉等基本构造,然后再转换高倍镜进行观察。

1) 表皮　由一层生活细胞构成,横切面上呈长方形,排列紧密,细胞外壁角质化,有

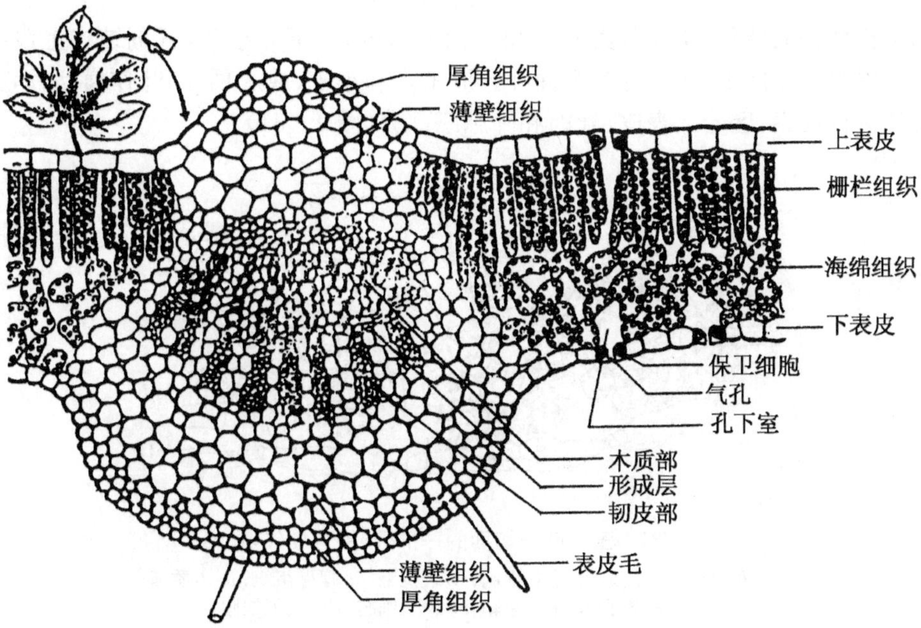

图 1－30　棉叶片横切面部分细胞图(引自关雪莲、王丽，2002)

角质层。在表皮细胞中，还可观察到成对的、染色较深的小细胞——保卫细胞，保卫细胞之间的缝隙即气孔(图 1－11)。有些植物的叶在表皮上还生有单细胞毛、簇生的表皮毛、棒状或椭圆形的具有分泌作用的多细胞腺毛等。

2) 叶肉　上下表皮之间的绿色部分，属同化组织。靠上表皮的是栅栏组织，细胞圆柱形，细胞的长轴和叶表面垂直排列，并与表皮细胞紧密相连。栅栏组织的细胞，排列紧密而整齐，细胞内含叶绿体多，因此，生活的叶片上面绿色较浓。另一部分是靠近下表皮的海绵组织，细胞形状不甚规则，常呈圆形、椭圆形等。细胞排列也没有定序，胞间隙比较发达，海绵组织细胞内含叶绿体较少，因此生活的叶片下面的绿色较淡。

在气孔的下方，常具有较大的胞间隙，称孔下室。

3) 叶脉　是叶肉中的维管组织，常伴生一定的机械组织，分布在维管束的上下方。叶片的主脉具有较大的维管束，其近轴面也就是靠近上表皮的一面，是维管束的木质部。在靠近下表皮的一面，也就是远轴面，是维管束的韧皮部，两者之间也见到几层扁平细胞，为束中形成层，因为它们的活动有限，所以叶脉没有明显的增粗。韧皮部的下方是较发达的薄壁组织和机械组织，这是棉花叶中脉下面向外突出的原因。

在中、小型的叶脉中一般没有形成层，只有木质部和韧皮部，其外包围着薄壁组织构成的维管束鞘。

叶脉越分越细，其结构也越来越简单。到叶脉的末端时，韧皮部已经消失，木质部也简化成了一个管胞。

(2) 叶柄的结构：取芹菜(或丁香)的叶柄作横切片观察，可见叶柄由表皮、基本组织和维管束三部分组成。维管束以束状、片状或上卷的弧状分布在基本组织中，其近轴面是木质部，远轴面为韧皮部。基本组织中多数为薄壁细胞，也有数量不等的厚角组织或厚壁组织的分化，以增加叶柄的机械支持能力。

2. 单子叶植物叶片(等面叶)的结构(以禾本科植物为例)

禾本科植物的叶片,主要分为叶片和叶鞘两部分,属不完全叶,解剖结构上没有栅栏组织和海绵组织之区别,故又称为等面叶。取玉米和小麦(或水稻)的叶作横切片,并结合固定装片进行观察,区分出表皮、叶肉和叶脉三部分(图 1-31)。

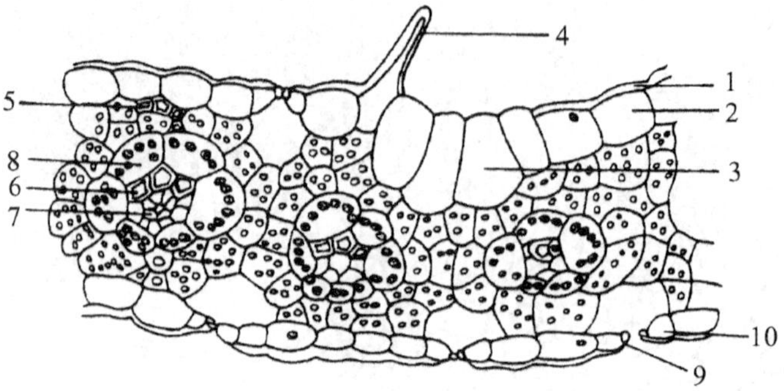

图 1-31 玉米叶横切面的一部分(引自周仪,1993)

1. 角质层;2. 表皮;3. 泡状细胞;4. 表皮毛;5. 厚壁组织;6. 木质部;7. 韧皮部;8. 维管束鞘;9. 保卫细胞;10. 副卫细胞

(1) *表皮*:表皮细胞排列紧密整齐,细胞近方形,外壁具角质膜并充满硅质。此外,注意观察玉米表皮的泡状细胞(运动细胞)。泡状细胞位于两个叶脉之间,为大型的薄壁细胞,在叶横切片上常呈扇形排列,中间的较大,两侧的较小。泡状细胞内有较大的液泡。除泡状细胞外,表皮细胞间还有气孔器,气孔内侧有气室。从叶片表面看气孔器是由两个哑铃形的保卫细胞和两个副卫细胞组成的。

(2) *叶肉*:玉米的叶肉无栅栏组织与海绵组织之分,由薄壁细胞组成,细胞间隙小,细胞内含有叶绿体,属同化组织。

(3) *叶脉*:玉米的维管束平行排列,束内没有形成层,是有限维管束。木质部靠上表皮,韧皮部靠下表皮。维管束的上、下方表皮里面,通常可见到成束的厚壁细胞,在中脉这一特点尤其突出。维管束外有一层维管束鞘,是由较大的薄壁细胞组成,细胞内含的叶绿体比叶肉细胞多,维管束鞘与外侧紧密毗连着的一圈叶肉细胞组成“花环状”,称 C_4 植物。

小麦、水稻等植物的维管束外有两层维管束鞘,外层细胞大而壁薄,含的叶绿体比叶肉细胞少,内层细胞壁厚,细胞小,称 C_3 植物。

3. 松针叶的结构

取松属植物的针叶横切片进行观察(图 1-32)。

(1) *表皮及下皮层*:表皮细胞排列紧密,壁普遍加厚,并强烈木质化。由于表皮细胞壁很厚,以致表皮细胞在横切面上观察时细胞腔很小。表皮细胞的外壁还堆积着一层很厚的角质层。

表皮细胞内是一至数层纤维状的厚壁组织,称下皮层,可防止水分蒸发和使叶坚固。松属针形叶的气孔下陷到下皮层以内,由一对保卫细胞和一对副卫细胞组成,副卫细胞在保卫细胞的外上方,拱盖着保卫细胞。下陷的气孔可以减少水分的蒸发,是松属植物对旱生生活的一种适应。

(2) *叶肉*:位于下皮层以内,内皮层以外,叶肉没有栅栏组织、海绵组织的分化。叶肉

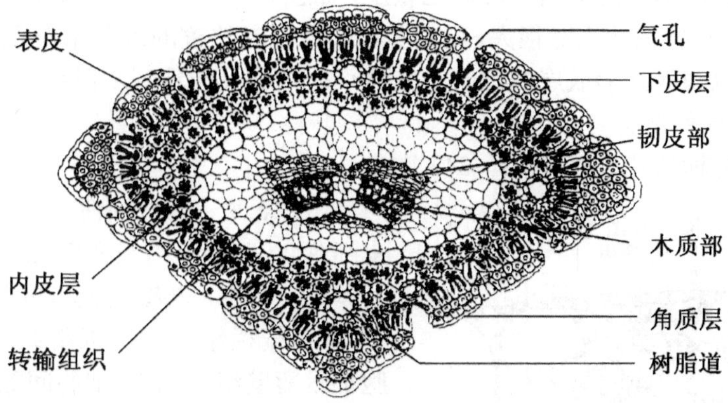

图 1－32　松树针叶横切结构(引自杨继,2000)

细胞的壁向内折陷形成了许多不规则的皱褶,叶绿体沿褶皱排列。此外在叶肉组织中还分布有树脂道,树脂道的腔由两层细胞围成,内层是一层分泌细胞,有分泌功能;外层是一层栓质化的厚壁细胞,具支持作用。树脂道的数量和着生位置在不同的松属植物是相对固定的,可作为分类的依据之一。

(3) 内皮层:叶肉内方有一层排列整齐的厚壁细胞,这层细胞明显地具有栓质化的凯氏带,称为内皮层。叶肉细胞具有内皮层结构,是松属植物针叶的特征之一。

(4) 维管束:位于叶的中央有 1～2 个外韧维管束。维管束的木质部位于近轴面,韧皮部位于远轴面。木质部主要由管胞和木薄壁细胞组成,在韧皮部主要由筛管和韧皮薄壁细胞组成,它们各自成行相间排列,形成整齐的径向行列。

(5) 转输组织:在内皮层和维管束之间有几层排列紧密的细胞,叫转输组织。转输组织常由三种类型的细胞构成:第一种是死细胞,细胞壁稍厚并轻微木质化,壁上有具缘纹孔,叫管胞状细胞。第二种是活的薄壁细胞,常见充满鞣质。管胞状细胞常分布在这种薄壁细胞之间。第三种是活的薄壁细胞,细胞内含有浓厚的细胞质,一般成堆地分布在韧皮部的外侧,这种细胞叫做蛋白细胞。转输组织的作用可能与叶肉维管束间的运输有关。

4. 夹竹桃叶的结构

取夹竹桃叶横切片进行观察(图 1－33)。

(1) 表皮:细胞壁厚,上、下表皮为由 2～3 层细胞组成的复表皮,表皮细胞排列紧密,靠外的表皮细胞外壁有发达的角质层。下表皮上有一部分细胞构成下陷的气孔窝,在下陷气孔窝里的表皮细胞常特化成表皮毛。气孔位于下表皮构成的气孔窝里。

(2) 叶肉:表皮之内是叶肉细胞,靠近上表皮,是由多层栅栏组织细胞构成,细胞排列非常紧密,有时下表

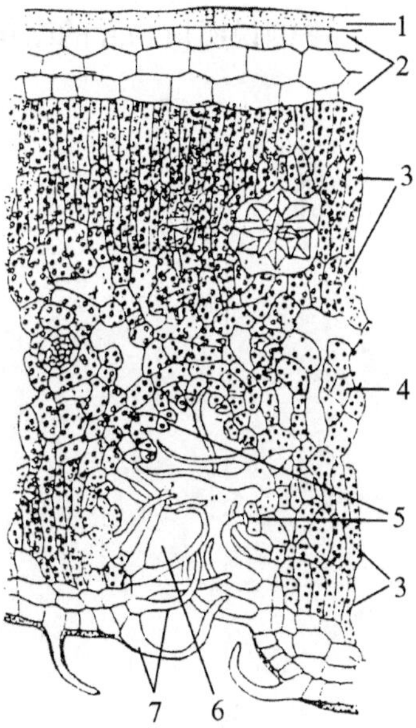

图 1－33　夹竹桃叶片横切片(引自杨世杰,2002)

1. 角质层;2. 复表皮;3. 栅栏组织;4. 海绵组织;5. 气孔器;6. 气孔窝;7. 表皮毛

皮之内也有栅栏组织。海绵组织层数也较多,细胞间隙不发达。叶肉细胞中常含有晶簇。

(3) 叶脉:夹竹桃的主脉很大,观察主脉可看到夹竹桃的维管束是双韧维管束,并且在主脉上还可以观察到形成层的细胞。其他小的主脉只能看到木质部和韧皮部。

5. 眼子菜叶的结构

取眼子菜叶横切片观察(图 1-34)。

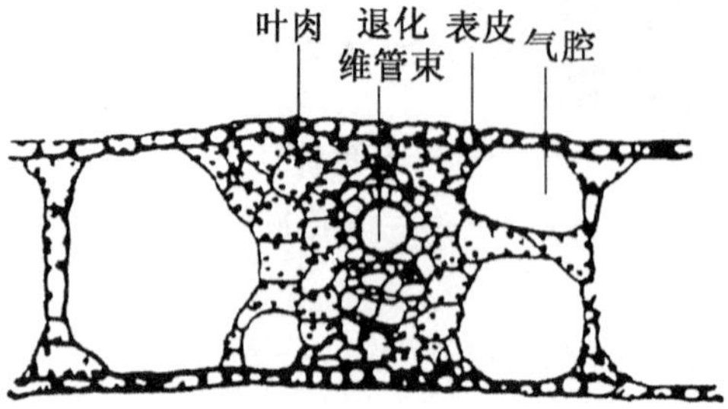

图 1-34 眼子菜叶横切片
(引自杨世杰,2002)

(1) 表皮:细胞壁薄,外壁没有角质化,表皮细胞含有叶绿体,没有气孔和表皮毛。

(2) 叶肉:表皮细胞以内的叶肉细胞不发达,没有栅栏组织和海绵组织的分化。叶肉细胞都是薄壁组织细胞,细胞间隙很大,特别是在主脉附近形成很大的气腔通道。眼子菜是沉水植物,叶子很薄,只有几层细胞。

(3) 叶脉:很不发达。主脉的木质部较退化,韧皮部细胞外有一层较为厚壁的细胞。其他小叶脉更为退化。

【实验报告】

1. 绘出所观察实验材料植物叶的结构图,并注明各部分的名称。
2. 观察室外自然环境中生长的不同植物叶子的形态,并加以总结。

【思考题】

1. 比较单子叶植物叶和双子叶植物叶结构的异同点。
2. 比较 C_3 植物叶与 C_4 植物叶的不同点。
3. 举例说明植物叶的结构与生理功能、生长环境相适应的特点。

第四章　植物的繁殖器官

实验 7　花的形态和解剖结构

【目的与要求】

1. 掌握花的基本形态和解剖结构，学会正确描述花的方法。

2. 通过对花组成部分比较观察，理解花形态的多样性。

3. 通过连续切片观察，了解花粉粒及胚囊形成过程。

【材料与用品】

百合花、棉花(或木槿花)、刺槐、大豆(或豌豆花)、桃花、马齿苋花、苹果(或梨花)、黄瓜花、益母草(或薄荷花)、牵牛(或矮牵牛)、绣线菊(或玉兰花)、睡莲花；

小麦穗、葡萄(或玉米)花序、荠菜(或油菜)花序、车前花序、杨(或柳)花序、葱花序、胡萝卜(或芹菜)花序、马蹄莲(或天南星)花序、向日葵(或蒲公英)花序、无花果花序、唐菖蒲花序、萱草花序、石竹花序、大戟花序、百合花序；

百合幼嫩花药、成熟花药及子房横切片、棉花幼嫩花药、成熟花药及子房横切片、小麦幼嫩花药、成熟花药及子房横切片；

显微镜、放大镜、镊子、解剖针、载玻片、盖玻片、吸水纸、培养皿、白纸；

乙酸洋红染液、10%蔗糖溶液、蒸馏水。

【内容与方法】

1. 花的基本形态及结构的观察

(1) 百合花的观察

1) 组成　取一朵百合花，观察外形，然后由外向内逐层剥离，依次置于培养皿或白纸上，观察各部分形态和数量(图1-35)。

● 花被：白色或黄色，2 轮，每轮3 片。

● 雄蕊：6 枚，两轮与花被相对排列；花药黄色，较大，丁字形花药。

● 雌蕊：1 枚，花柱较长，子房三棱形，子房上位。

2) 花药的解剖结构　取百合幼嫩花药及成熟花药横切片，分别置显微镜下观察形状、壁的结构等，比较二者差异。

● 百合幼嫩花药的观察(图 1-36)，花药呈蝴蝶状，由药隔分为左右两部分，

图 1-35　百合花的结构(引自高信曾，1995)

A. 花的外部形态；B. 雄蕊和雌蕊

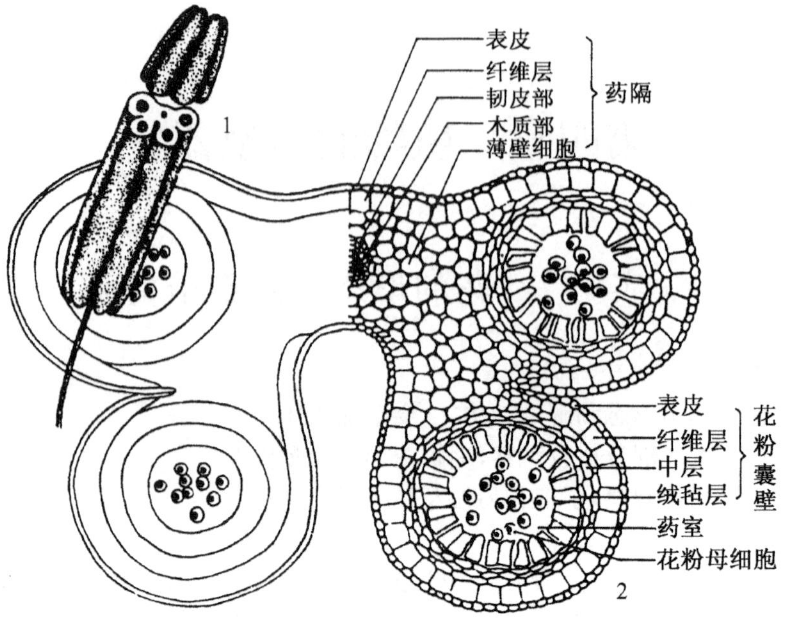

图 1-36 百合幼嫩花药横切面图(引自关雪莲)

1. 花药外形及横切面图;2. 花药横切面结构图

每部分各有两个花粉囊,药隔中分布着由花丝进入花药的小束维管束。

在高倍镜下花粉囊壁可分为 4 层:① 表皮:最外一层细胞,较小,排列紧密。② 药室内壁:表皮内侧一层细胞,较大,细胞内含淀粉粒。③ 中层:1～3 层较小扁平细胞。④ 绒毡层:最内层柱状细胞,核大,质浓,排列紧密。⑤ 花粉母细胞:呈多角形,核大,质浓(注意识别花粉母细胞及减数分裂过程)。

- 百合成熟花药的观察(图 1-37)

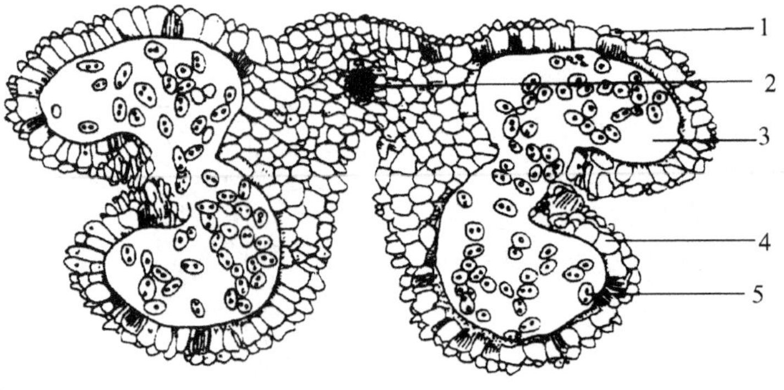

图 1-37 百合成熟花药的横切(引自周仪,1993)

1. 表皮;2. 药隔维管束;3. 花粉囊(药室);4. 纤维层;5. 二胞花粉粒

花药两侧花粉囊隔膜解体,2 室相互沟通成 1 室,室内充满花粉粒。

花药壁结构出现纤维层,表皮萎缩,中层和绒毡层消失,有残余(注意识别纤维层细胞壁增厚形式及唇细胞)。唇细胞为两个花粉囊之间交界处的几个薄壁细胞。

花粉粒发育成熟,形态清晰可辨。

3) 子房及内部结构观察(图 1-38) 取百合子房横切片,在显微镜下观察,仔细识别子房壁(心皮)、胚珠、胚囊等各部分结构。

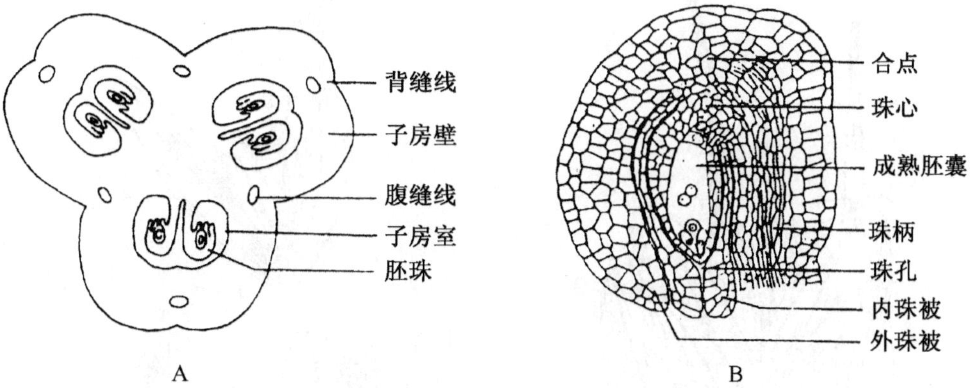

图 1-38 百合子房及胚珠结构 (引自丘安经,2001)

A. 百合子房横切面简图;B. 百合胚珠的结构

● 子房:百合为 3 心皮复雌蕊子房,3 室,每室 2 枚倒生胚珠,中轴胎座。

● 胚珠:① 珠柄:着生在中轴上,连接胎座及胚珠。② 珠被:2 层,薄壁细胞,位于最外面,在 2 层珠被顶端留有一孔,即珠孔。③ 珠心:珠被包被的胚珠中央部分。④ 合点:与珠孔相对一端,珠心、珠被、珠柄三者愈合部位。⑤ 胚囊:珠心中间囊状结构(注意识别七胞八核)。其中珠孔端 3 细胞,中间为卵细胞,两侧为助细胞,共同组成卵器;合点端 3 个反足细胞;胚囊中间为含次生核的中央细胞。一张切片上往往很难同时观察到 7 个细胞,应作连续切片对比观察识别七胞八核。

(2) 棉花

1) 取一朵新鲜的或浸制的棉花,由外向内逐层观察花萼、花冠、雄蕊、雌蕊形态(注意:观察雌蕊时应挑开雄蕊管)。

● 副萼:3 片,叶片状,相当于苞片。

● 花萼:5 片,合生,杯状。

● 花瓣:5 片,分离,覆瓦状排列。

● 雄蕊:多数,单体雄蕊,即花丝基部联合成雄蕊管,花药及花丝上部分离。

● 雌蕊:瓶状,柱头稍分离,子房上位。

2) 花药解剖结构 取棉花幼嫩花药及成熟花药横切片,分别识别花药形态、囊壁结构、花粉粒等,并与百合的花药比较。

3) 子房及内部结构 取棉花子房,于中部横切观察剖面结构,然后做徒手横切切片,乙酸洋红染色,显微镜下观察,识别心皮、中轴胎座、珠被、珠心、胚囊及内部七胞八核。与百合子房结构比较(注意:也可以直接观察棉花子房横切片)。

4) 写出棉花的花程式或绘制花图式。

(3) 小麦

1) 组成(图 1-39) 小麦穗实际上为一复穗状花序。取开始开花的小麦穗,用镊子自穗中部取一小穗观察,外面有两片颖片,内有数朵小花,仅下部 2~4 朵发育正常。取一朵发育正常小花,由外向内剥离并观察花各部分结构。

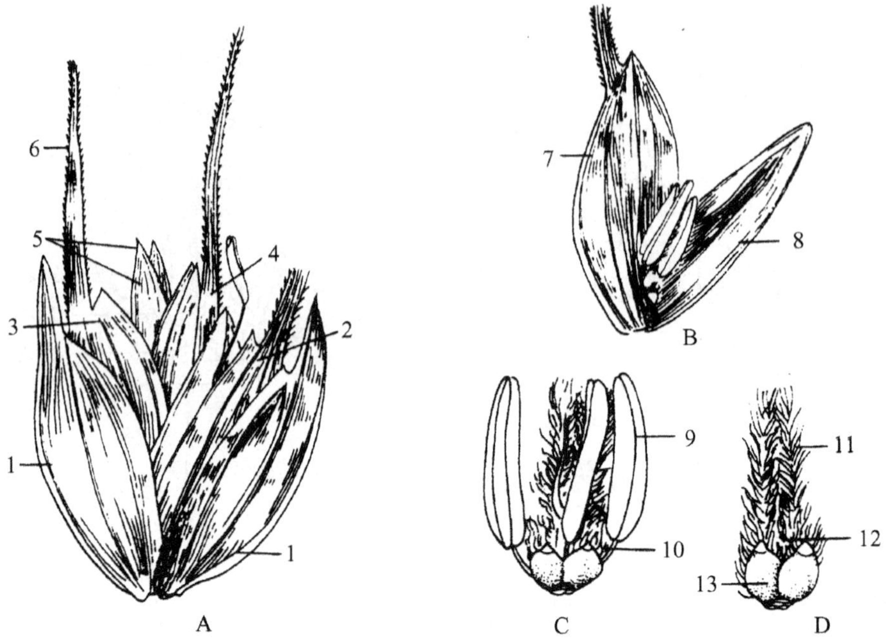

图 1-39 小麦小穗及花的结构(引自李扬汉,1984)

A. 小穗;B. 小花;C. 雄蕊;D. 雌蕊

1. 颖片;2. 第一朵小花;3. 第二朵小花;4. 第三朵小花;5. 第四朵小花;
6. 芒;7. 外稃;8. 内稃;9. 花药;10. 花丝;11. 柱头;12. 子房;13. 浆片

- 外稃:1 片,脉明显,常具芒,相当于小花苞片。
- 内稃:1 片,薄膜状,两侧向内折叠。
- 浆片:2 枚,白色,紧贴子房基部,边缘具毛。
- 雄蕊:3 枚,花丝细长,花药黄色,较长。
- 雌蕊:1 枚,柱头两裂,羽毛状,花柱较短,不明显,子房上位。

2) 花药解剖结构 取成熟小麦花药横切徒手切片置于载玻片上,加一滴水,制作临时装片或取成熟花药横切片观察花粉囊、花粉粒结构,与百合、棉花比较异同。

3) 子房及内部结构 结合百合、棉花子房及内部结构的观察,取小麦子房横切片,显微镜下识别心皮、胚珠、胚囊结构特点。

4) 写出小麦花的花程式或绘制花图式。

2. 花形态的多样性观察

(1) 花冠(图 1-40):花冠是花瓣总称,植物花冠形态变异很大,形成各种花冠类型,是植物分类的重要依据之一。

1) 十字形花冠 花瓣 4 片,离生,十字形。荠菜、萝卜、白菜等十字花科植物具典型的十字形花冠。

2) 蝶形花冠 花瓣 5 片,顶端为旗瓣,两侧为翼瓣,两翼瓣之内下方是两片合生的龙骨瓣。蝶形花科植物如大豆、豌豆、紫藤、刺槐等为蝶形花冠。

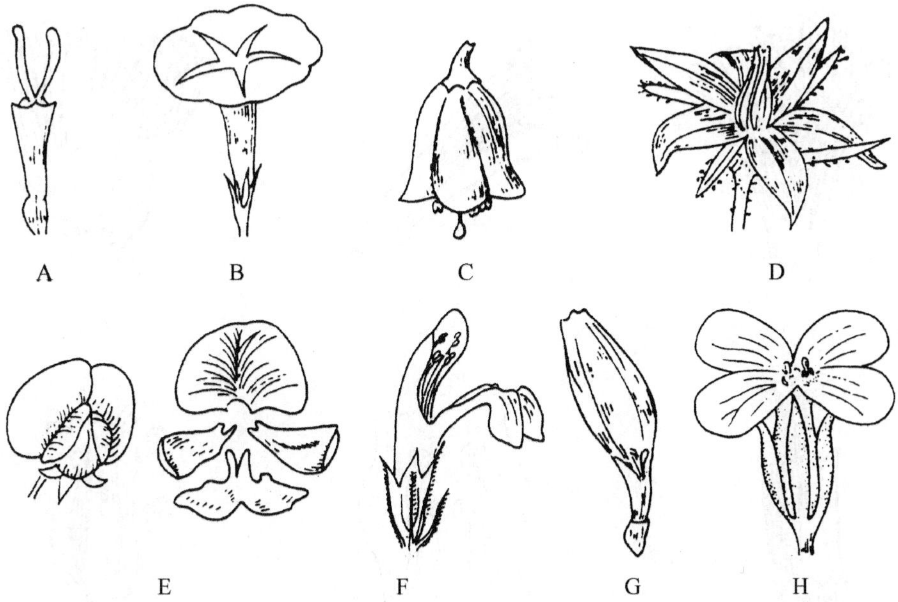

图 1-40 花冠类型（引自何凤仙，2000）

A. 筒状；B. 漏斗状；C. 钟状；D. 轮状；E. 蝶状；F. 唇形；G. 舌状；H. 十字形

3）唇形花冠 花瓣 5 片，合生，花冠基部联合成筒状，上部分离成二裂为上唇和下唇，一般上唇二裂，下唇三裂。如唇形科的一串红、益母草、薄荷等。

4）漏斗状花冠 花瓣一般五数，全部联合成花冠筒，由基部向上逐渐扩大成漏斗状。如牵牛、矮牵牛等的花冠。

5）管状花 花瓣五数，合生成管状，上部无明显扩大。如菊科植物向日葵、菊花等的中心花。

6）舌状花 花瓣五数，合生，花冠仅基部少部分联合成管状，上端联合成一扁平舌片状。如菊科植物蒲公英、向日葵等的边缘花。

另外还要注意观察其他类型的花冠，如钟状、轮状等类型。

(2) 雄蕊（图 1-41）：雄蕊形态变异主要体现在花丝花药长短、连接方式、联合或分离等方面。

1）分离雄蕊 雄蕊互相分离，花丝可等长或不等长，如十字花科雄蕊四长二短，称四强雄蕊；唇形科和玄参科植物雄蕊二长二短，称二强雄蕊。

2）单体雄蕊 花药分离，花丝联合成一束，如棉花、木槿。

3）二体雄蕊 花丝 9 个联合，1 个单生，呈 2 束，如蚕豆、甘草、刺槐。

4）多体雄蕊 花丝联合成多束。如蓖麻、金丝桃。

5）聚药雄蕊 花丝分离，花药联合。如向日葵、南瓜、蒲公英。

(3) 雌蕊和胎座类型（图 1-42）：雌蕊是由心皮包围形成，由于构成雌蕊的心皮数目及心皮联合方式不同，而形成各种类型雌蕊和出现各种胎座类型。

● 雌蕊类型：① 单雌蕊：单个心皮构成子房一室，胚珠着生在腹缝线上，此类胎座为边缘胎座。如刺槐、豌豆、大豆等。② 离生雌蕊：由数个心皮形成彼此分离的雌蕊。如毛

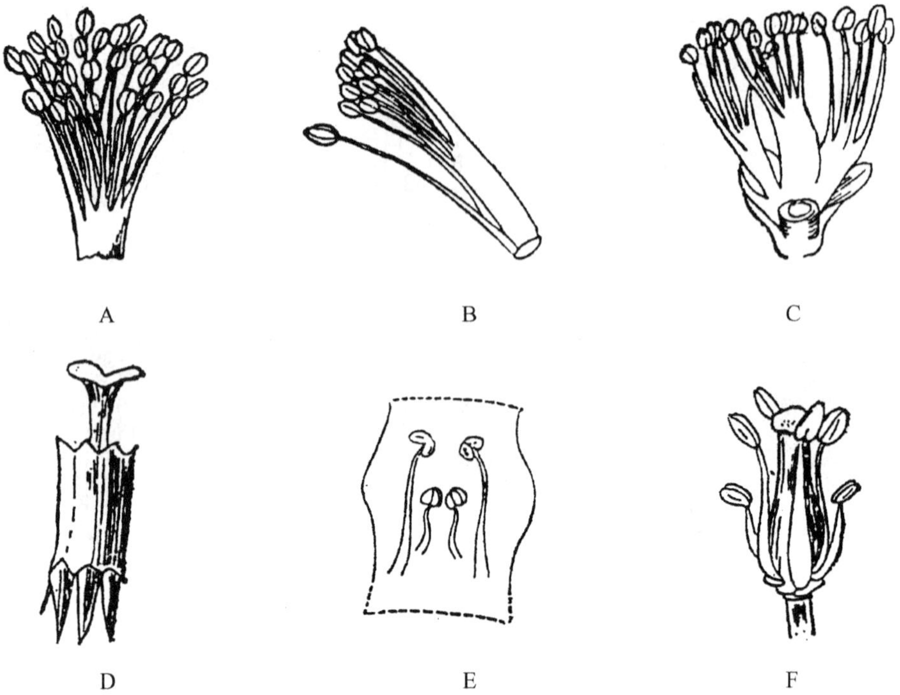

图 1 - 41　雄蕊的类型(引自丘安经,2001)

A. 单体雄蕊;B. 二体雄蕊;C. 多体雄蕊;D. 聚药雄蕊;E. 二强雄蕊;F. 四强雄蕊

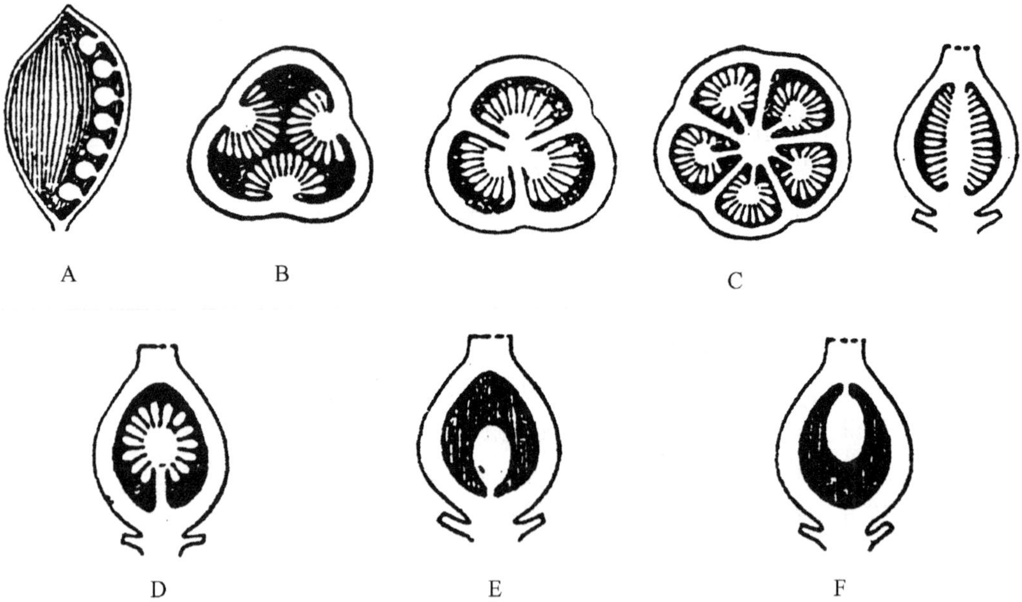

图 1 - 42　胎座类型 (引自丘安经,2001)

A. 边缘胎座;B. 侧膜胎座;C. 中轴胎座;D. 特立中央胎座;E. 基生胎座;F. 顶生胎座

茛、绣线菊、玉兰花。③ 合生雌蕊：多个心皮联合形成子房，子房一室或多室。

● 胎座的类型：① 边缘胎座：一室的单子房，胚珠沿心皮的腹缝线呈纵行排列。如豌豆、蚕豆等。② 侧膜胎座：复雌蕊，子房一室，胚珠着生在两心皮相接的腹缝线上。如紫花地丁、罂粟等。③ 中轴胎座：多心皮组成子房多室，心皮边缘联合向子房内延伸成隔膜并在中央形成中轴，胚珠着生在中轴上。如棉花、牵牛、苹果、百合。④ 特立中央胎座：复雌蕊，由于隔膜及中轴上部消失而成为子房一室或不完全数室子房，胚珠着生在中轴上，可能由中轴胎座演化而来。如石竹、马齿苋。⑤ 基生胎座：子房一室，胚珠着生在子房基部。如向日葵、蒲公英。⑥ 顶生胎座：子房一室，胚珠着生在子房顶部，悬垂室中。如桃。

（注意：单雌蕊及合生雌蕊都可能具有基生胎座或顶生胎座类型。）

(4) 子房位置(图 1－43)

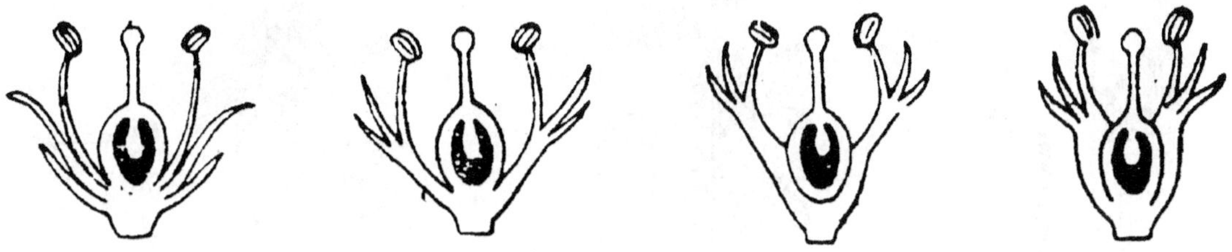

图 1－43　子房位置的类型（引自丘安经，2001）

A. 上位子房(下位花)；B. 上位子房(周位花)；C. 中位子房(周位花)；D. 下位子房(上位花)

1) 上位子房　子房只有底部与花托相连，有两种情况：

● 下位花：花的其余部分着生在低于子房的花托上，如油菜、刺槐等。

● 周位花：花托或花筒凹型，花的其余部分着生在凹型的花托或花筒边缘，处于子房的周围，如桃花、月季等。

2) 中位子房(半下位)，花周位　子房下半部与花托或花筒愈合，子房上半部、花柱、柱头仍露在外面，花的其余部分着生在花筒边缘，处于子房的周围，如马齿苋、忍冬等。

3) 下位子房，上位花　整个子房埋于花托或花筒中，且与其愈合，花的其余部分着生在子房上方，如苹果、黄瓜等。

(5) 花序：被子植物的花可以单独着生在茎的顶端或叶腋，也可以许多花朵按一定规律着生花序轴上组成花序，不同花序类型体现出花着生方式的多样性。

1) 无限花序（图 1－44）　开花期间，花序主轴可以继续向上生长、伸长和分化出新花芽，开花顺序由基部向上部或由外围向中央。观察以下几种花序类型典型代表植物，总结相应特点。

● 总状花序和复总状花序：首先观察荠菜、油菜的总状花序。其特点是，花序只有一个伸长而不分枝的花序轴，上面着生花柄相等花，开花顺序自下而上逐渐开放。再观察葡萄或玉米雄花序，花轴分枝，每枝为一总状花序，形如圆锥状，为复总状花序或圆锥花序。

● 穗状花序、复穗状花序：先观察车前花序（与总状花序相比），在不分枝花序轴上，着生多数无柄两性花。再观察小麦复穗状花序，花序轴分枝，每枝为一穗状花序。

● 柔荑花序：观察杨、柳花序，与穗状花序相似，花序轴不分枝，花无柄。花均为单性

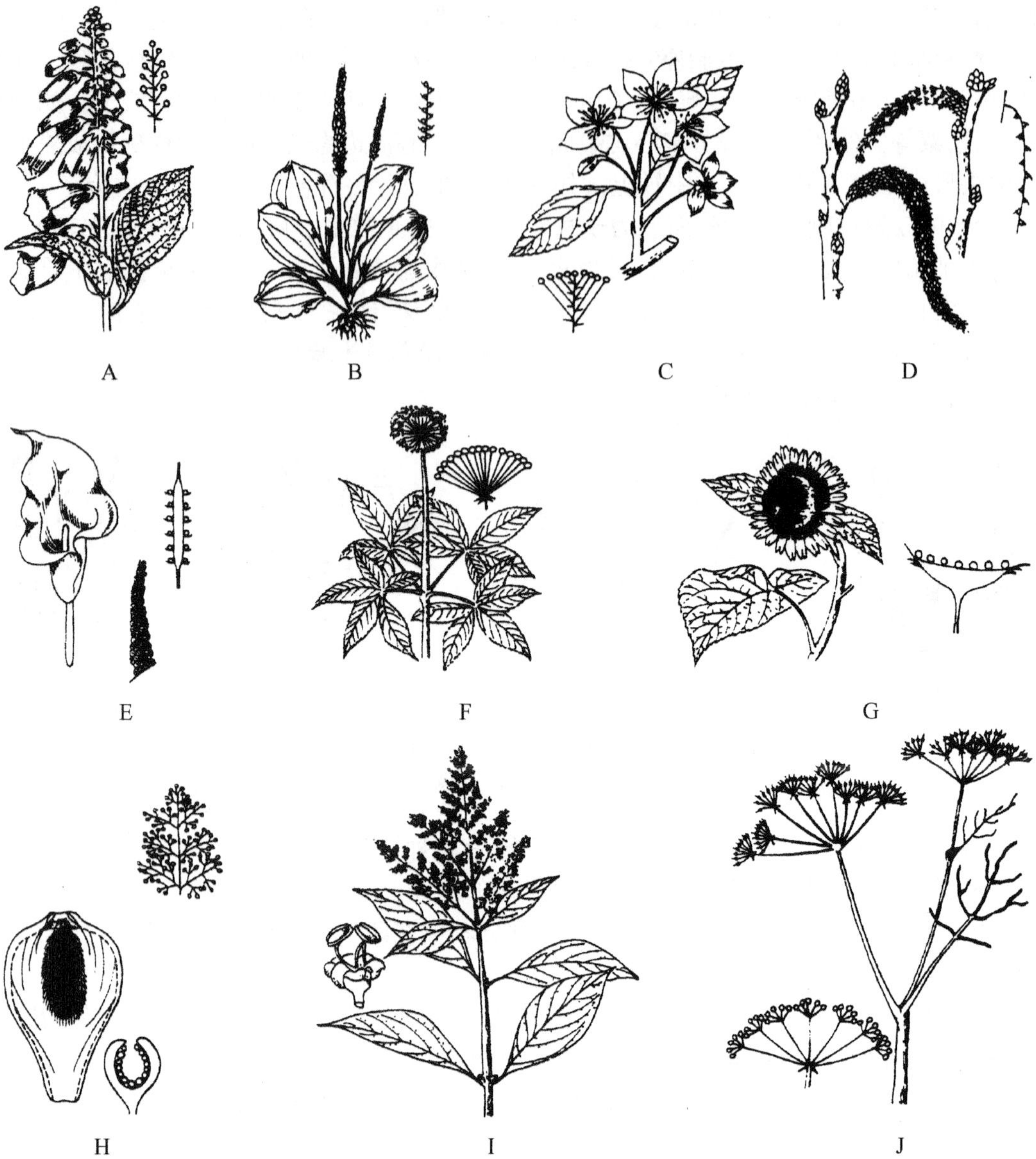

图 1-44　无限花序类型（引自《中国高等植物图鉴》）

A. 总状花序；B. 穗状花序；C. 伞房花序；D. 柔荑花序；E. 肉穗花序；F. 伞形花序；G. 头状花序；H. 隐头花序；I. 圆锥花序；J. 复伞形花序

花，花序轴下垂或直立。开花后整个花序脱落。

● 伞房花序与复伞房花序：观察梨、苹果花序，花序轴不分枝，花柄长短不等，由下向上，逐渐缩短，整个花序小花排列在一个平面上。观察绣线菊花序，花轴分枝，每枝为一伞房花序，称复伞房花序。

● 伞形花序与复伞形花序：观察葱花序，花轴极短，多数由花轴顶端生出，各小花花柄近等长，呈放射状排列，为伞形花序。观察胡萝卜、芹菜的复伞形花序，花轴分枝，每枝为一伞形花序。

● 肉穗花序和佛焰花序：观察玉米雌花序，花序轴肉质化，呈棒状，花无柄，单性，为肉穗花序。观察马蹄莲、天南星的花序，其肉穗花序外有一大型苞片称佛焰苞，称佛焰花序。

● 头状花序和隐头花序：观察向日葵、蒲公英花序，花序轴极度缩短，顶端膨大，上面密集着生许多无柄花，整个花序呈头状或盘状，为头状花序。若花轴中间向下凹陷呈囊状，小花着生在囊状体内壁上，只有囊的顶端有一小孔与外界相通，即称隐头花序，如无花果。

2）有限花序（图1-45） 开花期，花序轴不能继续伸长，而是苞片腋部长出侧生花序，似茎合轴分枝方式，开花顺序由上部向下部或由内向外依次开放。

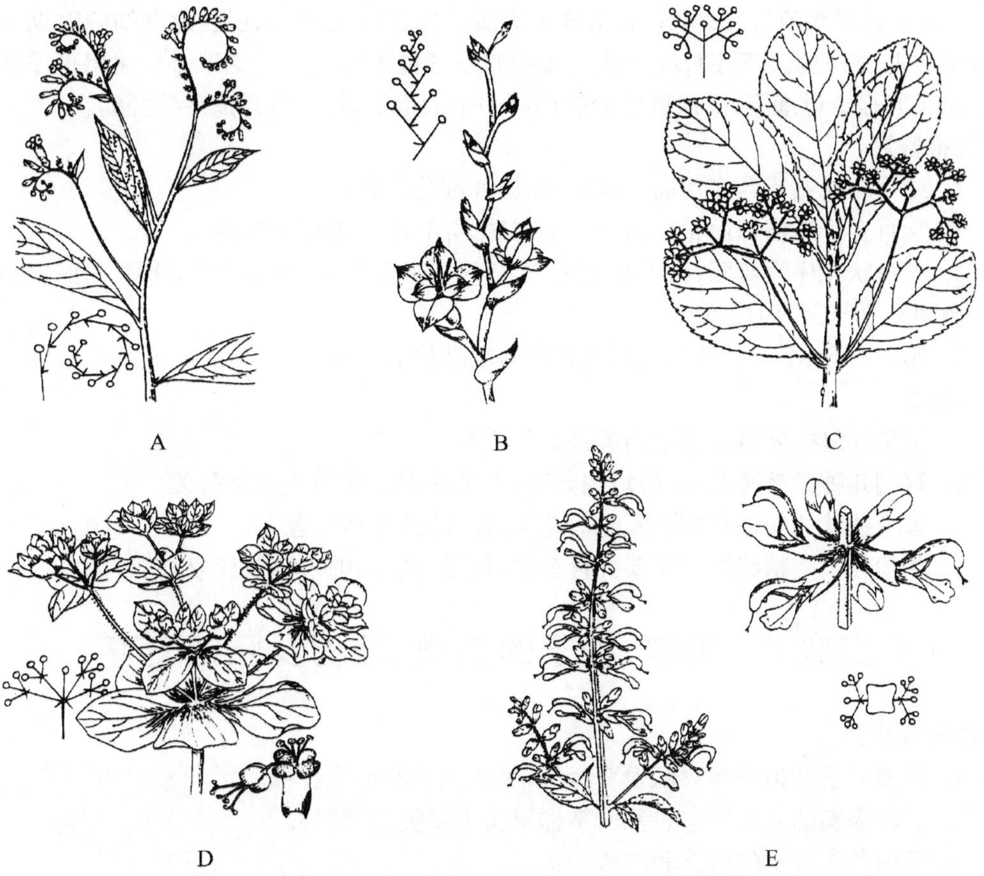

图1-45 有限花序类型（引自《中国高等植物图鉴》）
A. 螺旋状聚伞花序；B. 蝎尾状聚伞花序；C. 二歧聚伞花序；D. 多歧聚伞花序；E. 轮伞花序

● 单歧聚伞花序：花序轴顶花开放后，其下仅有一侧芽形成侧轴，侧轴顶芽成花，再由其下的侧芽发育成花，如此反复，连续分枝形成单歧聚伞花序。若侧枝左右间隔发生，形成蝎尾状聚伞花序，如唐菖蒲；若侧枝发生在同一侧，称螺旋状聚伞花序，如萱草。

● 二歧聚伞花序：观察石竹花序，顶芽成花后，其下一对侧芽同时萌发成侧枝，侧枝顶芽成花，如此反复连续分枝形成二歧聚伞花序。

● 多歧聚伞花序：观察大戟花序，顶花下主轴生出三个以上侧枝，各侧枝顶端成花，又以同样方式分枝，称多歧聚伞花序。

● 轮伞花序:聚伞花序生于对生叶的叶腹中,呈轮状排列,如益母草。

3. 发育过程观察

(1) 雄蕊瓣化:取睡莲的花,用镊子由外向内逐层剥离花瓣、雄蕊,依顺序置于纸上,观察雄蕊瓣化过程:由正常雄蕊,花丝逐渐扁平至完全瓣化,花药逐渐退化至完全消失。

(2) 花粉粒萌发过程:观察花粉粒形态:在载玻片上滴一滴10%蔗糖溶液,用镊子取新鲜百合花粉轻轻撒在上面,盖上盖玻片,置显微镜下观察花粉粒形态。将载玻片置光照培养箱中培养,每隔半小时置显微镜下观察花粉粒萌发状况。

(3) 百合胚囊的发育:取百合幼嫩子房横切片连续观察,识别胚囊母细胞时期、大孢子形成时期、胚囊发育时期、成熟胚囊时期的发育过程特点。首先珠心分化出孢原细胞,由它长成大孢子母细胞,而后减数分裂形成四个大孢子,然后发育成成熟胚囊。

【实验报告】

1. 绘百合成熟花药横切面结构图,注出各部分名称。
2. 绘百合子房横切面轮廓图及一个胚珠详图,注出各部分名称。
3. 以总状花序为对照,讨论总结无限花序中穗状花序、伞房花序、伞形花序、头状花序和肉穗花序与其有何区别。
4. 比较百合、小麦、棉花、荠菜四者花解剖结构的区别。

【思考题】

1. 子房、胚珠、胚囊三者之间关系是怎样的?
2. 解剖几种观赏菊花,比较结构异同,思考其形态变异特点及意义。
3. 思考穗状花序、肉穗花序、隐头花序适应陆地生活的意义。
4. 花粉粒及受精卵发育需要大量营养,请思考它们的来源及获取过程。

实验8 果实、种子的类型、结构及胚的发育

【目的与要求】

1. 掌握双子叶植物荠菜胚发育特点,了解种子的形成过程。
2. 了解果实的基本形态、特征,掌握果实主要类型、结构。
3. 掌握各类种子的形态和结构特征。

【材料与用品】

荠菜、桃、花生、玉米、苹果、蒲公英、菜豆、蓖麻、小麦、板栗、元宝槭、草莓、桑椹、西葫芦、牵牛、车前、百合、山楂、柑橘、黄瓜、茄子、辣椒、番茄、香蕉、八角茴香、花椒、棉花、白菜、西瓜、向日葵、胡萝卜、凤梨、无花果、龙眼(或桂圆)、柿子(或柿饼)等;

小麦和玉米种子纵切片、荠菜胚各发育时期切片;

放大镜、显微镜、解剖刀、镊子、培养皿、擦镜纸、吸水纸;

碘液、蒸馏水。

【内容与方法】

1. 胚的发育

被子植物胚珠经双受精发育成种子,其中受精卵发育成胚,受精极核发育成胚乳。胚

的发育过程可划分为原胚时期、胚分化时期、成熟胚时期。观察荠菜幼胚和成熟胚的纵切片，可以识别荠菜胚的整个发育过程特点及种子形成的过程。（注意：观察荠菜的胚，首先应确定胚珠结构，特别是珠孔和合点位置。）荠菜的胚珠弯生，珠孔朝下向着基部，珠心并不弯曲，珠心内有一个马蹄形胚囊，胚囊形态构造随内部胚的发育发生变化。

（1）荠菜幼胚纵切片观察（图1-46）：取荠菜子房纵切片置低倍镜下选择一个比较完整的胚珠，再转换高倍镜观察。

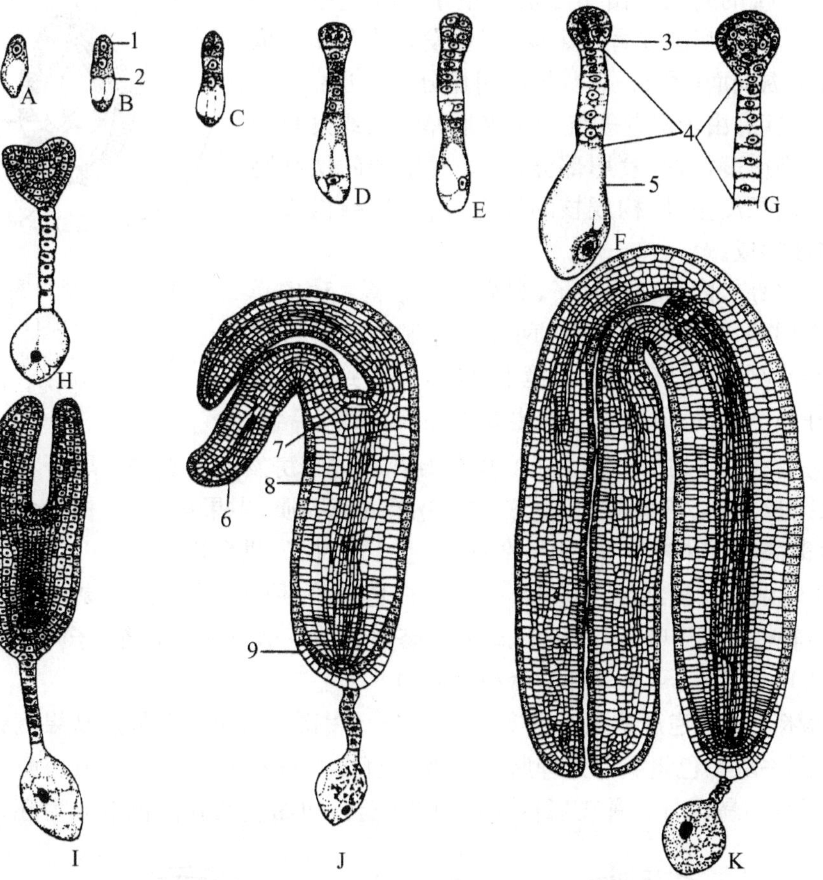

图1-46　荠菜胚的发育（引自何凤仙，2000）

A. 合子；B. 二细胞原胚；C. 基细胞横裂为二细胞胚柄，顶细胞纵裂为二分体胚体；D. 四分胚体形成；E. 八分胚体形成；F、G. 球形胚体形成；H. 心形胚体形成；I. 鱼雷形胚体形成；J、K. 马蹄形胚体形成，出现胚的各部分结构

1. 顶细胞；2. 基细胞；3. 胚体；4. 胚柄；5. 泡状细胞；6. 子叶；7. 胚芽；8. 胚轴；9. 胚根

● 原胚时期：于胚囊近珠孔端已发育成幼胚，紧靠珠孔内方有一大型细胞即基细胞，其上有7～8个细胞组成胚柄，胚柄远珠孔端有一呈球形称为原胚或称球形胚；胚囊另一端为反足细胞群。同时，胚囊四周极核受精后形成胚乳细胞核。

● 胚分化期：球形胚前端突起形成子叶原基，部分胚乳游离核周围出现细胞壁形成胚乳，胚体呈心形称心形胚。接着，胚体分化出二片子叶和下胚轴，胚乳游离核已形成胚乳细胞，整个胚体呈鱼雷形，称鱼雷胚。以后，子叶变弯曲，胚柄逐渐退化，但胚柄基细胞保留,胚乳细胞又逐渐解体供给胚发育。

(2) 荠菜成熟胚纵切片观察:取荠菜子房纵切片置显微镜下观察,胚呈弯形,两片肥大子叶位于远珠孔端,夹在两片子叶之间的突起为胚芽,与子叶相连处为胚轴,胚轴以下为胚根。此时,珠被发育成种皮,胚乳和珠心组织全部被胚吸收,整个胚珠形成种子。

2. 果实和种子结构

(1) 基本结构

1) 桃　桃的果实是由 1 心皮 1 室单雌蕊上位子房发育的真果,其子房壁发育成果皮,胚珠发育成种子。取桃果实观察纵剖面(图 1-47),果皮明显分为三层:外果皮薄而软,具毛,由子房壁表皮和表皮下厚角组织发育而成;中果皮肉质多汁,是食用部分,由子房壁中间层细胞发育而成;内果皮坚硬,构成核的硬壳,由子房壁内表面木质化增厚形成。

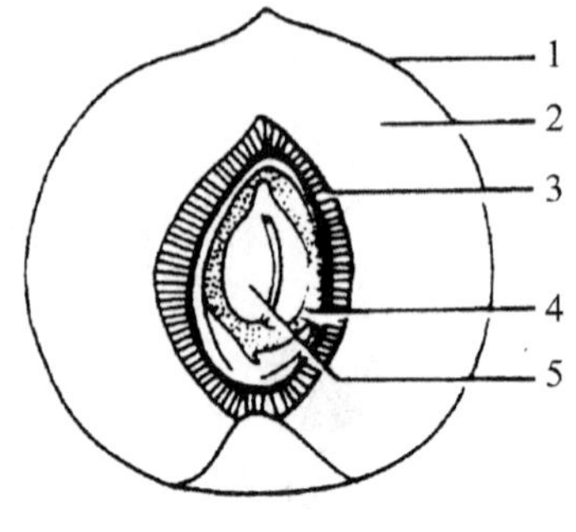

图 1-47　桃果实的纵切面
(引自李扬汉,1984)
1. 外果皮;2. 中果皮;3. 内果皮;4. 种子;5. 胚

敲开内果皮,内有一枚种子,观察种子结构:种皮膜质,保护作用差,剥去种皮,露出两片白色肥厚子叶。用解剖针轻轻地分开子叶,在放大镜下观察,可看到胚芽及幼叶,胚芽另一端为胚根,子叶着生处为胚轴,较短。

2) 花生　花生的果实是由 1 心皮单雌蕊上位子房发育的真果。取一花生纵切,用放大镜观察果皮,可见花生果皮分为三层:外果皮薄膜质;中果皮较厚,棕黄色纤维质;内果皮为白色薄膜状。果皮缢缩,多呈 2 室,每室 1 枚种子,供食用。

取种子观察,种皮红色,薄膜质,一端具白色种脐,种孔不易观察。剥去种皮,可见两片肥厚子叶,轻轻分开子叶,观察胚芽、幼叶形态,胚芽另一端突起为胚根,子叶着生处为胚轴。

(注意比较花生、桃果实种子结构异同。)

3) 玉米　取浸泡过的玉米果实(图 1-48),用镊子将果柄和果皮从果柄处剥掉,在果柄下可见到一块黑色组织即为种脐。观察垂直玉米籽粒的宽面正中纵切面,果皮和种皮愈合在一起,不易区分。种皮以内大部分为胚乳,切面基部乳白色部分为胚,滴加一滴碘

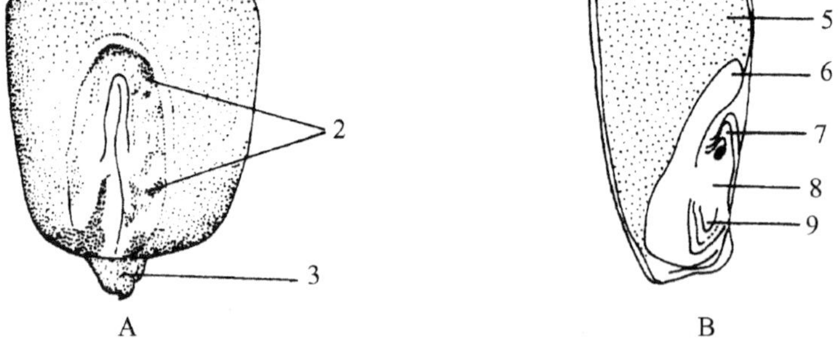

图 1-48　玉米果实(种子)结构 (引自周仪,1993)
A. 玉米颖果外形;B. 颖果纵切面
1. 花柱遗迹;2. 胚;3. 果柄;4. 果皮和种皮;5. 胚乳;6. 子叶;7. 胚芽;8. 胚轴;9. 胚根

液，胚乳变成蓝紫色，胚变成黄色，界限明显。胚紧贴胚乳处，有一盾状子叶称盾片。

取玉米胚纵切片，显微镜下观察，子叶与胚乳交界处有一层排列整齐的细胞为上皮细胞，与子叶相连的是较短的胚轴，胚轴上端连接胚芽，胚芽外方鞘状结构为胚芽鞘。胚轴下端连接胚根，包围胚根外方的鞘状结构为胚根鞘。

(2) 果实和种子的特殊结构

1) 珠迹　在种子的发育过程中，胚珠除形成胚、胚乳、种皮外，胚珠其他结构也在种子上留下各自结构特征，其中未被完全吸收的珠心发育成外胚乳，如甜菜。珠孔发育成种孔，如大豆。倒生胚珠外珠被和珠柄愈合形成了种脊，如蓖麻。珠柄着生处脱落形成的痕迹称种脐。如大豆、花生。

2) 假果皮或假种皮　取一苹果，观察苹果果柄相反一端有花萼残余存在，苹果是下位子房，子房壁和花筒合生。将苹果横剖观察(图 1－49)，果实由 5 心皮构成，中轴胎座，每室 2 枚种子。子房室革质结构为子房壁发育的果皮，果皮以外肉质食用部分是苹果花筒发育形成假果皮，假果皮内可区分花萼及花瓣的维管束(各 5 枚)呈环状排列。

取龙眼(或荔枝)，去除果皮，可见白色肉质的种皮，味甜可食用，为假种皮。

3) 毛状物　取蒲公英果实观察其上部降落伞状的冠毛或观察棉、柳种子外面细长绒毛。

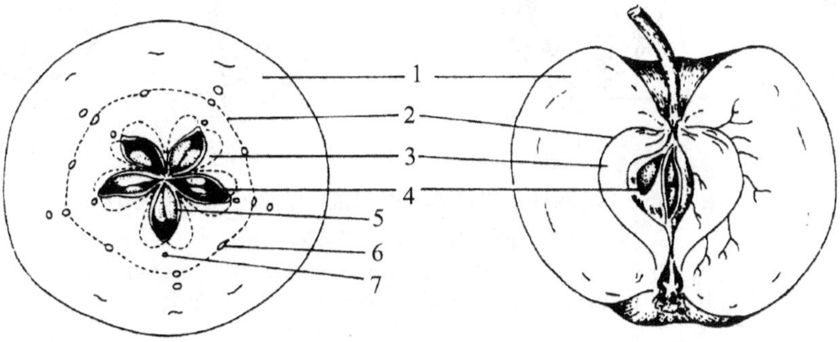

图 1－49　苹果果实纵切面和横切面（引自何凤仙，2000）

1. 花筒膨大部分；2. 心皮外限；3. 中果皮；4. 内果皮；
5. 种子；6. 萼筒维管束；7. 心皮维管束

3. 种子的基本类型

(1) 双子叶无胚乳种子

1) 菜豆　取一粒浸泡的菜豆种子观察(图 1－50)，外形呈肾形，外被革质种皮，肾形凹侧有一长菱形斑痕为种脐，种脐一端有一小孔，用手挤压菜豆两侧，会有水珠自种孔溢出，这个孔即为种孔。剥去种皮，里面为胚，分开子叶，用放大镜观察，可看到胚芽及幼叶、胚根。子叶着生处为胚轴。

2) 荠菜　观察荠菜成熟胚纵切片，识别种子各部分结构。

(2) 双子叶有胚乳种子：取一粒浸泡蓖麻种子观察(图 1－51)，种子呈椭圆形，种皮呈硬壳状，光滑并具有斑纹，种子小头基部具海绵状突起为种阜，种子腹部中央隆起条纹为种脊。用放大镜观察，可见种子腹面种阜内侧有小突起，称种脐。种孔被种阜掩盖。剥去种皮，其中白色肥厚的部分为胚乳，用刀片平行于宽面纵切，可见两片大而薄的子叶，具明显的叶脉，两片子叶基部与胚轴相连，胚轴上方为胚芽，下方为胚根。

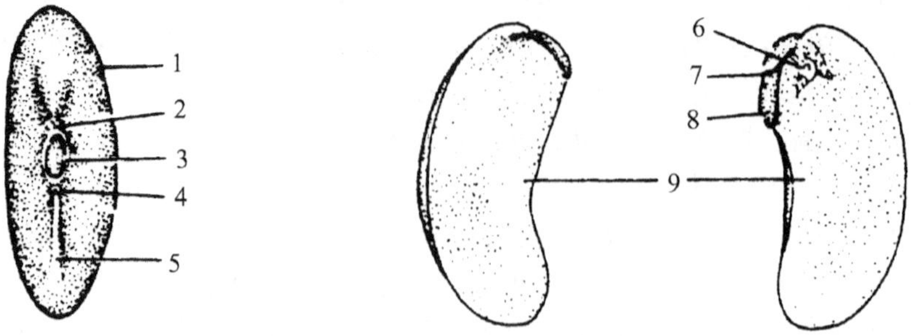

图 1－50 菜豆种子的结构 (引自李扬汉,1984)

1. 种皮;2. 种孔;3. 种脐;4. 种孔;5. 种脊;
6. 胚芽;7. 胚轴;8. 胚根;9. 子叶

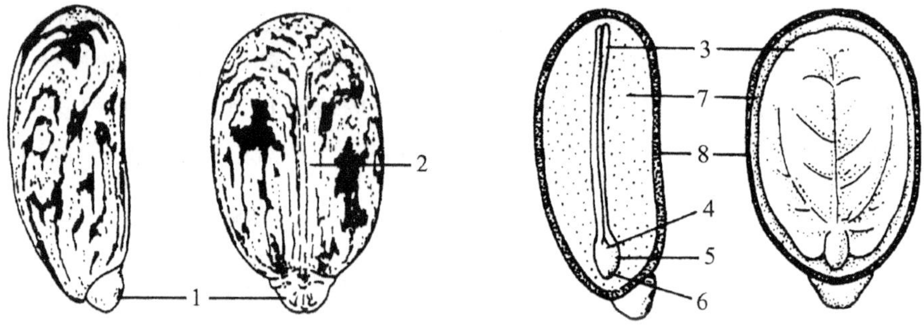

A B C D

图 1－51 蓖麻种子的结构 (引自陆时万、沈敏健,2000)

A. 种子外形的侧面观;B. 种子外形的腹面观;
C. 与子叶面垂直的正中纵切;D. 与子叶面平行的正中纵切
1. 种阜;2. 种脊;3. 子叶;4. 胚芽;5. 胚轴;6. 胚根;7. 胚乳;8. 种皮

(3) 单子叶有胚乳种子 :取一粒小麦籽粒观察(图 1－52),籽粒椭圆形,腹面有一纵沟,顶端有一丛较细的单细胞的表皮毛,即为果毛。取小麦果实纵切固定装片,在显微镜下观察,识别胚乳及胚的结构(注意比较小麦、玉米结构异同)。

4. 果实的类型

果实类型依发育特点划分成聚花果、聚合果、单果。单果根据果皮性质又可分为肉果和干果。

(1) 单果

1) 肉果 果皮肉质化,肥厚多汁。

● 浆果:外果皮薄,中果皮和内果皮肉质化多汁,为食用部分,由一个或几个合生心皮发育而成。如葡萄、番茄、香蕉、柿子等。

● 瓠果:由下位子房发育而成的假果,由子房和花托共同发育而成。黄瓜食用部分包括花托、子房壁、胎座等,西瓜食用部分是由胎座膨大肉质化而成。

● 柑果:柑橘类果实。由合生心皮具中轴胎座的上位子房发育而成。外果皮革质,具油腺;中果皮疏松白色,有许多分枝状维管束;内果皮膜质,向里包围成若干室(橘瓣),室内充满由内果皮向内形成的汁囊。

● 核果:果实通常由单雌蕊发育而成。果皮可明显地分为三层,外果皮较薄,中果皮肉质，内果皮细胞壁木质化，形成坚硬的核。核内含 1 枚种子。如桃、李、杏、梅等的果实。

● 梨果：由下位子房和花筒共同发育形成的假果，子房五心皮、五室，中轴胎座。肉质食用部分，主要由花筒发育形成。

2）干果　果实成熟后，果皮干燥。干果包括很多类，根据其果皮是否开裂分成裂果和闭果两大类。

● 裂果类

荚果：大豆、豌豆等果实，由单心皮雌蕊、上位子房发育而成。荚果成熟时沿背缝、腹缝线同时开裂，内有多粒种子。也有不开裂的，如花生、合欢。

角果：由 2 心皮合生的子房发育而成，中间有假隔膜，种子着生于假隔膜的两边。成熟时沿腹缝线开裂，种子多数。根据果实长宽比不同又可分为长角果和短角果。如白菜、荠菜、油菜、萝卜。

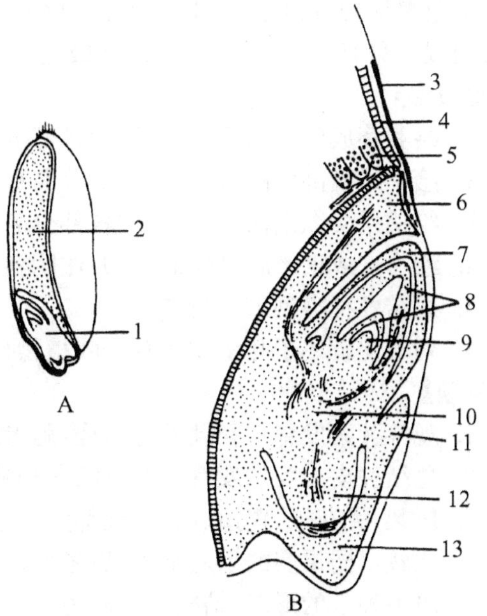

图 1－52　小麦种子结构（示胚的结构）（引自李扬汉，1984）

A. 籽粒纵切面；B. 胚的纵切面

1. 胚；2. 胚乳；3. 果皮与种皮愈合层；4. 糊粉层；5. 淀粉储藏细胞；6. 盾片；7. 胚芽鞘；8. 幼叶；9. 胚芽生长点；10. 胚轴；11. 外胚叶；12. 胚根；13. 胚根鞘

蒴果：观察棉花、牵牛、车前、百合等，它们的果实由两个或两个以上心皮合生的子房发育而成，子房一室或多室，种子多数。成熟时，果实有多种开裂方式。

蓇葖果：果实由多个离生单雌蕊发育而成，实际为一聚合果，成熟时每个可沿背缝线或腹缝线开裂，内含种子多数。如八角茴香、花椒、玉兰。

● 闭果类

瘦果：子房由 1～3 心皮合生雌蕊发育而成，子房 1 室，1 枚种子。成熟时果皮不开裂，但果皮和种子易分离。如向日葵、荞麦。

颖果：果皮薄，革质，只含一粒种子。果皮和种子愈合在一起，不易区分和剥离。果实小，一般易误认为种子。如小麦(图 1－52)、玉米、水稻。

坚果：观察板栗、栓皮栎。子房由 2 或多个心皮合生而成，常 1 室，一粒种子，果皮坚硬，成熟时常附有花序的总苞，特称为壳斗。

翅果：子房由 2 心皮或两个以上心皮合生而成，常 1 室，一粒种子。果实成熟时，果皮向外延伸呈翅状，有利于随风飘飞。如榆树、元宝槭、臭椿。

双悬果：2 心皮的子房发育而来果实，未成熟时联合，成熟时两心皮分离成两瓣，并列悬挂在中央果柄的上端，各含一粒种子。如胡萝卜、小茴香。

(2) 聚合果：由一朵花中的许多离生雌蕊发育而成许多小果实，聚生在一个花托上。

取草莓果实纵剖观察，每一单雌蕊发育成一小瘦果，聚生在肉质膨大花托上形成聚合果，花托为主要食用部分。

(3) 聚花果：由整个花序发育而成的果实。

取桑椹纵剖观察,果实由整个雌花序发育而成,食用部分主要是由许多雌花的肉质化花萼组成。另有凤梨、无花果等也是聚花果。

【实验报告】

1. 绘荠菜成熟胚结构图,并注明各部分名称。
2. 绘苹果横剖面图,并注明各部分名称。
3. 绘桃果实纵剖面图,并注明各部分名称。
4. 绘小麦或玉米胚纵切面图,并注明各部分名称。
5. 总结各种类型果实特点。
6. 列表比较单子叶植物和双子叶植物种子结构的异同。

【思考题】

1. 观察荠菜发育中胚乳发育历程,思考胚乳在植物种子的作用。
2. 总结种皮上胚珠发育中留下的各种痕迹,思考胚珠发育与种子形成关系。
3. 凤梨、无花果、莲蓬、西瓜、梨都为假果,思考其结构和形成异同。
4. 比较不同果实的果皮结构,思考果皮对植物适应陆生生活的意义。
5. 思考种子的形态、结构特征对适应生活环境的意义。

第五章　藻类植物

实验9　蓝藻门、裸藻门、黄藻门、硅藻门

【目的与要求】

1. 通过代表植物的观察，掌握各门的主要特征，更好地理解它们在植物系统发育中的地位。

2. 学习和掌握实验观察的基本方法和技能。

【材料与用品】

色球藻属、念珠藻属、无隔藻属及硅藻装片；地木耳(或发菜)的新鲜或干标本；色球藻属、颤藻属、裸藻属、黄丝藻属、无隔藻属、硅藻等新鲜材料；

显微镜、镊子、解剖针、载玻片、盖玻片、滴管、培养皿、吸水纸；

I－KI溶液、0.1％亚甲基蓝溶液、浓KOH溶液。

【内容与方法】

1. 蓝藻门 Cyanophyta

蓝藻是最原始、最古老的光合自养原植体植物。细胞无核膜、核仁及其他细胞器。在细胞中央具有核物质，属于原核生物。蓝藻植物体多为蓝绿色，广泛分布于淡水及潮湿的土壤、树皮、墙面及岩石表面，有些种类能生活在80℃的温泉中，少数种类为海产。

(1) 色球藻属 *Chroococcus* (图1－53)：隶属于色球藻目，色球藻科。色球藻属的种类常在池塘、水沟中营浮游生活，也常生长在潮湿的地面、树干或花盆壁上。用吸管滴一滴标本液于载玻片的中央，盖上盖玻片，先于低倍镜下观察，然后再转至高倍镜下观察。色球藻是单细胞或数个细胞组成的群体，注意单细胞和群体状态下细胞的形状。它们的细胞外面都有厚的胶质鞘。调节细准焦旋钮，观察在细胞中央颜色较淡的部位为中央质，周围颜色较深的部分为色素质。用0.1％亚甲基蓝染色1～2 min，中央质可被染成深蓝色，观察效果较好。

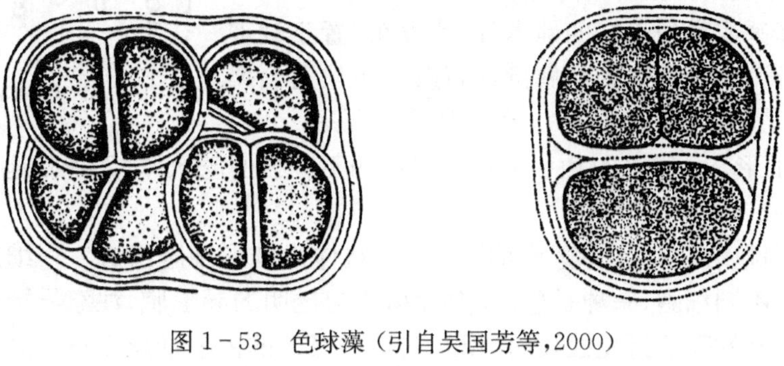

图1－53　色球藻 (引自吴国芳等，2000)

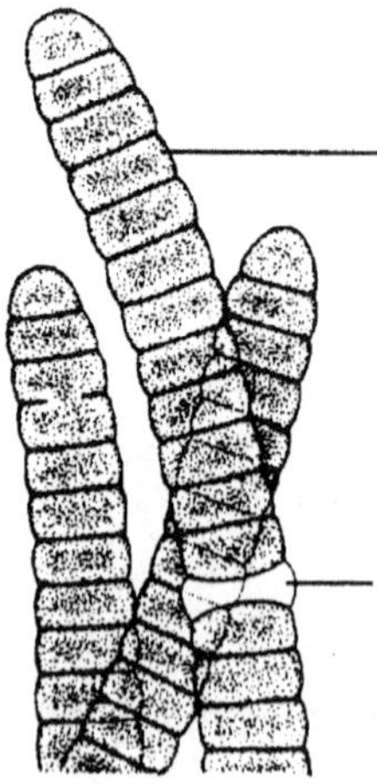

图 1-54 颤藻(引自杨继,2000)

(2) 颤藻属 *Oscillatoria*(图 1-54):隶属于颤藻目,颤藻科。广布于污水沟和湿地上,一年四季均可采到。温暖季节生长旺盛,常在浅水底或地面形成蓝绿色黏滑的膜状物或成团漂浮水面。为得到纯净的实验材料,可提前一天将采到的材料置于装有清水的小烧杯中,颤藻可借滑行、摆动移动到水面以上的烧杯壁上。实验时用镊子或解剖针挑取烧杯壁上少量的蓝绿色颤藻,制成临时装片,在显微镜下观察以下各项:

1) 藻体的形态和运动　颤藻是单列细胞组成的不分枝的丝状体,丝状体能前后移动和左右摆动。[注意观察丝状体细胞的形状(常宽大于长)、滑行和摆动的方式,以及藻体外是否有胶质鞘。]

2) 细胞结构和贮藏物质　先在低倍镜下选择较宽、细胞较长的丝状体,然后换高倍镜仔细观察丝状体细胞的界限,注意两端的细胞形态有何特点。调节细准焦旋钮,观察细胞壁内侧呈蓝绿色的周质和细胞中央颜色较浅的中央质。用0.1%亚甲基蓝染色1~2 min后,中央质可染成深蓝色易与周质分开。

蓝藻的贮藏产物主要是蓝藻淀粉,呈微小颗粒分布于周质中。用I-KI溶液染色,可将它染成红褐色。蓝藻的储藏物还有蓝藻颗粒体,多为分布在细胞横壁附近的大小不等的颗粒。周质中还有一些小黑点,是气泡(假液泡)。

3) 藻殖段的观察　藻殖段是颤藻的主要营养繁殖方式。颤藻的丝状体上的死细胞或隔离盘,将丝状体分成一个个片段,即为藻殖段。先在低倍镜下镜检载玻片,当发现丝状体中有发亮的细胞,再高倍镜观察,即可看清双凹形的死细胞。再仔细寻找丝状体上有无胶质的隔离盘(注意比较死细胞和隔离盘的区别)。

(3) 念珠藻属 *Nostoc*(图 1-55):隶属于颤藻目,念珠藻科。该属藻类常生于水中、潮湿土壤或石面上,是一种不同大小的胶质球或木耳状的胶质片。供食用的地木耳 *N. commune* Vauch 和发菜 *N. flogelliforme* Bom. et Flah 都隶属于该属。地木耳生于山溪边潮湿的土壤上,夏季雨后较易采到,为不规则的胶质片或胶团。发菜则为名贵干菜,群体外观为头发状的胶质丝,在我国主要分布于内蒙古、宁夏、青海、甘肃等地。

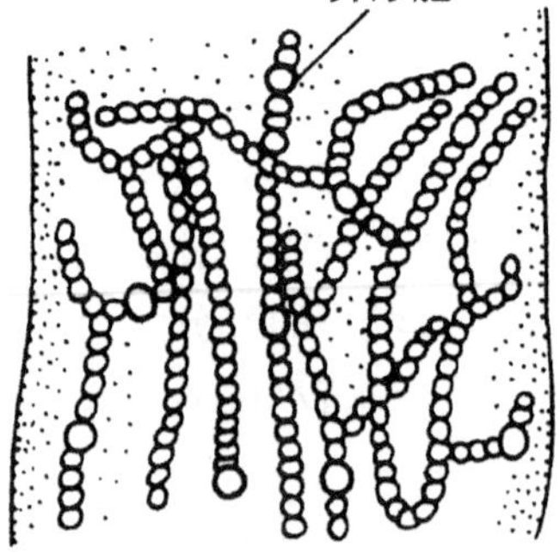

图 1-55 念珠藻
(引自陈阅增,2001)

取少量新鲜或事先泡好的地木耳(或发菜)置于载玻片中央,加一滴水,先用镊子或解剖针将胶质小块适当捣碎,然后盖上盖玻片,制作成压片,在显微镜下观察。

1) 藻体的形态　藻体是由一列细胞组成的不分枝的丝状体,无规则地集合在一个公共的胶质鞘中。

2) 藻体细胞结构　高倍镜下可以看到丝状体由圆形细胞组成。仔细观察可见丝状体中还有两种不同细胞,一种是色浅、内含物均匀透明的异形胞,注意异形胞与营养细胞相连接处可看到发亮的折光性强的节球,它是相接处的内壁加厚形成。另一种是连续几个较大的椭圆形厚壁细胞，其内含物变稠，颜色稍深，为厚壁孢子。比较营养细胞、异形胞和厚壁孢子之间的不同，并考虑异形胞在念珠藻的繁殖及固氮方面的作用。

2. 裸藻门 Euglenophyta

裸藻绝大多数为无细胞壁、具鞭毛能游动的单细胞种类。细胞质外层特化为周质，有的周质较硬，使细胞保持一定的形态，有的周质较软，细胞能变形。细胞以纵裂方式繁殖。裸藻喜生于富含有机质的水体中，夏季大量繁殖使水呈绿色，并可浮在水面形成水华。

● 裸藻属 *Englena*（图 1－56）：隶属于裸藻目，裸藻科。多为绿色单鞭毛种类。细胞纺锤形，少数圆形，后端多少延伸成尾状。周质柔软，易变形。多生于有机质丰富的池塘、水沟中。

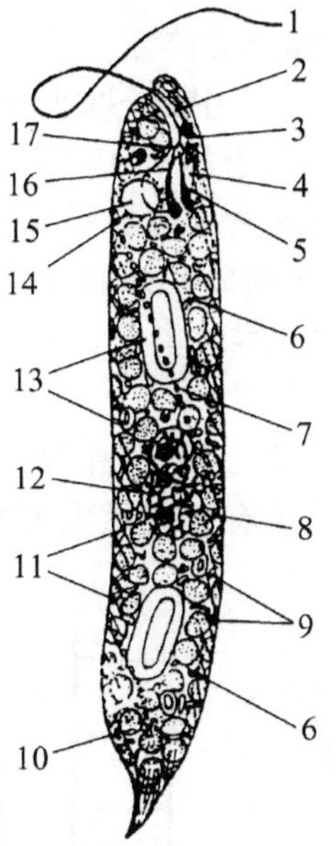

图 1－56　裸藻（引自吴国芳等，2000）

1. 鞭毛；2. 胞咽；3. 眼点；4. 储蓄泡；5. 不伸出胞口外的鞭毛；6. 高尔基体；7. 体表小乳突；8. 脂肪；9. 线粒体；10. 载色体；11. 体表螺旋体；12. 细胞核；13. 裸藻淀粉；14. 副液泡；15. 伸缩泡；16. 鞭毛基部；17. 基粒

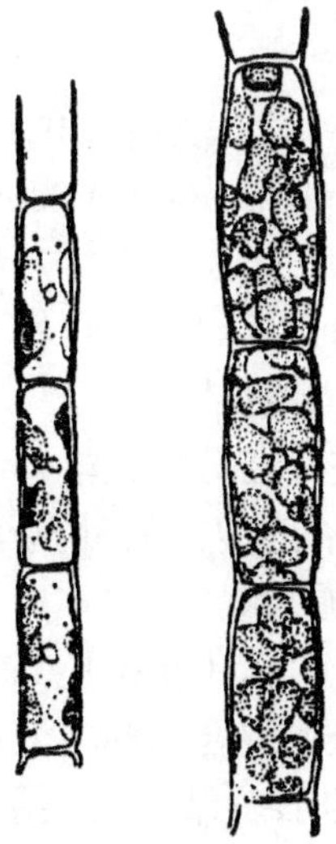

图 1－57　黄丝藻（引自吴国芳等，2000）

用吸管吸取标本液并滴一滴于载玻片的中央，盖上盖玻片，先于低倍镜下观察，可见裸藻借鞭毛的摆动而快速游动，藻体可以发生形变。用吸水纸从盖玻片一侧吸去水分，使藻体固定，转至高倍镜下观察，可见前端有一红色的眼点。在盖玻片一侧加一滴 I－KI 溶液将其杀死，进一步观察藻体前端的胞口、胞咽、储蓄泡及其周围一至几个伸缩泡，观察藻体内的载色体，位于细胞中央的细胞核，及副淀粉体（遇碘不呈蓝色）。变暗视野，可看到从胞口伸出的鞭毛。

3. 黄藻门 Xanthophyta

(1) 黄丝藻属 *Tribonema*（图 1－57）：隶属于异丝藻目，黄丝藻科。藻体为单列不分枝的丝状体，细胞长圆柱形或两侧略膨大的腰鼓形，细胞壁由“H”形两半片套合而成。载色体 1 至多数，盘状或带状。常生于池塘、水沟中，春季生长旺盛时漂浮水面，成黄绿色棉絮状。

挑取少量藻丝制成临时装片,低倍镜下观察其丝状体的形态、结构。加一滴I-KI溶液染色并转至高倍镜下观察(注意区分被染成黄色的细胞核,几个扁圆形的黄绿色的载色体及油滴。)如用浓KOH溶液处理,黄丝藻常由"H"形细胞壁的中间断裂,可清楚地看到细胞壁的形状。

(2) 无隔藻属 *Vaucheria*(图1-58):隶属于异管藻目,无隔藻科。藻体为稀疏分枝的管状体,细胞质薄,紧贴管壁,中央为一大液泡,具多数核和多数颗粒状载色体,储藏物质为油滴。该属常见于山泉水沟、稻田、河边湿地上,呈深绿色的群体。

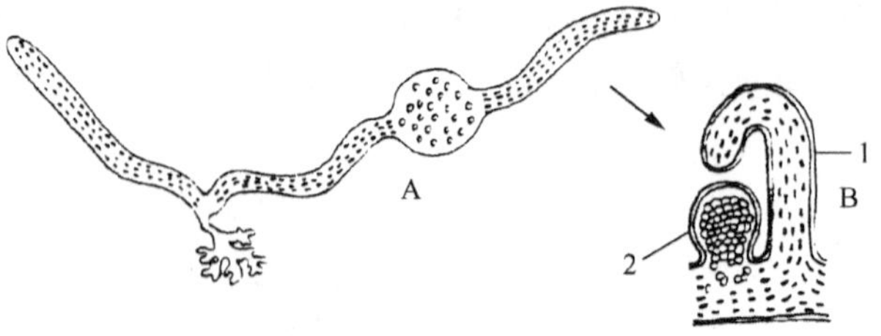

图1-58 无隔藻(引自吴国芳等,2000)

A. 植物体;B. 精囊和卵囊的形成

1. 精囊;2. 卵囊

用镊子取少量材料制成临时装片,于低倍镜下观察其藻体形态。(注意是否有横隔?什么情况下会产生横隔?注意观察其基部用于固着的无色分枝的假根。)然后再转至高倍镜下,并用I-KI溶液染色,观察细胞的结构,包括多个细胞核和载色体。

移动载玻片在分枝顶端仔细检查有否膨大的孢子囊。如有,注意观察其形状、横隔产生的部位、是否有复式游动孢子。同时仔细观察无隔藻有无有性生殖器官,如有,观察精子囊和卵囊的形状。

4. 硅藻门 Bacillariophyta

用吸管吸取混合的标本液制成临时水封片,在显微镜下观察它们的形态结构,并用解剖针轻点盖玻片使其翻转,观察壳面、环带、纹饰、载色体和运动情况(可结合永久装片)。重点观察下列各属(图1-59)。

(1) 直链藻属 *Melosira*:隶属于圆筛藻目,圆筛藻科。直链藻细胞圆柱形,各细胞以壳面互相连接形成链状群体。观察时,注意分辨链状群体的细胞界限,观察细胞壳面特征时,需用解剖针拨下单个细胞。

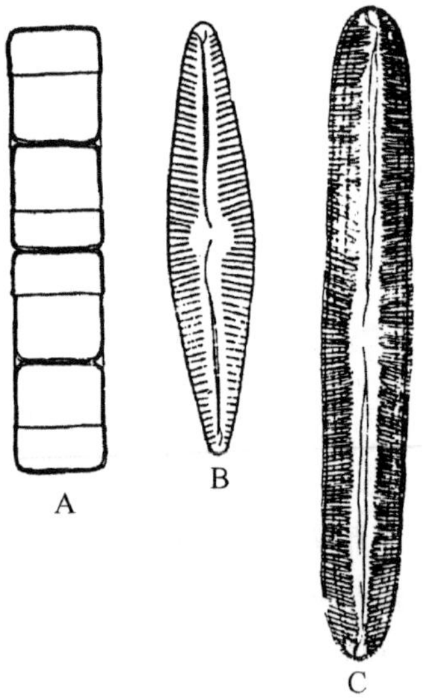

图1-59 硅藻

(引自吴国芳等,2000)

A. 直链藻;B. 舟形藻;C. 羽纹藻

(2) 舟形藻属 *Navicula*:隶属于双壳缝目,舟形藻科。该属为单细胞,壳面观呈纺锤形,带面观长方形,左右对称,有明显的纵沟及极节。两侧花纹为点纹或肋纹,载色体两片。本属为硅藻门种类最多的一个属,淡水中最多,多营底栖生活。注意观察以下方面:

1) 体形和运动 壳面观舟形、长椭圆形等,形似黄色的小船前后滑行,并分析其运动的原因。

2) 细胞结构 选择个体较大者在高倍镜下从壳面观察其两块板状的载色体、纵沟(壳缝)、端节和中央节、两侧对称的花纹和发亮的圆球形小油滴。用解剖针轻点盖玻片将其翻转,观察其带面、其上壳与下壳的套合情况和细胞内的细胞核,加一滴I-KI溶液,可更清楚地看到细胞核和细胞质之间的界限。

(3) 羽纹藻属 *Pinnularia*：隶属于双壳缝目，舟形藻科。多为单细胞，壳面线形、长椭圆形至披针形。细胞两侧边平行，两端圆钝，少数种类两侧中部膨大，肋纹平行，可缓缓运动。带面观长方形，两块片状载色体位于环面的两侧，各具一细胞核。多生于淡水沟底，有时也浮出水面，炎夏在池塘水面漂浮的一层灰色泡沫中，常含有大量的羽纹硅藻。

仔细在显微镜下找出本属硅藻，按舟形硅藻观察方法，仔细观察藻体形态及细胞结构，并与舟形硅藻作一比较，找出异同点。

(4) 脆杆藻属 *Fragilaria*：隶属于无壳缝目，脆杆藻科。单细胞或连接成带状或以每细胞的一端相连成"Z"状群体。壳面长披针形至线形，两侧对称，边缘略膨大，两端渐狭窄，末端圆钝，具线形假壳缝，假壳缝两侧具细横纹或较粗的点纹。带面长方形，载色体多数，小盘状或片状，具蛋白核。本属常见于池塘、水沟、缓流的溪水和湖泊等水体。

用吸管取水样做水封片，按上述方法、内容观察。

【实验报告】

1. 绘出颤藻丝状体一部分，示营养细胞、死细胞、隔离盘和藻殖段。
2. 绘出念珠藻丝状体及其周围的胶质，示营养细胞、异形胞、厚壁孢子和藻殖段。
3. 绘出舟形硅藻或羽形硅藻的壳面观和带面观，示各部分结构。

【思考题】

1. 蓝藻门有哪些主要特征，其原始和古老性表现在哪些方面？
2. 黄藻门与硅藻门有哪些主要区别？
3. 以直链藻和舟形藻为例，试述中心硅藻纲与羽纹硅藻纲的主要区别。
4. 名词解释：

原核　中心质　周质　异形胞　隔离盘　藻殖段　载色体　动孢子　上壳　下壳　壳面　壳缝　点纹　肋纹　环带　复大孢子

实验 10　绿藻门、轮藻门

【目的与要求】

1. 通过代表植物的观察，掌握绿藻门和轮藻门的主要特征，了解绿藻门的进化趋势以及在植物界演化中的地位。
2. 掌握绿藻门、轮藻门各代表植物的特征及鉴定和实验观察方法。

【材料与用品】

衣藻属、团藻属、盘藻属、空球藻属、栅藻属、水绵属、丝藻属、刚毛藻属、水网藻属、轮藻属等新鲜材料；衣藻属、团藻属、盘藻属、空球藻属、栅藻属、双星藻、新月藻属、水绵属接合生殖、轮藻的精子囊及卵囊等装片；石莼、浒苔属、礁膜属等干制标本；

显微镜、镊子、解剖针、载玻片、盖玻片、滴管、培养皿、吸水纸；

I－KI 溶液、浓 KOH 溶液、0.1%亚甲基蓝溶液、2%～3%盐酸(或乙酸)溶液。

【内容与方法】

1. 绿藻门 Chlorophyta

(1) 衣藻属 *Chlamydomonas*（图 1－60）：隶属于团藻目，衣藻科。是能运动的单细

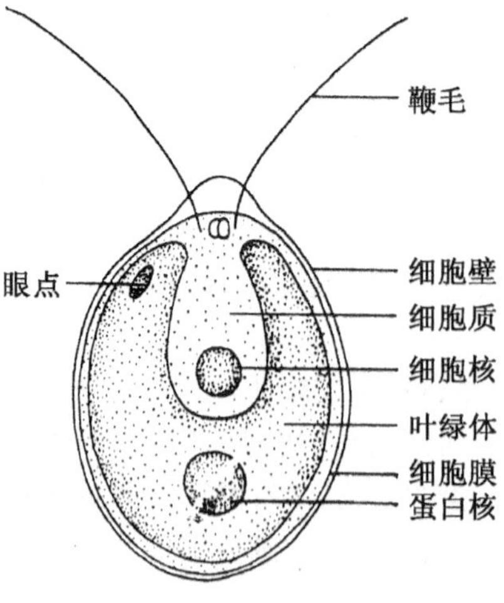

图 1-60 衣藻的结构

胞藻类的代表。本属分布广泛，多生于有机质丰富的水体或湿土表面，春秋两季生长旺盛。

用吸管吸取一滴培养液制成水封片，先在低倍镜下观察，然后选择个体较大的用高倍镜观察，注意以下特征：

细胞球形、卵形、椭圆形或宽纺锤形，具两条顶生等长的鞭毛。如运动过快，可在盖玻片一侧用吸水纸吸去多余水分或加入胶水使其运动减慢。

1) *细胞结构* 依次观察以下结构。

- 细胞壁：位于细胞的最外层。
- 载色体：一个，多为杯状，占原生质体的绝大部分空间。
- 眼点：红色，位于细胞前端侧面。
- 伸缩泡：位于细胞前端的细胞质中，显微镜下为两个发亮的小泡。
- 蛋白核：多为一个，大型，埋藏在载色体基部。用 I-KI 染色后，蛋白核变成蓝紫色。
- 鞭毛：将视野调暗，可看见不动或微动的鞭毛。由于吸碘鞭毛膨胀加粗，因而更为明显。
- 细胞核：由于较小，且被载色体遮挡，所以一般不易看清。

2) 无性生殖和有性生殖 取培养缸底部的绿色沉积物制片，在显微镜下观察，可见有的衣藻失去鞭毛，不能游动，细胞里有 2、4、8、16 个游动孢子，即为无性生殖。有性生殖不常见，有时可看见橘红色的合子，细胞壁厚，壁上常具刺状花纹。

(2) *团藻属 Volvox*（图 1-61）：隶属于团藻目，团藻科。该属是团藻目中最进化的类型。藻体是由数百至上万个衣藻型细胞组成的多细胞空心球体，各细胞间有原生质丝相连。植物体有前后端分化，其后端有些细胞分化为较大的生殖胞。团藻多在春夏季生长于淡水池塘或临时积水坑中。

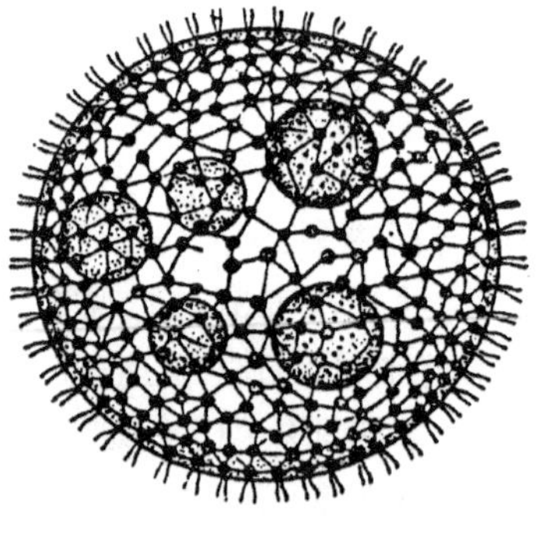
图 1-61 团藻(带子群体的母群体)
(引自吴国芳等，2000)

用吸管吸取团藻水样制成水封片，在显微镜下观察它们的形态、结构、运动方式、细胞数目，并注意观察体内有否第一代甚至第二代子群体，理解其无性生殖和有性生殖过程。如无活体材料，可用永久装片代替。

(3) *丝藻属 Ulothrix*：隶属于丝藻目，丝藻科。多固着生长在清洁流水的石头或水中其他物体上，丛生呈深绿色绒毡状。采集时需用小刀从固着物上刮下，以保持固着器的完整。用镊子取少量藻制成水封片，在显微镜下观察以下各项特征(图 1-62)。

1) 藻体形态和细胞结构 丝藻为单列细胞组成的不分枝的丝状体，基部分化为固着器，比较营养细胞与固着器的区别。营养细胞长圆柱形，有一个大型环带状的载色体，加一滴 I-KI 溶液，可看出载色体上的蛋白核和位于细胞中央的细胞核。

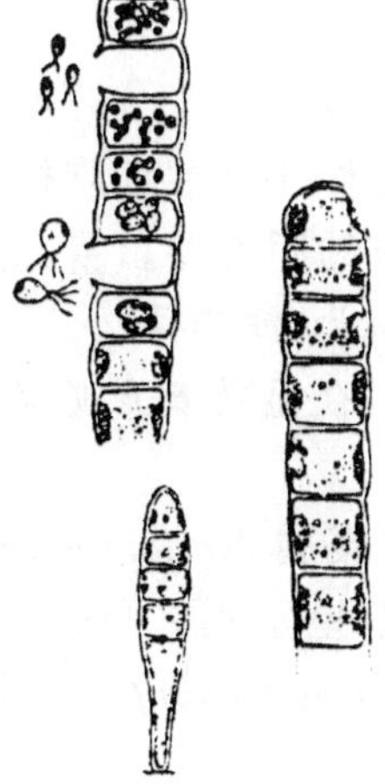

图 1-62 绿丝藻
(引自吴国芳等,2000)

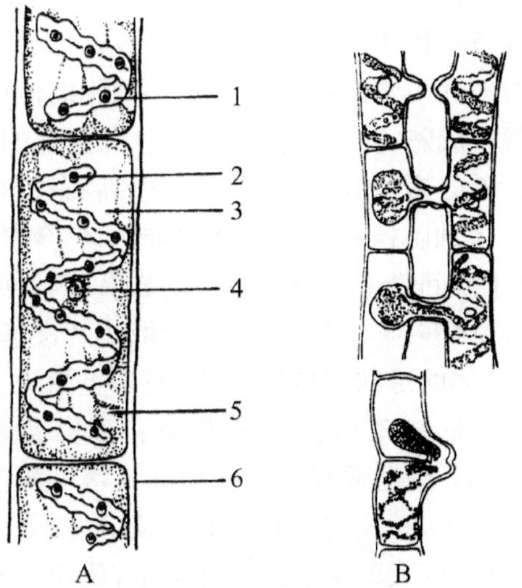

图 1-63 部分水绵及生殖(引自何凤仙,2000)

A. 水绵的细胞构造;B. 水绵的接合生殖
1. 叶绿体;2. 蛋白核;3. 液泡;
4. 细胞核;5. 细胞质;6. 细胞壁

2) 生殖方式 有时将所采材料放入蒸馏水中,数小时后可观察到具 2~4 条鞭毛的游动孢子和 4 条鞭毛的游动配子。

(4) 水绵属 *Spirogyra* (图 1-63):隶属于双星藻目,双星藻科。植物体由长圆柱形细胞形成不分枝的丝状体,具 1 至多条带状载色体和接合生殖方式,是最常见的丝状绿藻,广布于池塘、沟渠、稻田中,常成团生于水底或漂浮水面上。碧绿色,手触有滑腻感,一年四季均可采到。

用镊子取几条水绵制成水封片(注意用解剖针拨散开),在显微镜下观察以下特征。

1) 藻体形态与细胞结构 低倍镜下观察,可见水绵为单列细胞组成的不分枝的丝状体,最明显的特征是每个细胞中都有螺旋绕生的带状载色体。不同种类载色体条数不同,从 1 条到多条,每条载色体上有一列蛋白核。用 I-KI 溶液染色后置高倍镜下观察,可看到着褐色的细胞壁和着淡黄色的贴壁分布的细胞质。把光线调暗,调节细准焦旋钮,可看到分布于细胞中央的黄色细胞核(注意与蛋白核区分)。仔细观察,还可看到中央原生质和周围细胞质由原生质丝穿越大液泡彼此相连。

2) 接合生殖 水绵多在春秋季节发生接合生殖,这时藻体由绿色变为黄绿色。若将所采新鲜材料的瓶子正对阳光,用放大镜观察,丝状体上褐色的斑点,即为合子,说明水绵正在进行接合生殖。用镊子取几条有接合生殖的水绵制成水封片,置于显微镜下观察接合生殖的各个时期,没有新鲜材料可用永久装片代替。

- 两条丝状体并列,相对的细胞侧壁产生突起;
- 两相对细胞的突起相接,横壁溶解形成接合管,各形成一个配子。同时,两相对细胞的原生质体浓缩;
- 一条丝状体中的每个细胞(雄配子囊)内的配子以变形虫式的运动,通过接合管流入另一丝状体的细胞(雌配子囊)中；

● 一条丝状体内的细胞内全部形成合子,另一条丝状体的细胞全部为空壁,特称梯状接合。有时还可看到单条藻丝相邻细胞的侧面接合情况；

● 观察成熟的合子的形状、颜色和壁上的纹饰。

(5) 石莼属 *Ulva*：隶属于石莼目,石莼科。藻体为绿色片状体,由两层细胞构成。细胞中具一个细胞核和一个片状的载色体,藻体基部为多细胞组成的固着器。石莼为海产绿藻,生于潮间带上部(高潮带)的岩石或其他物体上,沿海居民称为“海白菜”。

先观察腊叶标本的外形,然后取小片浸泡的材料作成水封片,在显微镜下观察细胞的形状、载色体的形状和数目,并掌握其生活史。

(6) 其他绿藻门植物的观察：观察盘藻属 *Gonium*、空球藻属 *Eudorina*、栅藻属 *Scenedesmus*、刚毛藻属 *Cladophora*、水网藻属 *Hydrodictyon*、双星藻属 *Zygnema*、新月藻属 *Closterium* 等新鲜材料(或永久制片)以及浒苔属 *Enteromorpha*、礁膜属 *Monostroma* 等大型绿藻的腊叶标本,认识多种绿藻门植物。

2. 轮藻门 Charophyta

轮藻属 *Chara*(图 1-64),隶属于轮藻目,轮藻科。本属植物雌雄同株或异株,茎和短枝有或无皮层,小枝不分叉,短枝的节上轮生单细胞的刺状突起。雌雄同株者卵囊位于刺状突起的上方,精子囊位于下方。

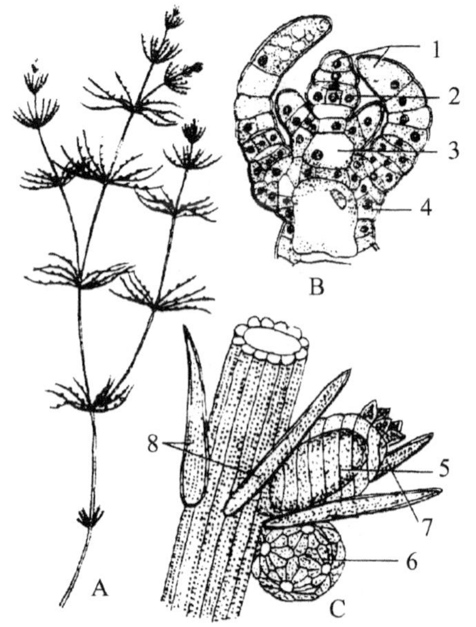

图 1-64 轮藻属(引自王英典、刘宁,2000)
A. 藻体;B. 顶端纵切;
C. 藻体节部轮生小枝及卵囊与精子囊
1. 顶端细胞;2. 节细胞;3. 节间细胞;
4. 皮层细胞;5. 卵囊;6. 精子囊;
7. 小苞片;8. 苞片

1) 首先取轮藻属的新鲜材料(或浸制标本),用放大镜观察植物体的外形,区分出基部分枝的假根,上部的主枝、侧枝,茎上的节和节间,节间上轮生的短枝以及短枝的节、节间和节上轮生的单细胞刺状突起。在生殖季节肉眼还可看到橘红色的精子囊和暗色的卵囊。

2) 取一段有轮生短枝的茎制成装片,在低倍显微镜下观察节和节间细胞的形状,比较节和节间细胞在长度和形状上的不同。观察节间细胞时,要仔细辨认节间中央的大细胞,即中央细胞,中央细胞周围是一层细长的皮层细胞。为了更清楚地观察,可制作透明标本。方法是把要观察的材料放入 2%~3%盐酸或乙酸溶液中,浸泡数分钟后取出,用清水洗涤后装片观察。还可做横切片观察中央细胞与皮层细胞的关系。

3) 取有生殖器官的新鲜轮藻做成装片,在显微镜下观察卵囊和精子囊的着生位置,比较二者的大小和形状,并仔细观察各自的结构。辨认卵囊外围的 5 个螺旋状绕生的管细胞、5 个冠细胞和一个大的卵细胞;辨认精子囊外壁的 8 个盾状细胞的界限。然后轻轻压片使精子囊破裂,置高倍镜下观察,仔细辨认盾细胞、盾柄细胞、头细胞、次级头细胞、精囊丝以及精囊丝内每个细胞所产生的精子。

【实验报告】

1. 绘出衣藻的细胞结构，示细胞壁、细胞质、细胞核、载色体、蛋白核、伸缩泡、眼点和鞭毛。

2. 绘出水绵的一个细胞结构，示细胞壁、细胞质、细胞核、载色体、蛋白核、原生质和中央大液泡。

3. 绘出水绵梯形接合生殖各个时期，示产生突起、形成接合管和配子、配子接合和合子形成过程。

4. 绘出轮藻一段短枝，示短枝上的刺状突起、精子囊及卵囊。

【思考题】

1. 试述绿藻门的主要特征，说明绿藻在形态、结构、生殖方式和生活史等方面的演化趋势。

2. 比较绿藻门和轮藻门的异同，解释把轮藻从绿藻门中独立为门的原因。

3. 名词解释：

群体　多细胞体　同配生殖　异配生殖　卵式生殖　接合生殖　同宗配合　异宗配合　梯形接合　核相交替　世代交替　同形世代交替　孢子体　配子体　游动孢子　静孢子　似亲孢子

实验 11　红藻门、褐藻门

【目的与要求】

1. 掌握红藻门、褐藻门的主要特征。

2. 了解紫菜、海带等代表植物的生活史。

【材料与用品】

紫菜干制品、海带干制品或新鲜材料、鹿角菜干制品或新鲜材料；紫菜、多管藻、水云、海带、鹿角菜以及其他红藻门、褐藻门植物的腊叶标本；紫菜横切片、壳斑藻装片、多管藻雄配子体装片、多管藻果孢子体装片、多管藻四分孢子体装片、水云制片、海带带片横切片、海带雌、雄配子体装片、鹿角菜生殖托切片；

显微镜、镊子、解剖针、载玻片、盖玻片、滴管、培养皿、吸水纸；

I－KI 溶液。

【内容与方法】

1. 红藻门 Rhodophyta

植物体多为多细胞体，形态多样。光合色素除叶绿素 a 和叶绿素 d，胡萝卜素、叶黄素外，还含有藻红素和藻蓝素，因而藻体紫红色较多，贮藏产物为红藻淀粉。红藻生活史中不产生游动细胞，有性生殖为卵式生殖。多数为海产，淡水种类较少。

(1) 紫菜属 *Porphyra*（图 1－65）：隶属于红毛菜目，红毛菜科。藻体为紫红色扁平叶状体，多由单层细胞构成，基部具盘状固着器，异形世代交替。本属约几十种，全为海产，我国沿海常见约 10 种，如甘紫菜 *P. tenera* Kjeum、条斑紫菜 *P. yezoensis* Ueda 等。

1) 紫菜外形的观察　取浸制标本（或腊叶标本）观察，紫菜为极薄的紫红色叶状体，多为一层细胞，边缘波状，基部有盘状固着器。

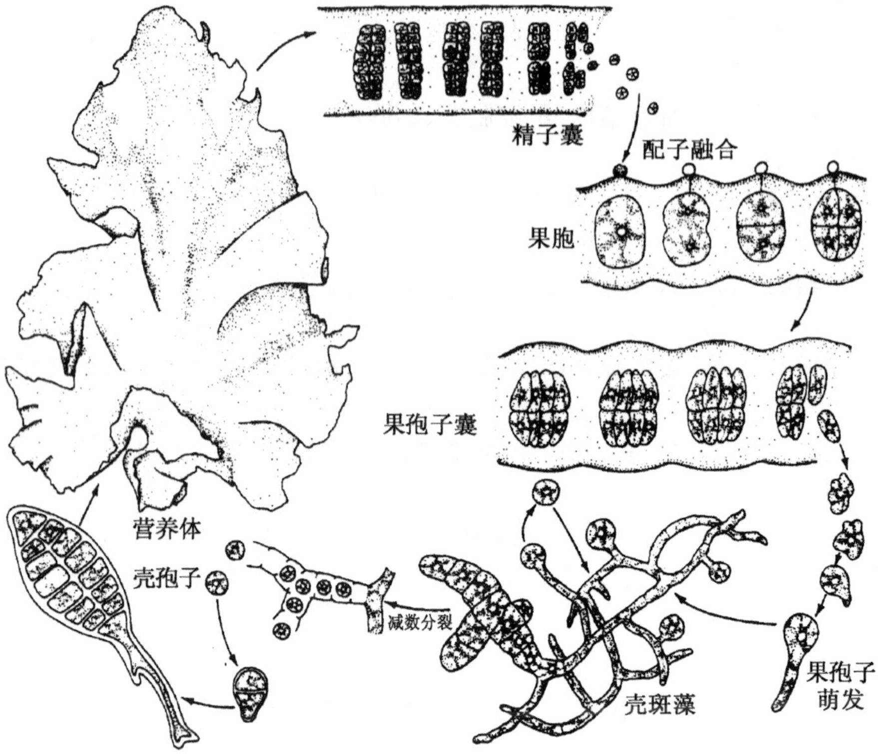

图 1-65 紫菜(引自杨继,2000)

2) 营养细胞结构的观察 取一小片事先浸泡好的紫菜制成水封片,显微镜下观察细胞的形状、细胞内的一个细胞核、一个星芒状载色体及其上面的蛋白核。加一滴 I-KI 溶液,可看到贮藏物红藻淀粉先变为黄褐色,再变为葡萄红色,最后变为紫色。

3) 精子囊和果孢子的观察 取一片事先浸泡好的紫菜放入培养皿中使其展开,先从颜色上大体辨认精子囊和果孢子的区域。前者为乳白色,后者为深紫红色。然后在不同部位各撕一小片制成水封片,在显微镜下观察,可见精子囊 4 个细胞一组,共 4 组,16 个细胞(16 个精子囊)。甘紫菜为 64 个精子囊(4 层),条斑紫菜为 128 个精子囊(共 8 层),每个精子囊有一个不动精子。显微镜下甘紫菜每个果孢子囊内有 8 个果孢子,分 2 层,每层 4 个。条斑紫菜每个果孢子囊内有 16 个果孢子,分 4 层。果孢子是由合子经有丝分裂产生。若将紫菜叶状体折叠一下或从破损处可看到果胞的受精丝。可配合永久封片观察。

4) 壳斑藻的观察 壳斑藻是紫菜的孢子体。取壳斑藻制片,观察其长列单细胞组成的丝状体的形状、颜色以及每个细胞的形状(注意有否膨大、粗短的顶端细胞和其中两两成对的壳孢子。想想壳孢子在什么条件下才能萌发成大型紫菜)。

(2) 多管藻属 *Polysiphonia*(图 1-66):隶属于仙菜目,松节藻科。藻体为分枝的丝状体,基部具单细胞的固着器,多为雌雄异株,典型的同形世代交替。多分布于海洋低潮线的石沼中,固着生长。

1) 先取腊叶标本观察藻体的外形,然后取事先浸泡好的材料制成水封片,置显微镜下观察其藻体中央的一列中轴细胞和周围的围轴细胞,在分枝顶端还可看到单列细胞的

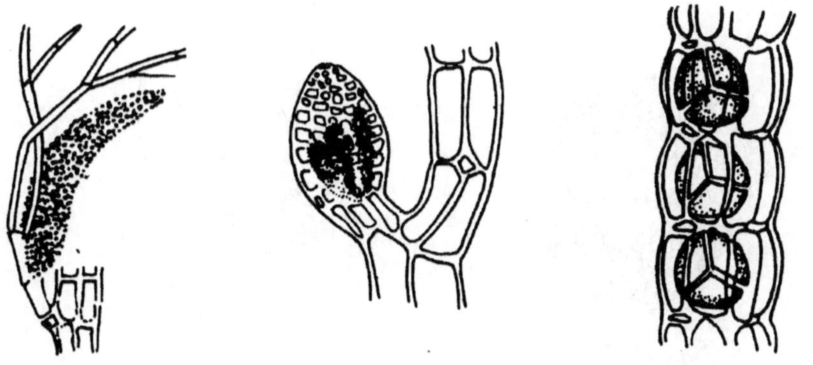

图 1-66　多管藻（自赵遵田）

A. 精子囊穗；B. 囊果枝；C. 四分孢子囊枝

尖细毛丝体。

2）取多管藻雄配子体装片，置显微镜下观察（注意雄配子体顶端的精子囊穗，成熟时成葡萄状）。然后取多管藻果孢子体装片，置显微镜下观察，辨认球形或卵形的果孢子体（囊果），其外面是由多细胞组成的果被，囊果内被染成深褐色的是果孢子囊，内有果孢子。再取多管藻四分孢子体装片，辨认其上产生的四分孢子。

（3）观察其他红藻门植物的腊叶标本

2. 褐藻门 Phaeophyta

植物体均为多细胞体，有简单分枝的丝状体、异丝体、假薄壁组织体以及较高级的有组织分化的植物体等多种类型。光合色素为叶绿素 a 和叶绿素 c，β-胡萝卜素和叶黄素，其中墨角藻黄素含量较大使藻体多呈褐色。贮藏产物为褐藻淀粉和甘露醇。运动细胞具两条侧生、不等长的鞭毛。褐藻绝大多数为海产，只有几个种生活于淡水中。在潮间带的低潮线附近营固着生活。

（1）水云属 *Ectocarpus*（图 1-67）：隶属于水云目，水云科。是褐藻中较简单的种类，藻体是由单列细胞组成的异丝体，下部匍匐部分呈不规则假根状附生在其他物体上。直立部分具繁茂的分枝，枝末尖细。水云为世界性分布的藻类，各沿海均有分布，一般生长在中、低潮带岩石上或其他海藻上。

1）先观察水云的腊叶标本（注意藻体的颜色，形状）。然后取少量新鲜或浸泡的材料制成水装片或用永久制片置显微镜下，观察其单列细胞组成的异丝体，单个的细胞核和多个盘状的载色体。

2）观察水云的单室孢子囊、多室孢子囊和多室配子囊。水云为同形世代交替。如果在同一丝状体既有单室孢子囊又有多室孢子囊，则该丝状体为水云的孢子体。而水云的配子体只有多室配子囊（注意区别水云的孢子体和配子体）。

（2）海带属 *Laminaria*（图 1-68）：隶属于海带目，海带科。植物体有组织分化，典型的异型世代交替。为冷温性海藻，原产俄罗斯远东地区、日本及朝鲜北部沿海，后由日本传入我国大连沿海，又逐渐在辽东和山东半岛自然生长。目前我国由北至南直到广东西部沿海均可人工养殖，是人们喜爱的食品。

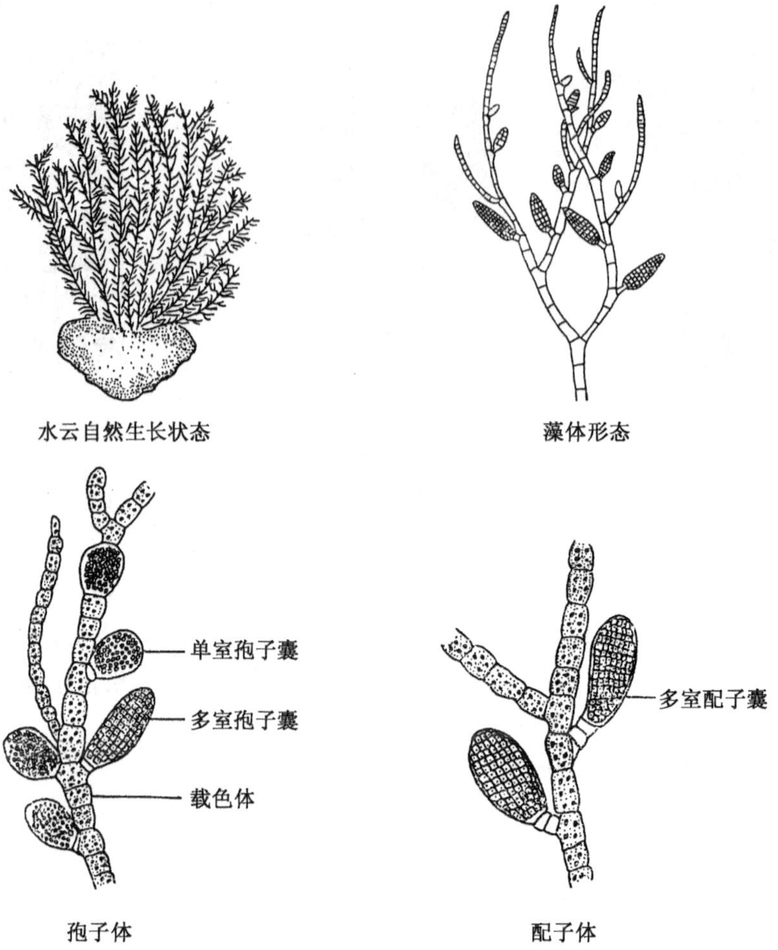

图 1-67　水云(引自童恩预、何汝保,1993)

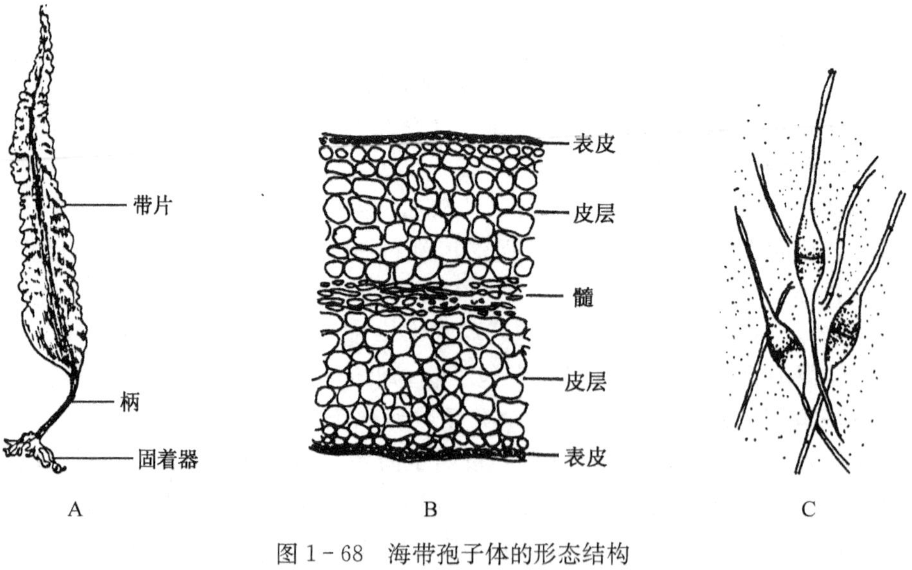

图 1-68　海带孢子体的形态结构

A. 藻体外形;B. 带片横切面;C. 几个喇叭丝放大

1）孢子体的外形观察 取海带腊叶标本观察，区分固着器、带片、带柄（注意其形状和大小）。

2）藻体的解剖结构观察 取幼嫩的海带带片作徒手切片作水封片或取永久切片，置显微镜下观察，由外向内辨认下列各部分结构，并想想它们的功能。

- 表皮：带片两面最外边 1～2 层小型、排列紧密、并具载色体的细胞。
- 皮层：表皮下方的多层细胞，靠近表皮的几层较小，有的含有载色体，为外皮层，在此部中还可看到粘液腔。
- 髓部：带片中央部分。由细长的髓丝和端部膨大的喇叭丝组成。

3）海带孢子囊的观察 先从浸泡的带片选取有深褐色斑块突起的区域（即为孢子囊的区域），作徒手切片制成水装片或取永久切片，观察在带片两侧表皮上排列成栅栏层的孢子囊和隔丝。（注意孢子囊为单细胞、棒状，内有颗粒状未释放的游动孢子。隔丝在孢子囊之间，注意其下部无色，上部稍膨大高出孢子囊，顶端具透明胶质冠，并且彼此连成胶质层。）

4）海带雌、雄配子体的观察 分别取海带雌、雄配子体永久装片在显微镜下观察（注意比较雌雄配子体的细胞数目和大小）。雄配子体由几个到 10 几个细胞组成，细胞较小，顶端有精子囊。雌配子体多为一个大的球形或梨形细胞（也有几个），褐色，颜色较深，当其长到 11～12 μm 时，就转化为卵囊，内产一卵。注意观察有无排出的卵附在卵囊的顶端的破裂的口上。

（3）鹿角菜属 *Pelvetia*（图 1－69）：隶属于墨角藻目，墨角菜科。藻体褐色，软骨质，藻体高 6～15 cm。属温带性海藻，可食用。

1）藻体的外形观察 取鹿角菜的腊叶标本，观察藻体的颜色、形状，分枝方式（二叉状）、固着器以及藻体分枝的末端长角果状生殖托，并用放大镜仔细观察生殖托表面明显的节状突起和小孔，即生殖窝的开口。

2）取鹿角菜生殖托切片置显微镜下观察 区分生殖窝内位于分枝顶端的长梨形精子囊、圆形卵囊（内有 2 个卵），以及生于精子囊和卵囊之间的毛状隔丝。

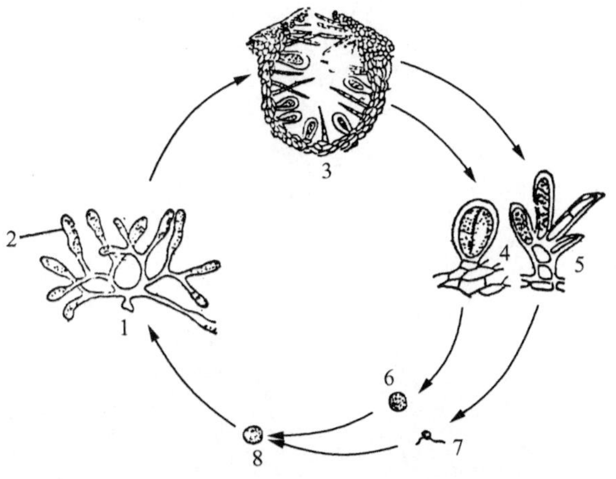

图 1－69 鹿角菜的生活史（引自吴国芳等，2000）

1. 植物体；2. 生殖托；3. 生殖窝；4. 卵囊；5. 精囊；6. 卵；7. 精子；8. 合子

（4）观察其他褐藻门植物的腊叶标本

【实验报告】

1. 绘紫菜精子囊和果孢子囊表面观图。
2. 绘海带具有孢子囊的带片横切面结构图，示孢子囊、隔丝、表皮、皮层及髓。
3. 绘鹿角菜生殖窝纵切面结构图，示精子囊、卵囊、隔丝。

【思考题】

1. 以图解的方式写出紫菜、海带的生活史。

2. 比较水云、海带、鹿角菜生活史的异同。

3. 红藻门、褐藻门的主要特征是什么？两门各有何不同特点？

4. 名词解释：

果孢　果孢子　壳斑藻　壳孢子　果孢子体　四分孢子体　四分孢子　异丝体　单室孢子囊　多室孢子囊　多室配子囊　异形世代交替　生殖托　生殖窝

第六章 菌类和地衣

实验 12 黏菌门、真菌门(Ⅰ)

【目的与要求】

1. 通过黏菌门代表植物的观察,了解该门的主要特征。

2. 通过代表植物的观察,掌握鞭毛菌亚门、接合菌亚门、子囊菌亚门的主要特征。

【材料与用品】

发网菌、水霉、根霉、酵母菌、青霉、曲霉的新鲜材料及切片;

显微镜、实体显微镜、镊子、解剖针、载玻片、盖玻片、滴管、培养皿、吸水纸。

【内容与方法】

1. 黏菌门 Myxomycota

黏菌是介于动物和真菌之间的生物类群。在生长期或营养期为裸露的无细胞壁的原生质团,称为变形体,其构造、运动和摄食方式与原生动物的变形虫相似。繁殖时产生具纤维素细胞壁的孢子,与植物孢子类似。

发网菌属 *Stemonitis* (图 1-70),取培养好的黏菌新鲜材料先在实体显微镜下观察变形体的形态(网状)。然后用解剖针挑取褐色菌体少许做成水封片,显微镜下仔细观察黏菌的结构特征(多核,无细胞壁),黏菌的孢子囊及孢子的形态结构。(注意孢子囊单生还是丛生,有无柄?孢子囊内有无孢丝?)

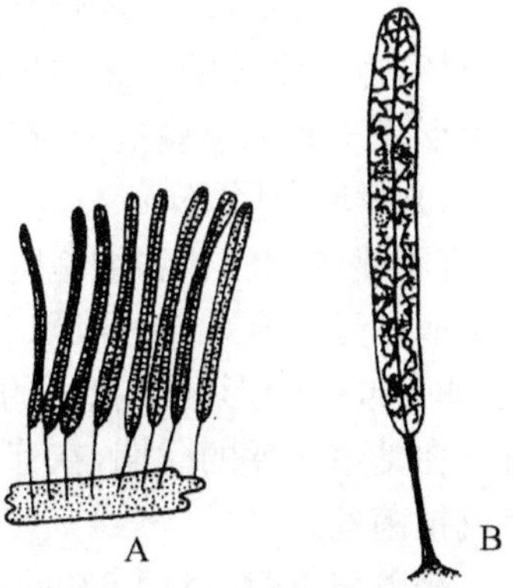

图 1-70 发网菌(自赵遵田)
A. 丛生孢子囊;B. 孢子囊

2. 真菌门(Ⅰ)Eumycota

(1) 鞭毛菌亚门 Mastigomycotina:除少数单细胞种类外,通常菌丝为无隔菌丝,多核。无性生殖产生游动孢子,有性生殖有同配、异配和卵式生殖。

水霉属 *Saprolegnia*,取永久装片或新鲜材料制成水封片,在显微镜下仔细观察其菌丝体的形态,菌丝有否分隔。移动载玻片在菌丝顶端常可看到稍膨大的游动孢子囊,孢子囊基部有一横隔与菌丝隔开。

培养水霉时可将死蝇或小死鱼放在培养皿或烧杯中,其内加适量的池塘水,20~30℃几天即可长出水霉菌丝。

(2) 接合菌亚门 Zygomycotina:少数种类为单细胞,多数菌丝体由无隔菌丝构成。无性生殖产生孢囊孢子,有性生殖有同配、异配、卵式生殖,或配子囊的接合形成接合孢子。

根霉属 *Rhizopus* (图 1-71),取培养的根霉新鲜材料,用解剖针挑取少量菌丝制成水封片或用永久装片,于显微镜下观察菌丝的形态。(注意其营养菌丝有无分隔?是否分化为匍匐菌丝和假根?)然后在有孢子囊的部位观察孢子囊梗产生的部位(假根处)、孢子囊内的囊轴和黑色的孢囊孢子。

培养根霉时可用几小块馒头(或面包)放在铺有吸水纸的培养皿内,在空气中暴露2～3 h,然后加盖在20～30℃下培养2～3 d,见有白色菌丝并开始有黑色小颗粒时即可用于实验。

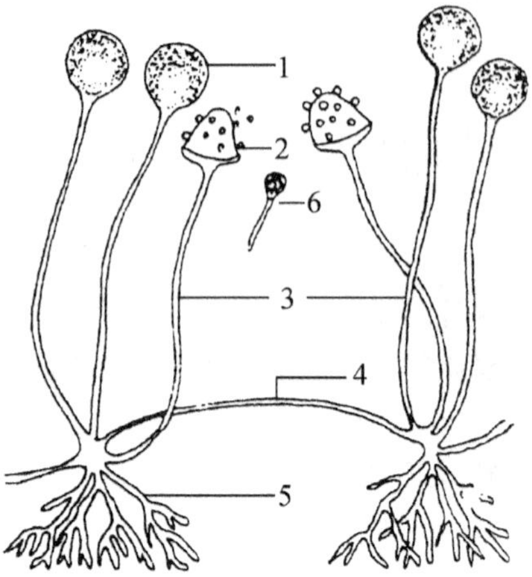

图1-71 匍枝根霉(自李景原)

1. 孢子囊;2. 孢囊孢子;3. 孢囊梗;4. 匍匐菌丝;5. 假根;6. 孢子萌发

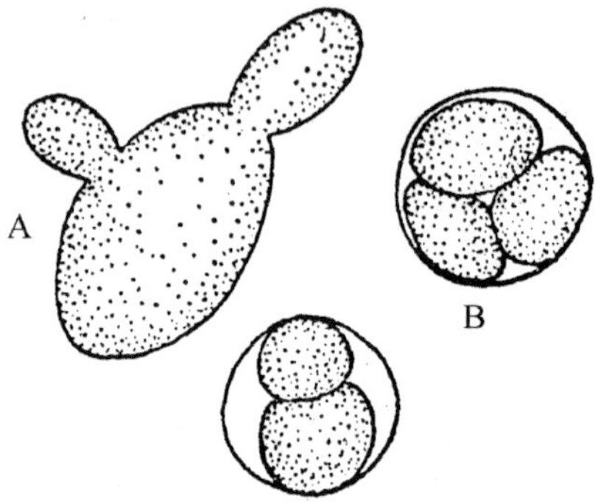

图1-72 酵母(引自吴国芳等,2000)

A. 营养细胞上出芽;B. 子囊和子囊孢子

(3) 子囊菌亚门 Ascomycotina:除少数单细胞种类外,绝大多数菌丝为有隔菌丝,通常单核,也有多核的。无性生殖单细胞种类为出芽繁殖,多细胞种类产生分生孢子。有性生殖形成子囊和子囊孢子,包被于子实体(又叫子囊果)内。

1) 酵母菌属 *Saccharomyces*(图1-72) 为子囊菌亚门最低级的一属,菌体为单细胞,有明显的细胞核和细胞壁。多生长在富含淀粉、糖类的基质中,可用来酿酒、发面等。

取酵母的永久装片或取一滴新鲜材料制成水封片,在显微镜下观察,注意其细胞的形状(卵形或椭圆形),细胞内的一个大液泡,细胞质及含有的油滴。尤其应注意其出芽生殖。在繁殖旺盛的时期,在芽体未脱离母体之前往往又产生新的芽体,许多芽体连在一起形成拟菌丝。

培养酵母时,可用5%的蔗糖溶液放在烧杯中,加少许发面用的酵母粉,适宜的温度下培养几天,即可用于实验观察。

2) 青霉属 *Penicillium*(图1-73) 菌丝体由有隔菌丝构成,菌丝发达,无性生殖产生分生孢子。青霉分布广泛,几乎可在含有有机质的任何基质上出现,常引起食物、皮革、布匹及其他有机产品的霉变。最常见的橘青霉 *P. citrium* Thom 多生于橘子、梨和苹果上。

先取新鲜材料在实体显微镜下观察青霉的菌丝体、分生孢子梗及分生孢子的形状,然后取新鲜材料制成水装片或用永久装片,在显微镜下观察:

菌丝的形态,有无分隔,分枝状况;分生孢子梗的形态,分枝方式(扫帚状);分生孢子梗末级的梗基、瓶状的分生孢子小梗和青绿色的分生孢子。

培养青霉时,可将一块橘子皮放在培养皿内,在空气中暴露1～2 h,然后加盖,20～30℃下培养几天,见到橘子皮上有白色的菌丝并开始变绿,即可用以实验。

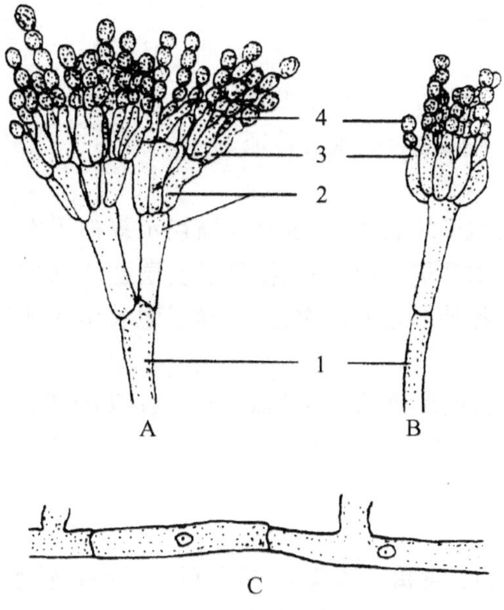

图 1-73　青霉（引自王英典、刘宁，2001）

A. 分生孢子梗具梗基；B. 分生孢子梗不具梗基；C. 菌丝

1. 分生孢子梗；2. 梗基；3. 小梗；4. 分生孢子

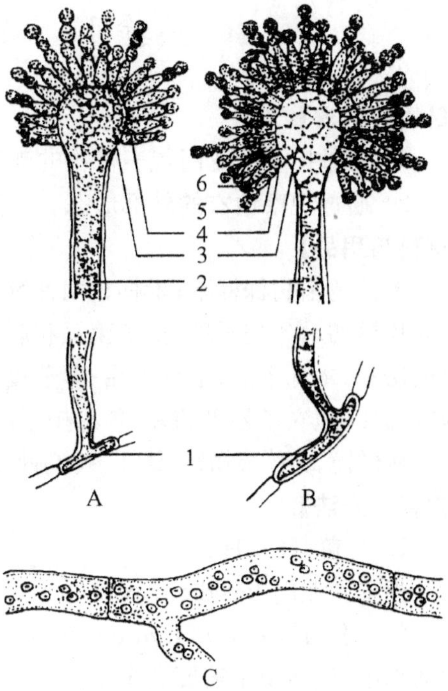

图 1-74　曲霉（引自王英典、刘宁，2001）

A. 分生孢子梗具单层小梗；B. 分生孢子梗具双层小梗；C. 菌丝（示多核）

1. 足细胞；2. 分生孢子梗；3. 孢囊（顶囊）；4. 初生小梗；5. 次生小梗；6. 分生孢子

3）曲霉属 *Aspergillus*（图 1-74）　曲霉与青霉一样，具发达的菌丝，无性生殖产生分生孢子。其生活习性、分布等均与青霉类似。

取曲霉永久装片或新鲜材料制成水封片，显微镜下观察：菌丝的形态，有无分隔，分枝状况；分生孢子梗的形态，其顶端膨大的球状顶囊；顶囊表面放射状排列的瓶状小梗（1 或 2 层）和黄绿色、黄色或黑色的分生孢子。（注意与青霉加以比较。）

【实验报告】

1. 绘根霉菌丝体形态，示匍匐菌丝、假根、孢子囊梗和孢子囊、孢囊孢子。
2. 绘青霉菌丝体形态，示部分营养菌丝、各级分生孢子梗及分生孢子。
3. 绘酵母菌单细胞和拟菌丝体形态。

【思考题】

1. 为什么说黏菌是介于动物和真菌之间的类群？
2. 根霉、青霉、曲霉和酵母菌在形态结构和生殖方式上有何不同？
3. 根霉、青霉、曲霉和酵母菌有哪些经济意义？
4. 名词解释：

变形体　无隔菌丝　有隔菌丝　菌丝体　菌丝组织体　双游现象　接合孢子　孢囊孢子　分生孢子　子实体　子囊果　子囊　子囊孢子　出芽生殖　拟菌丝　子囊壳　子囊盘

实验 13　真菌门(Ⅱ)、地衣门

【目的与要求】

1. 通过担子菌亚门代表植物的观察,掌握担子菌亚门的主要特征。

2. 通过观察地衣的外部形态和内部结构,掌握地衣的主要特征。

【材料与用品】

禾柄锈菌病株标本;禾柄锈菌性孢子器、锈孢子器装片、小麦叶片横切示夏孢子堆、小麦叶片横切示冬孢子堆、担子菌锁状联合装片、木耳子实层切片、银耳子实层切片、蘑菇菌盖横切片;木耳干品、银耳干品;蘑菇浸泡标本、各种形态的地衣标本;异层地衣切片、同层地衣切片、地衣子囊盘切片、各种担子菌标本;

显微镜、实体显微镜、镊子、解剖针、载玻片、盖玻片、滴管、培养皿、吸水纸;KOH 溶液。

【内容与方法】

1. 真菌门(Ⅱ)

担子菌亚门 Basidiomycota

(1) 禾柄锈菌 *Puccinia graminis*(图 1-75):隶属于锈菌目,锈菌科。是一种转主寄生的真菌,生活史中需要 2 个不同的寄主。其第一寄主为小麦、大麦、燕麦等禾本科植物,

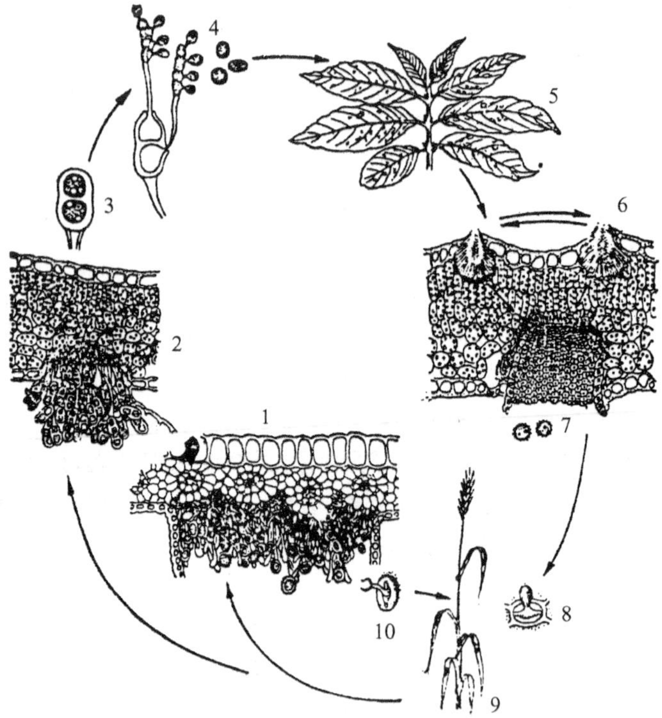

图 1-75　禾柄锈菌(引自吴国芳等,2000)

1. 在小麦病斑处产生夏孢子堆和夏孢子;2. 冬孢子堆和冬孢子的形成;3. 冬孢子放大;4. 冬孢子萌发产生担孢子;5. 小檗叶的病斑;6. 病斑横断面(上部表示性孢子器,下部表示锈孢子器);7. 锈孢子;8. 锈孢子萌发从小麦气孔侵入;9. 小麦病株;10. 夏孢子再侵入小麦

第二寄主为小檗属、十大功劳属等属的一些种类，不产生子实体，但形成冬孢子等 5 种类型的孢子。引起小麦锈病，严重危害作物的产量。

1）取小檗病株标本，观察叶的近轴面的橘黄色斑块，即为性孢子器，内产性孢子。在叶片的远轴面的橘黄色斑块，即为锈孢子器，内产锈孢子。

2）取小檗叶横切片于显微镜下观察，分辨性孢子器和锈孢子器的形状和位置。通常性孢子器在近轴面，瓶状。锈孢子器在远轴面，呈杯状。

3）取小麦病株标本，观察其茎秆和叶，其上的红色斑点即为夏孢子堆，黑色的斑点为冬孢子堆。

4）取小麦叶片横切示夏孢子堆切片，于显微镜下观察，在叶的表面有成堆的椭圆形的夏孢子（注意夏孢子单个，黄褐色，壁上常有刺状突起，具双核，下有柄）。再取小麦叶片横切示冬孢子堆切片，可见很多具两个细胞的冬孢子密集成堆。冬孢子黑褐色，下有长柄。具双核，也有单核的。

（2）木耳属 *Auicularia*（图 1－76）：隶属于银耳目。担子果耳状、叶状或杯形，紫褐色至暗青灰色，胶质半透明，有弹性，干后强烈收缩变为脆硬的角质及近革质。生于栎、杨、榆、槭等阔叶树朽木上，可食用、药用，并可人工培养。

取事先浸泡好的木耳子实体，观察担子果的形态，然后用镊子取一小块子实体放在载玻片中央，加上盖玻片后将其轻轻压碎，置显微镜下观察，可见木耳的子实层有担子和侧丝组成，担子分为上担子和下担子，下担子长圆柱型，有 3 个横隔（横隔担子），每个细胞有一细长的臂，称为上担子，它的尖端伸到胶质表面，其上长出一个小梗，梗上生有 1 个肾形的担孢子。可用永久切片配合观察。

（3）银耳属 *Tremella*（图 1－77）：隶属于银耳目。担子果胶质，纯白色或带淡褐色，

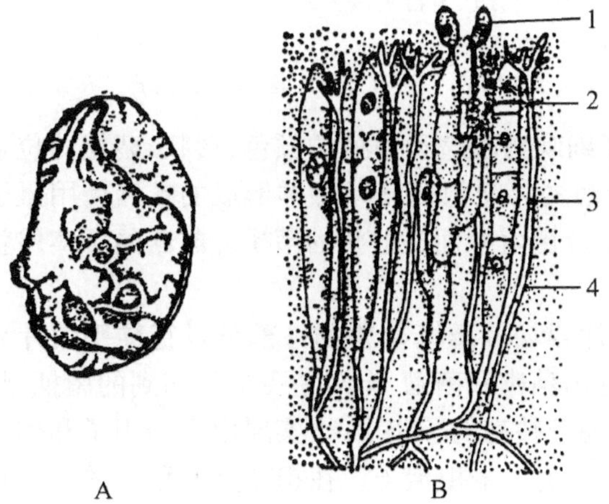

图 1－76 木耳（引自吴国芳等，2000）

A. 子实体外形；B. 子实体横切，示子实层

1. 担孢子；2. 担子；3. 侧丝；4. 胶质

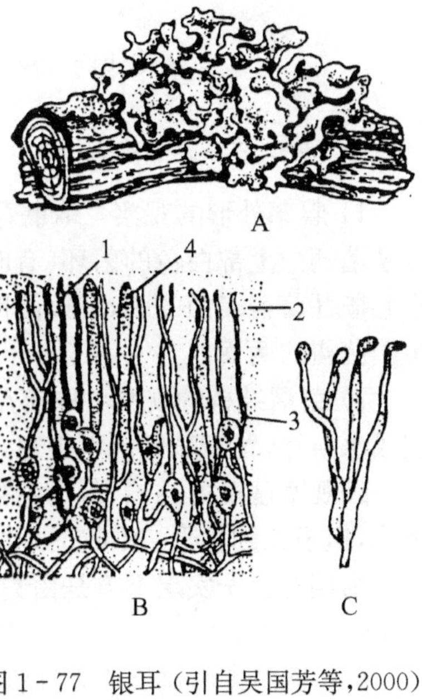

图 1－77 银耳（引自吴国芳等，2000）

A. 担子果生状；B. 子实层垂直切面；C. 担子及担孢子

1. 担子；2. 胶质；3. 侧丝；4. 隔胞

由许多丛生瓣片组成,干后收缩。腐生于栎属等多种阔叶树枯立木上,可食用、药用,并可人工培养。

取事先浸泡好的银耳子实体,观察担子果的形态,然后用镊子取一小块子实体放在载玻片中央(可加一滴 KOH 溶液),加上盖玻片后将其轻轻碾碎展开,置显微镜下观察,可见银耳的子实层由担子和侧丝组成。银耳的担子为纵隔担子,观察时需注意从底面、顶面和侧面加以区分。担子也分为上担子和下担子,下担子纵分成四个细胞,底面和顶面观均为"田"字形。

可配合银耳子实层切片观察,并与木耳加以比较。

银耳也是观察担子菌锁状联合的好材料。通过缩小光圈和反复调节细准焦螺旋,可大体上看出锁状联合发生的过程,尤其可看到菌丝侧面的喙状突起。可配合担子菌锁状联合装片。

(4) 蘑菇属 *Agaricus* (图 1-78):隶属于伞菌目,黑伞科。担子果伞状,由菌盖、菌柄和菌环组成。

图 1-78 蘑菇的外形和菌褶构造(引自吴国芳)

A. 蘑菇;B. 菌褶横断面

1. 菌盖;2. 菌褶;3. 菌环;4. 菌柄;5. 菌肉;6. 子实层基;7. 子实层;8. 担子;9. 担孢子

1) 蘑菇外形的观察 取蘑菇子实体,仔细观察菌盖和菌柄的颜色、形状、菌柄的位置以及菌柄中上部白色的菌环(有时可能自行消失),想想菌环是怎样形成的?然后用镊子小心撕开菌盖表面的膜,观察菌肉的颜色,以及菌盖下面放射状的菌褶。蘑菇的子实层就生于菌褶的两面。

2) 菌褶结构的观察 取蘑菇菌盖横切片或切取蘑菇菌盖的一部分进行徒手切片后制成水封片,置于显微镜下观察,先注意区分出菌肉和菌褶,有时还可看到切到的菌柄,然后仔细观察菌褶的结构,可见菌褶的两面排列着整齐的子实层,子实层由无隔担子和侧丝组成,担子长圆柱形,顶端有 4 个小梗,其上各生 1 个担孢子。在担子之间稍短的圆柱状细胞为侧丝。子实层下方是由数层细胞组成的子实层基,菌褶的中央是由疏松菌丝组成的菌髓。

(5) 观察其他担子菌亚门的标本

2. 地衣门 Lichens

地衣是由藻类和真菌共生在一起所形成的一类特殊的原植体植物。共生体的真菌以子囊菌种类最多,藻类主要为蓝藻和绿藻。地衣分布广泛,可生长在岩石、树皮、林地及沙地上。

(1) 地衣形态的观察：取不同类别的地衣标本，观察地衣的形态，通常可分为三种，在三种形态之间也有过渡类型。

1) 壳状地衣　地衣的菌丝与基质紧贴在一起，很难从基质上剥离。如常见于岩石上的茶渍衣属 *Lecanora*，仔细观察还可见其上有许多小盘状物，它是由组成地衣的子囊菌进行生殖所产生的子囊盘。

2) 叶状地衣　植物体扁平，呈叶状，有背腹之分，常在腹面生出假根或脐附于基质上，易于剥离。如常见的梅衣属 *Parmelia*。另外有时叶状体上还可看到颗粒状的粉芽堆。

3) 枝状地衣　地衣体呈树枝状，直立或下垂，仅基部附着于基物上。如石蕊属 *Cladonia* 和松萝属 *Usnea*，比较它们与壳状地衣、叶状地衣有何不同？它们的子囊盘生长在何部位？

(2) 地衣的内部结构观察（图 1－79）：取地衣永久切片或取叶状地衣新鲜材料进行徒手切片，从上而下观察地衣的上皮层（由菌丝紧密交织而成）、藻胞层（由藻类细胞所组成）、髓层（由疏松菌丝组成）、下皮层。另取同层地衣切片观察，比较与异层地衣有何区别？

(3) 地衣的子囊盘和子囊孢子的观察（图 1－80）：取地衣子囊盘切片或取新鲜材料做徒手切片，观察地衣体上由子囊菌产生的子囊盘，先在低倍镜下观察子囊盘与叶状体的关系，分辨子囊盘从何处产生？然后再换高倍镜观察子实层，辨认子囊、侧丝和子囊内的子囊孢子。

图 1－79　地衣的构造
（引自吴国芳等，2000）
A. 同层地衣；B. 异层地衣

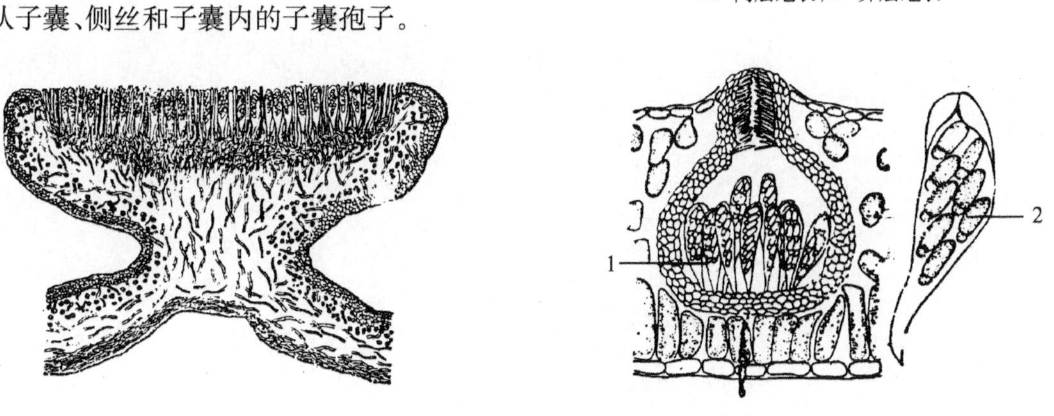

图 1－80　地衣的子囊盘及子囊壳（引自吴国芳等，2000）
1. 子囊；2. 子囊及子囊孢子放大

【实验报告】

1. 绘蘑菇子实体外形图和菌褶一部分，示各部分结构。
2. 绘异层地衣横切面结构图，示各部分结构。

【思考题】

1. 担子菌亚纲的主要特征是什么?
2. 试述禾柄锈菌的生活史。
3. 试述蘑菇的生活史。
4. 地衣中藻类与真菌的关系如何?比较同层地衣与异层地衣的区别。
5. 名词解释:

初生菌丝体　次生菌丝体　三生菌丝体　担子果　担子　担孢子　锁状联合　转主寄生　单主寄生　横隔担子　纵隔担子　菌环　菌托　壳状地衣　叶状地衣　枝状地衣

第七章　苔 藓 植 物

实验 14　苔纲、藓纲

【目的与要求】

1. 通过代表植物的观察，掌握苔藓植物的主要特征，更好地理解它们在植物界的系统地位。

2. 了解苔纲和藓纲的主要区别，识别一些常见的苔藓植物。

【材料与用品】

地钱、葫芦藓的标本或新鲜植物体；地钱雌器托切片、地钱雄器托切片、地钱配子体横切片、地钱孢子体纵切片、地钱胞芽杯及胞芽切片、葫芦藓孢子体与配子体装片、葫芦藓配子体横切片、葫芦藓精子器切片、葫芦藓颈卵器切片、葫芦藓孢子体纵切片、葫芦藓原丝体装片；其他苔藓植物标本；

放大镜、实体显微镜、显微镜、镊子、解剖针、刀片、载玻片、盖玻片、滴管、培养皿、吸水纸。

【内容与方法】

1. 苔纲 Hepaticae

地钱 *Marchantia polymorpha* L.（图 1 - 81，图 1 - 82），隶属于地钱目，地钱科。为叶状体苔类。喜生于阴湿的林地、墙角、井边和水沟边，广布世界各地。

(1) 地钱配子体外形观察：地钱植物体为绿色、扁平、二叉分枝的叶状体，有背腹之分。用放大镜或实体显微镜观察其背面，可见表面形成许多菱形或斜方形网纹（想一想它们是如何形成的？）网纹中央有一小白点，即气孔。叶状体背面常可看到胞芽杯，内有许多胞芽。叶状体的腹面有许多白色的假根和紫色的鳞片。地钱为雌雄异株，生殖季节可分别在雌雄配子体背面看到雌器托和雄器托。

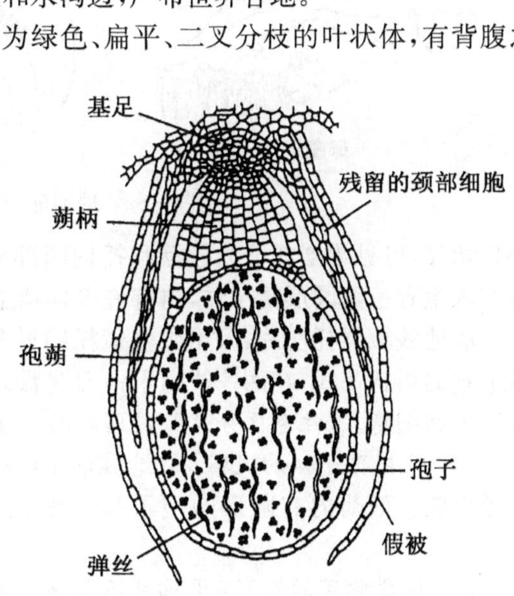

图 1 - 81　地钱孢子体（引自杨继，2000）

(2) 地钱叶状体结构观察：取地钱配子体横切片或用新鲜材料作徒手切片，置于显微镜下观察，依次辨认上表皮、气孔、气室、同化组织、薄壁组织、下表皮、假根和鳞片。

(3) 地钱生殖器官的观察：取地钱雄

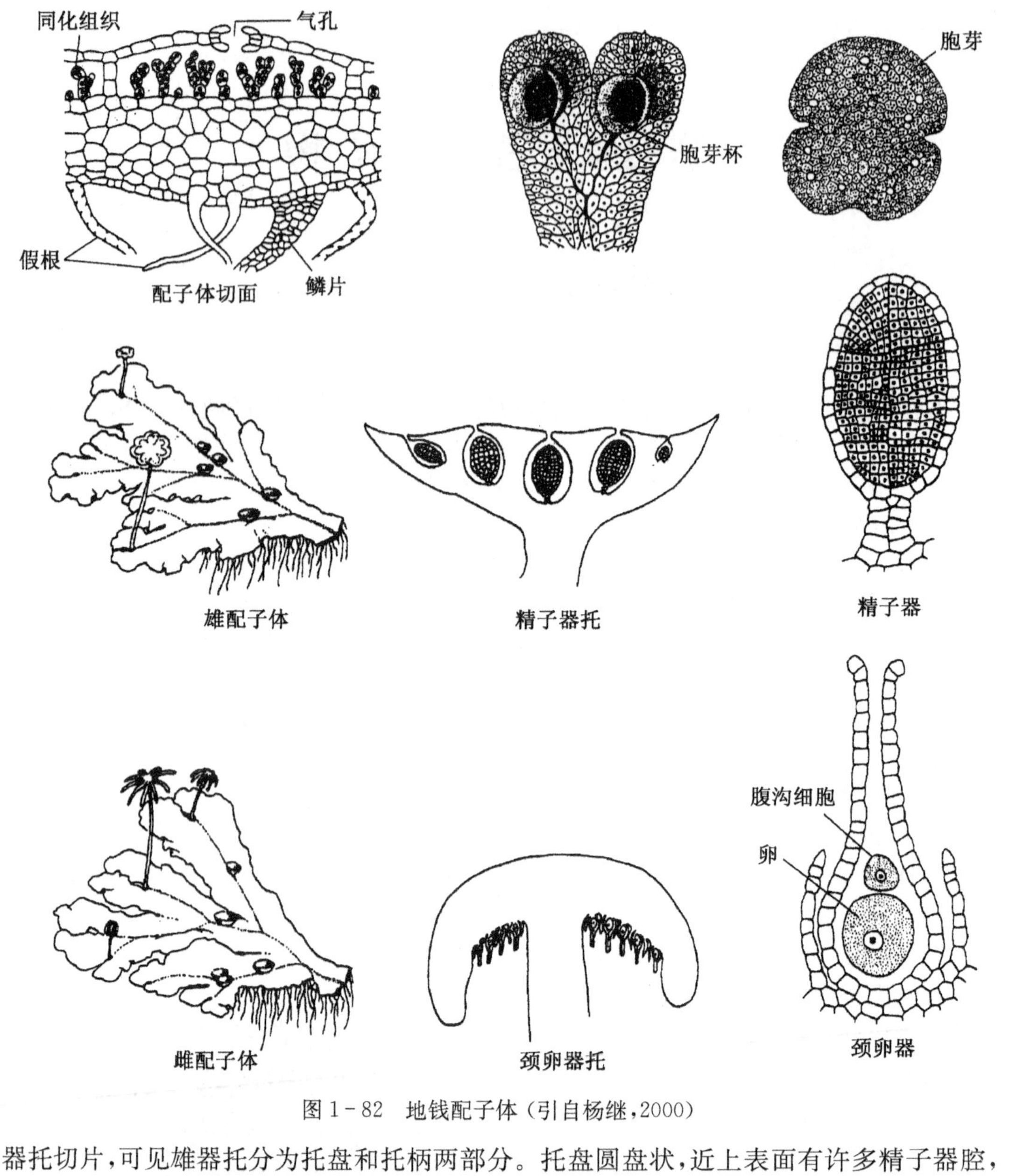

图 1-82 地钱配子体(引自杨继,2000)

器托切片,可见雄器托分为托盘和托柄两部分。托盘圆盘状,近上表面有许多精子器腔,每腔内生有一卵圆形精子器,内有许多具顶生、等长、双鞭毛的精子。

取地钱雌器托切片,可见雌生殖托同样分为托盘和托柄两部分,托盘伞形,有 8～10 条下垂的指状芒线,在两芒线间生一列倒悬的颈卵器,颈卵器瓶状,分为颈部和腹部,腹部有一个卵细胞。(注意区分颈卵器周围的总蒴苞、假蒴苞等结构。)

(4) 地钱孢子体的观察:取地钱孢子体纵切片,可见其孢子体由孢蒴、蒴柄和基足三部分组成。孢蒴内有圆形的孢子和单细胞细长的弹丝,弹丝末端尖锐,细胞壁具螺旋加厚。

(5) 地钱胞芽的观察:取地钱胞芽杯及孢芽切片,或用镊子从新鲜地钱配子体表面的胞芽杯中镊取少量胞芽制成水封片,于显微镜下观察胞芽的形状及着生方式。

2. 藓纲 Musci

葫芦藓 *Funaria hygrometrica* Hedw.（图 1－83），隶属于葫芦藓目，葫芦藓科。为土生喜氮的小型藓类，习见于田园、庭院、路旁等地，为世界广布种。

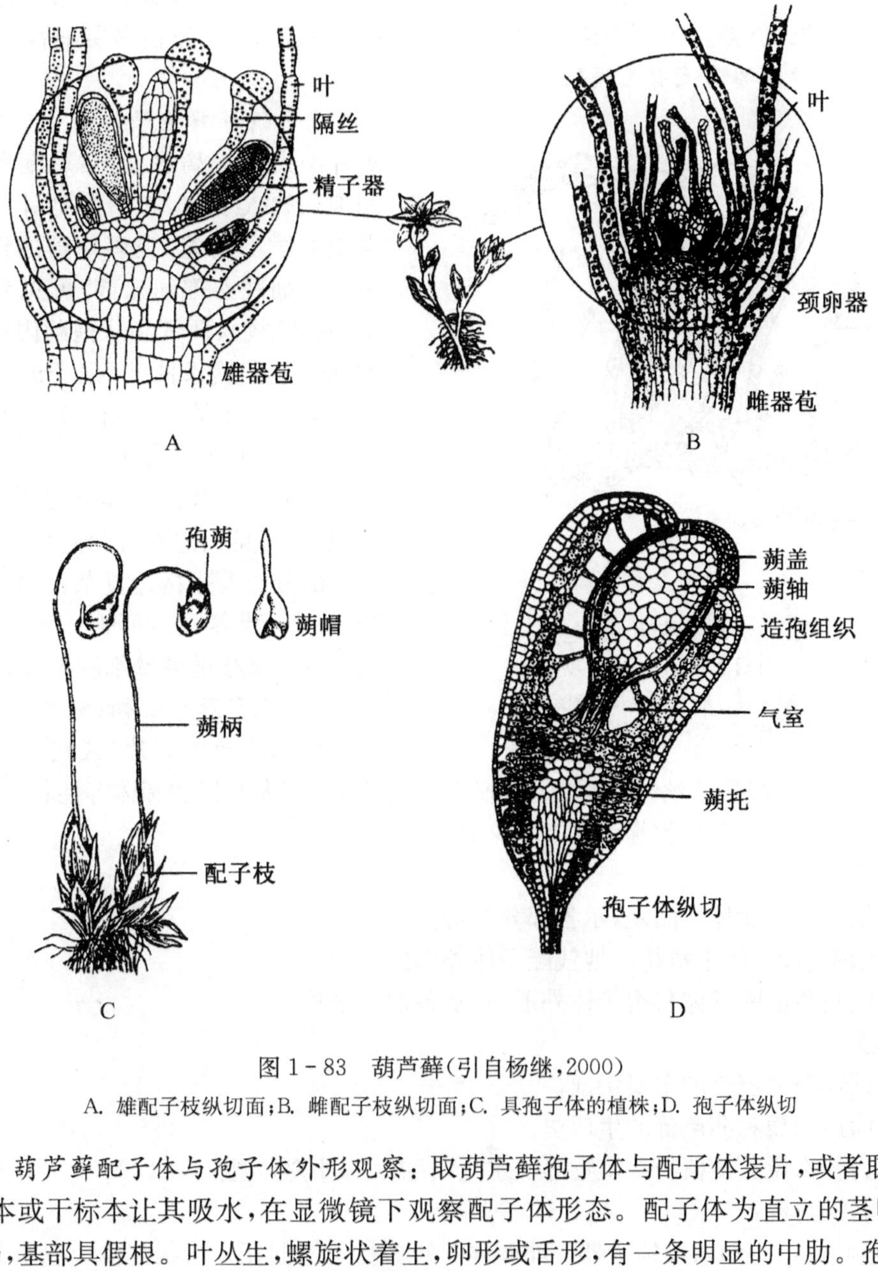

图 1－83　葫芦藓（引自杨继，2000）

A. 雄配子枝纵切面；B. 雌配子枝纵切面；C. 具孢子体的植株；D. 孢子体纵切

（1）葫芦藓配子体与孢子体外形观察：取葫芦藓孢子体与配子体装片，或者取葫芦藓新鲜标本或干标本让其吸水，在显微镜下观察配子体形态。配子体为直立的茎叶体，茎短，柔弱，基部具假根。叶丛生，螺旋状着生，卵形或舌形，有一条明显的中肋。孢子体具细长的蒴柄，孢蒴长梨形或葫芦形，悬垂，蒴帽兜形，具长喙。

（2）葫芦藓配子体结构观察：在实体显微镜下摘取几片葫芦藓叶片作成水封片，于显微镜下观察，可见葫芦藓叶片由一层细胞组成，叶片中央具一条由多层、长形细胞构成的中肋。取葫芦藓配子体横切片，可看到茎的构造比较简单，由表皮、皮层和中间的中轴组成（比较它们的区别）。

(3) 葫芦藓精子器的观察：取葫芦藓精子器切片于显微镜下观察，可见其雄器苞内有多个棒状的精子器以及多细胞的隔丝。精子器内有许多小孢子母细胞或已发育成成熟的精子(比较精子器与隔丝的区别)。

(4) 葫芦藓颈卵器的观察：取葫芦藓颈卵器切片于显微镜下观察，可见其雌器苞顶端有数个瓶状的颈卵器。颈部细长，壁由一层细胞构成；腹部膨大，壁由多层细胞构成，内有一个卵细胞(注意雌器苞有无隔丝)。

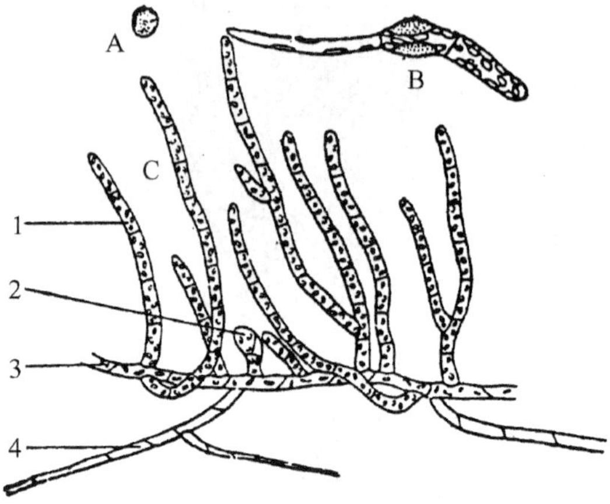

图1-84 葫芦藓的原丝体
(引自吴国芳等，2000)
A. 孢子；B. 孢子萌发；C. 原丝体
1. 绿丝体；2. 芽；3. 轴丝体；4. 假根

(5) 葫芦藓孢子体结构观察：在载玻片中央滴一滴水，然后取葫芦藓新鲜的孢蒴放入水中，先用解剖针在实体显微镜下拨下蒴盖，观察蒴盖的形状。然后再仔细观察孢蒴口部，可见到蒴齿(2层，共32枚)、环带和从孢蒴内释放出来的孢子。自然条件下，孢子即借助于蒴齿的运动弹出体外。用解剖针将孢蒴捅破，可看到里面的蒴轴。

再取葫芦藓孢子体纵切片于显微镜下观察，可见到孢蒴分为蒴盖、蒴壶和蒴台三部分。蒴壶构造复杂，包括表皮、蒴壁、气室、营养丝、蒴轴和孢子等结构。蒴台则由疏松的薄壁细胞组成。

(6) 葫芦藓原丝体的观察(图1-84)：取葫芦藓原丝体装片(或培养的新鲜材料)，于显微镜下观察原丝体的颜色、形态、细胞的形状，有无假根和芽体等性状。

3. 观察其他苔藓植物标本或新鲜材料

【实验报告】

1. 绘地钱叶状体切面观，示各部分结构。
2. 绘带有雌、雄生殖托的地钱配子体外形图。
3. 绘葫芦藓配子体与孢子体外形图，示各部分结构。

【思考题】

1. 试述苔藓植物的主要特征。
2. 简述地钱和葫芦藓的生活史。
3. 为什么说苔藓植物是植物界从水生向陆生的过渡类型?
4. 名词解释：

拟茎叶体　颈卵器　精子器　原丝体　雄器托　雌器托　指状芒线　孢蒴　蒴帽　蒴齿　弹丝

第八章　蕨类植物

实验 15　石松、楔叶及真蕨亚门

【目的与要求】

1. 通过对代表植物卷柏、节节草、蕨等的观察，掌握蕨类植物的主要特征。

2. 认识部分常见的蕨类植物。

【材料与用品】

石松标本；卷柏(或中华卷柏)腊叶标本；石松孢子叶穗纵切片、石松茎横切片、卷柏孢子叶穗纵切片、问荆(或节节草)新鲜叶片(或腊叶标本)；蕨腊叶标本；蕨地下茎横切片、蕨孢子囊群水封片(或永久封片)、蕨原叶体装片；

显微镜、解剖镜、放大镜、镊子、解剖针、载玻片、盖玻片、培养皿、滴瓶。

【内容与方法】

1. 石松亚门 Lycophytina

(1) 石松属 *Lycopodium*：隶属于石松目、石松科。分布于热带、亚热带，也有分布于温带及寒带地区的，喜酸性土壤。

观察孢子体外形：取石松 *L. japonicum* 标本观察，植物体为多年生草本，茎匍匐或直立，匍匐枝上着生不定根，直立枝二叉分枝。小型叶，螺旋着生于小枝上，用放大镜或解剖镜观察叶子有无叶脉，若有叶脉，观察是否分枝。孢子叶聚生于分枝顶端，形成孢子叶穗。

观察石松孢子叶穗纵切片：在穗轴两侧排列着孢子叶，每片孢子叶腋下着生一个具短柄的肾形孢子囊，囊内生有许多大小相等的孢子(同型孢子)。孢子叶穗基部的孢子囊先成熟，愈靠上部愈晚成熟，为向顶式发育。

观察石松茎横切片：茎为圆柱形，中央无髓，最外一层为表皮，表皮以内较宽的部分为皮层，皮层以内为中柱，被染成红色的细胞为木质部，呈数条带状，韧皮部生于木质部之间。这种中柱称为编织中柱，为原生中柱的一种。

(2) 卷柏属 *Selaginella* (图 1-85)：隶属于卷柏目、卷柏科。多生于山地、潮湿林下、草地、岩石或峭壁上。

取卷柏(或中华卷柏)腊叶标本用放大镜观察，植物体为多年生草本，茎匍匐(中华卷柏 *S. sinensis* Spring)或直立[卷柏 *S. tamariscina* (Beauv.) Spring]，小型叶排成 4 行，2 行侧叶较大，2 行中叶较小。中华卷柏还有一种无叶的分枝叫根托，其上生许多不定根。枝尖端着生有棒状的孢子叶穗，每一孢子叶腋内生一个孢子囊。

取卷柏孢子叶穗纵切片观察，可见穗轴两侧排列着孢子叶，孢子异形，大、小孢子囊各生于孢子叶内侧，并具囊柄(注意孢子叶和营养叶的近轴面基部都有一个较小的突起物，称为叶舌)。大孢子囊内含有 4 个大孢子，小孢子囊内含有多数小孢子。

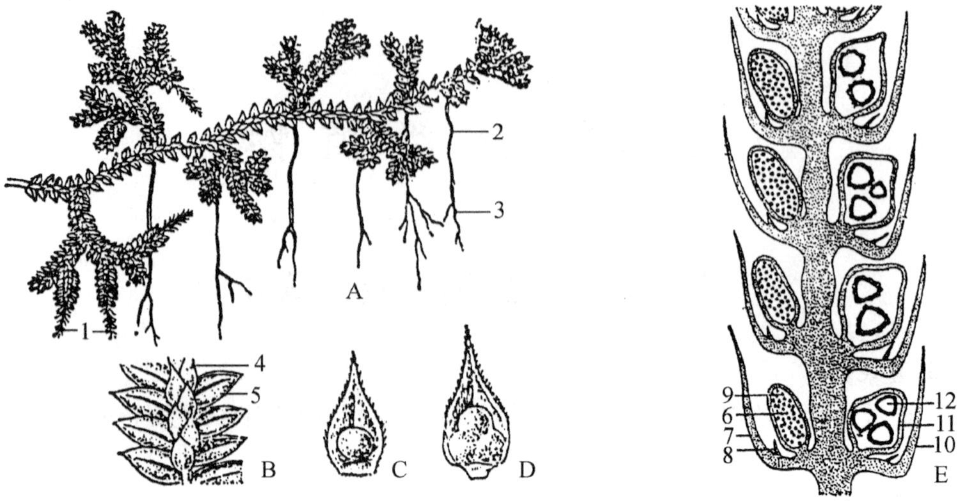

图 1-85 中华卷柏(引自吴国芳等,2000)

A. 植株;B. 枝的部分放大;C. 小孢子叶和小孢子囊;D. 大孢子叶和大孢子囊;E. 孢子叶穗纵切
1. 孢子叶球;2. 根托;3. 不定根;4. 中叶;5. 侧叶;6. 小孢子囊;7. 小孢子叶;
8. 叶舌;9. 小孢子;10. 大孢子叶;11. 大孢子囊;12. 大孢子

2. 楔叶亚门 Sphenophytina

(1) 木贼属 *Equisetum*:隶属于木贼目、木贼科。多生长于潮湿的林缘、山地、河边、沙土及荒地等。

取问荆 *E. arvense* L.(图 1-86)(或节节草 *E. ramosisima* Desf.),新鲜标本(或腊叶标本)观察,植物体为多年生草本,地上茎和地下茎均有明显的节和节间,地下茎横走,节处生有不定根;地上茎直立,中空,有棱脊,节处生有一轮鳞片叶,基部连合成鞘,上部分裂成齿。问荆有营养枝和生殖枝之分,营养枝绿色,节上有许多轮生的分枝;生殖枝不分枝,棕褐色,枝顶端产生孢子叶球。生殖枝在春天先从地下茎长出,当其快枯萎时,绿色的营养枝才从地下茎长出地面,而节节草则无营养枝和生殖枝的分化。

取孢子叶球观察,为椭圆形笔头状,由许多特化的六角形孢子叶聚生在一起。用镊子取下孢子叶放在解剖镜下观察,其六角形盾状体的孢子叶,下部为柄,柄周围悬挂有 5~10 枚孢子囊。成熟时,囊内有许多孢子,用解剖针捅破孢子囊,置显微镜下观察,可见孢子圆球形,孢子外壁分裂成 4 条弹丝。然后加一滴水于孢子上,会发现弹丝因吸水而卷曲,可帮助孢子的散布。

3. 真蕨亚门 Filicophytina

(1) 蕨属 *Pteridium*(图 1-87,图 1-88):隶属于真蕨目、蕨科。多生于山地林下或林缘等处。

取蕨 *P. aquilinum* var. *latiusculum* (Desv.) Underw.,腊叶标本观察,孢子体具根、茎、叶的分化,根状茎横走,二叉分枝,密被褐色细毛,根状茎向下生出不定根,向上生出叶,叶柄较长,叶大型,2~4 回羽状复叶,叶背面边缘生有连续的孢子囊群,囊群盖由小羽片背卷而成,成线形,称为假囊群盖。

取蕨的根状茎横切片在显微镜下观察其内部构造。最外层为表皮,其内为皮层,皮层

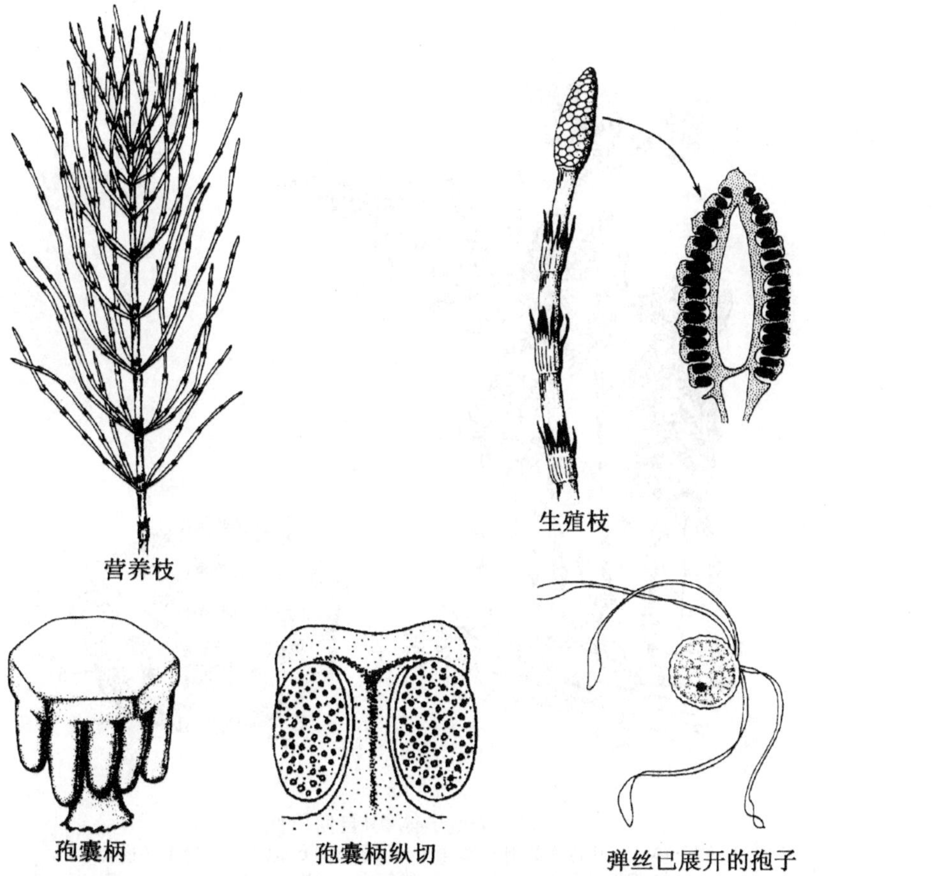

图1-86 问荆(引自杨继,2000)

外层为厚壁细胞,其余为薄壁细胞。维管束分离,在茎内排列为两环,为多环中柱,在内外维管束之间也有机械组织,维管束最外面(紧接内皮层)为维管束鞘,中央为木质部,木质部两侧为韧皮部,木质部为中始式。

取蕨的孢子囊群制成水封片或取蕨孢子囊群装片在显微镜下观察,孢子囊扁平形具多细胞的长柄和单层细胞的壁,有一条纵裂的环带,环带细胞均木质化增厚,其中两个不加厚的称为唇细胞;孢子成熟时,由于环带的反卷作用,在唇细胞处横向裂开,并将孢子弹出,孢子同型。

取原叶体装片镜下观察,蕨原叶体心脏形,由薄壁细胞组成,含叶绿体,能独立生活,腹面生多数单细胞假根,在假根之间生有一些球形的精子器,突出表面,内含多数精子;在凹陷处附近,有一些长颈烧瓶状的颈卵器,颈卵器腹部埋入原叶体中,颈部露出。

取蕨幼孢子体镜下观察,可见在原叶体上由胚发育出幼小孢子体(注意其根和茎是如何长出的)。

4. 观察下列常见蕨类植物标本

旱生卷柏 *Selaginella stauntoniana* Spring、银粉背蕨 *Alueritoperis argentea* (Gmd.) Fee.、中华水韭 *Isoetes sinensis* Palmer、松叶蕨 *Psilotum nudum* (L.) Grised、贯众 *Cyrtomium fortunei* J. Sm.、骨碎补 *Davallia mariesii* Moore ex Bak.、紫萁 *Osmunda*

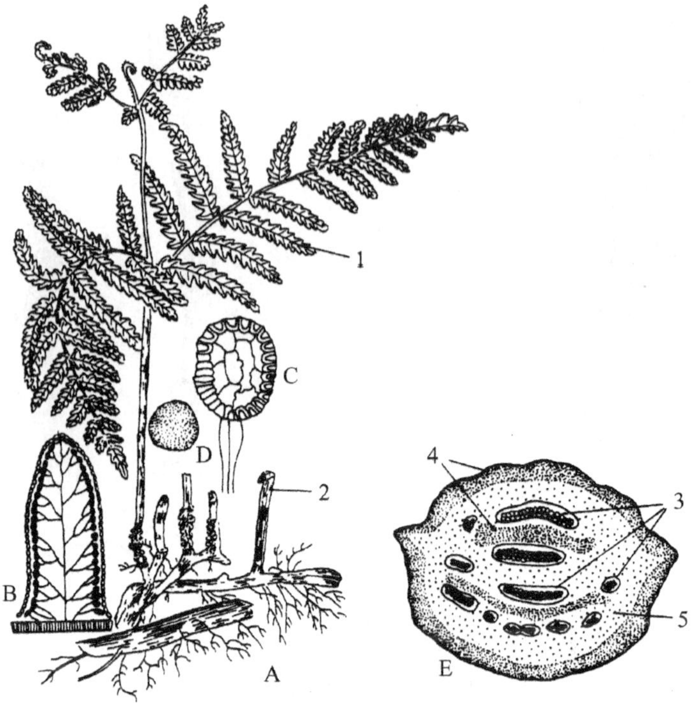

图 1-87 蕨孢子体(引自何凤仙,2000)

A. 孢子体;B. 叶背面的孢子囊群;C. 孢子囊;D. 孢子;E. 地下茎横切放大

1. 大型羽状复叶;2. 幼叶;3. 维管束;4. 机械组织;5. 薄壁组织

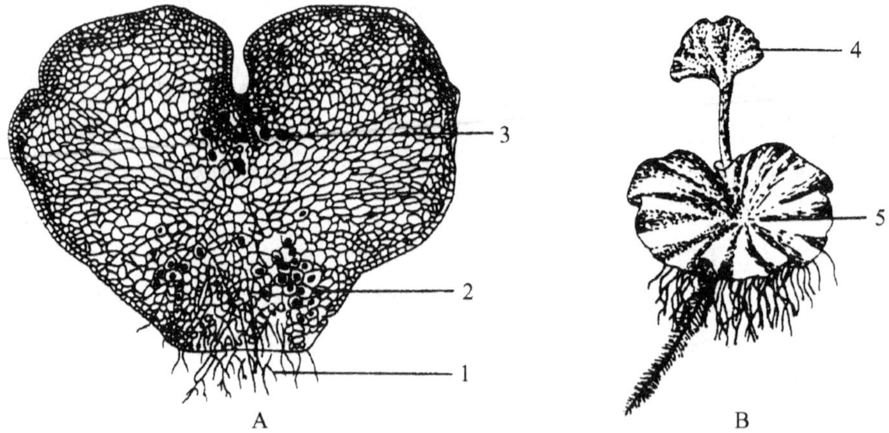

图 1-88 蕨的配子体和幼孢子体(引自何凤仙,2000)

A. 配子体(原叶体);B. 幼孢子体

1. 假根;2. 精子器;3. 颈卵器;4. 幼孢子体;5. 配子体

japonica L.、苹 *Marsilea quadrifolia* L.、槐叶苹 *Salvinia natans*（L.）All.、满江红 *Azolla imbricata*（Roxb.）Nakai。

【实验报告】

1. 绘卷柏孢子叶穗纵切面图。
2. 绘蕨原叶体腹面观，示精子器和颈卵器。
3. 绘问荆一个孢子叶穗外形图，一个孢囊柄及其上着生孢子囊侧面观。

【思考题】

1. 蕨类植物分为几个亚门？各亚门有何特点？
2. 比较石松、节节草和蕨的中柱有何不同？
3. 以真蕨为例，简述蕨类植物生活史。
4. 名词解释：

原叶体　孢子叶穗　大型叶　小型叶　异型孢子　同型孢子　厚囊性发育　薄囊性发育　孢子囊群　囊群盖　环带　唇细胞　孢子果

第九章　裸 子 植 物

实验 16　银杏纲、苏铁纲、松柏纲

【目的与要求】

1. 通过对苏铁、银杏、油松、杉木、侧柏等代表植物的观察，掌握裸子植物的主要特征。

2. 认识常见的裸子植物。

【材料与用品】

苏铁带球果新鲜材料、苏铁大孢子叶新鲜叶片（或腊叶标本）、银杏腊叶标本（或新鲜叶片）、银杏种子纵切片、油松新鲜材料（或腊叶标本）、油松大孢子叶球纵切片、油松小孢子叶球装片、油松叶横切片、杉木腊叶标本、侧柏新鲜材料（或腊叶标本）；

显微镜、放大镜、刀片、镊子、解剖针、载玻片、盖玻片；

乙酸洋红溶液。

【内容与方法】

1. 苏铁科 Cycadaceae

苏铁（铁树）*Cycas revoluta* Thunb.（图 1－89），观察盆栽苏铁，为常绿乔木，茎不分枝，大型羽状叶集生于茎的顶部，幼叶拳卷。雌雄异株，大、小孢子叶球分别着生于雌、雄株的茎顶。

（1）大孢子叶球（雌球花）的观察：取大孢子叶浸制或腊叶标本观察，全部密被黄褐色绒毛，先端羽状分裂，基部柄状，两侧着生 1 至数枚裸露的胚珠。

（2）小孢子叶球（雄球花）的观察：呈柔荑花序状，生于短枝顶端的鳞片腋内；小孢子叶有一短柄，柄端有 2 个悬垂的小孢子囊，内有多数小孢子。

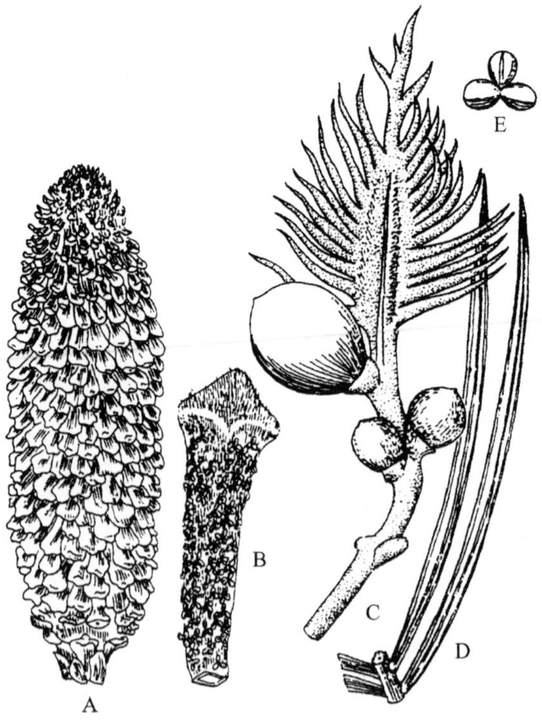

图 1－89　苏铁（引自何凤仙，2000）

A. 小孢子叶球；B. 小孢子叶上着生多数小孢子囊；C. 大孢子叶及胚珠；D. 羽片叶一部分；E. 小孢子囊

2. 银杏科 Ginkgoaceae

银杏 *Ginkgo biloba* L.（图 1－90），取银杏腊叶标本或新鲜材料观察，银杏为落叶乔木，有长枝、短枝之分，叶扇形，叶脉二叉状（注意叶在枝上的排列方式）。雌雄异株，大、小孢子叶球均着生在短枝上。

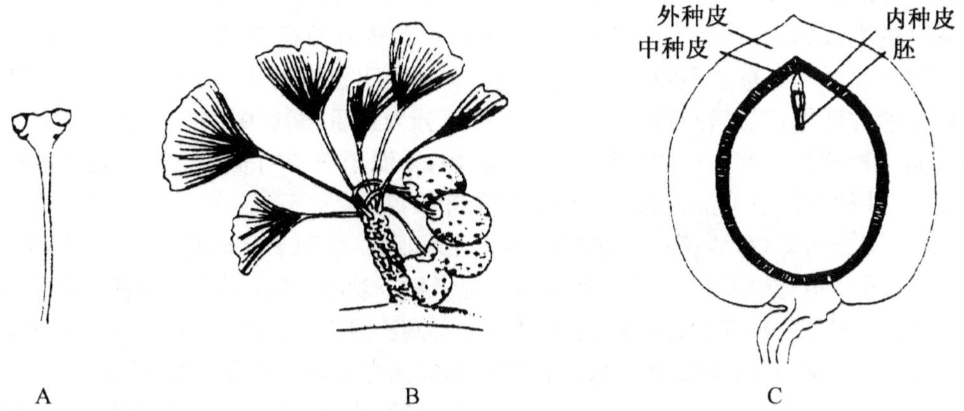

图 1-90　银杏(引自丘安经,2001)

A. 大孢子叶球;B. 银杏;C. 种子纵切面

(1) 大孢子叶球(雌球花):具一长柄,上部二分叉,其末端膨大的肉质部分称珠托,珠托上各生一个直立胚珠,通常只有一个胚珠发育成种子。

(2) 小孢子叶球(雄球花):呈现柔荑花序状,生于短枝顶端的鳞片腋内,小孢子叶有一短柄,柄端有 2 个悬垂的小孢子囊,内有多数小孢子。

(3) 种子纵剖:用刀片或解剖刀将种子纵切进行观察,种皮分 3 层,外种皮肉质,中种皮白色,骨质,内种皮红色,膜质。(注意胚生长的位置和子叶的数目。)

3. 松科 Pinaceae

油松 *Pinus tabulaeformis* Carr.(图 1-91),取油松新鲜材料(或腊叶标本)观察,首先区别长、短枝,针叶二针一束,基部有叶鞘。小孢子叶球多个簇生于当年长枝的基部,大孢子叶球 1～2 个生于当年长枝的顶端,呈紫红色。

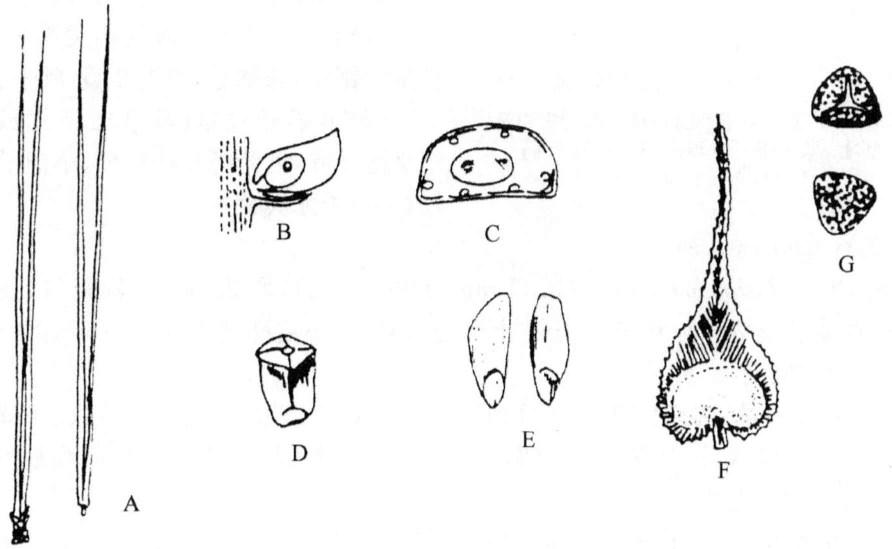

图 1-91　油松(自赵遵田)

A、C. 油松针叶及横切面;B. 大孢子叶及胚珠;D. 珠鳞;E. 种子;F. 小孢子叶;G. 孢子

(1) 大孢子叶球(雌球花):取幼小的大孢子叶球,用刀片纵切,观察珠鳞和苞鳞在花轴上排列的方式(苞鳞着生于珠鳞背面,胚珠着生在珠鳞的腹面,观察有几个胚珠?珠孔开口朝哪个方向?)。苞鳞不随种子成熟增大,珠鳞则明显增大并木质化,而成为种鳞。

取成熟的球果,观察种鳞顶端扩大露出的部分为鳞盾,鳞盾中部有隆起或凹陷的部分称为鳞脐。种鳞基部有 2 粒倒生种子,种子有翅,来源于珠鳞的表皮组织。观察油松具翅的种子,剥开种皮仔细观察胚的形态构造和子叶数目。

(2) 小孢子叶球(雄球花):取油松小孢子叶球观察,小孢子叶球有一纵轴,纵轴上螺旋状排列着小孢子叶,从中取下一个小孢子叶在显微镜下观察,其背面(下面)着生两个小孢子囊。从小孢子囊取一些花粉粒,制成水封片或加一滴乙酸洋红染色。[注意小孢子外壁膨大而形成的两个气囊,内有退化的第 1、2 原叶体细胞(仅有遗迹)、生殖细胞和管细胞。]

(3) 叶的横切:将油松叶做徒手横切片,或取油松叶横切制片,于显微镜下观察(注意维管束的数目、树脂道的分布和数目,属于哪个亚属,可与白皮松、赤松、华山松等作比较)。

4. 杉科 Taxodiaceae

杉木 *Cunninghamia lanceolata* (Lamb.) Hook.(图 1-92),取杉木的腊叶标本观察,叶为条状披针形,革质,坚硬,螺旋状互生,在侧枝上扭转排列成二列,叶下中脉两侧有白色的气孔带。孢子叶球单性同株,大、小孢子叶球分别着生于不同枝条的顶端。

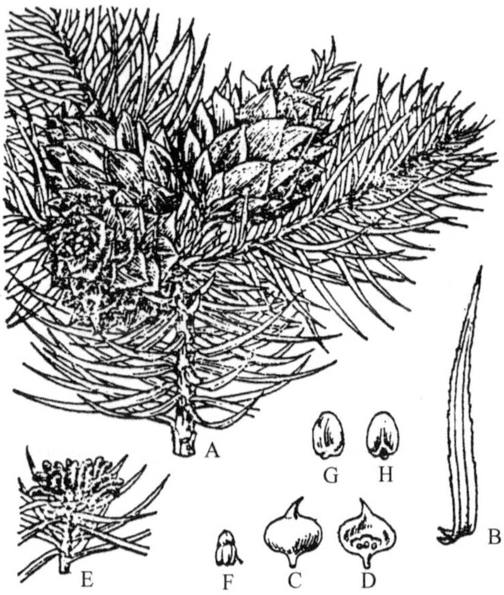

图 1-92 杉木(引自吴国芳等,2000)

A. 球果枝;B. 叶;C. 苞鳞背面;D. 苞鳞腹面及珠鳞、胚珠;E. 小孢子叶球枝;F. 小孢子囊;G、H. 种子背腹、面

(1) 大孢子叶球(雌球花):取一个大孢子叶球观察珠鳞和苞鳞的联合情况,苞鳞大,三角状卵形,先端有坚硬的刺尖头,边缘有不规则的锯齿,珠鳞小,先端 3 裂,种子有窄翅。

(2) 小孢子叶球(雄球花):用放大镜观察小孢子叶,其为螺旋状排列,小孢子囊 3~4 枚,小孢子无气囊。

5. 柏科 Cupressaceae

侧柏 *Platycladus orientalis* (L.) Franco(图 1-93),取侧柏的新鲜材料(或腊叶标本)观察,注意它全为鳞片叶,叶在小枝上为交叉对生,小枝排成平面,孢子叶球单性同株,单生于短枝顶端。

(1) 大孢子叶球:大孢子叶球近球形,由 3~4 对珠鳞组成,交互对生,仅中间 2 对珠鳞下方着生 2 枚胚珠,靠上方一对珠鳞,每个只有 1 个胚珠,最上一对珠鳞和最下一对珠鳞常常不育。种子无翅。

(2) 小孢子叶球:小孢子叶球生于枝条的顶端,卵圆形,成熟时淡黄色,每个小孢子叶球由 10 个小孢子叶组成,交互对生,每个小孢子叶有 2~4 枚小孢子囊。用针将小孢子囊弄破,取小孢子少许置载玻片上,经染色后盖上盖玻片,置显微镜下观察小孢子的结构。

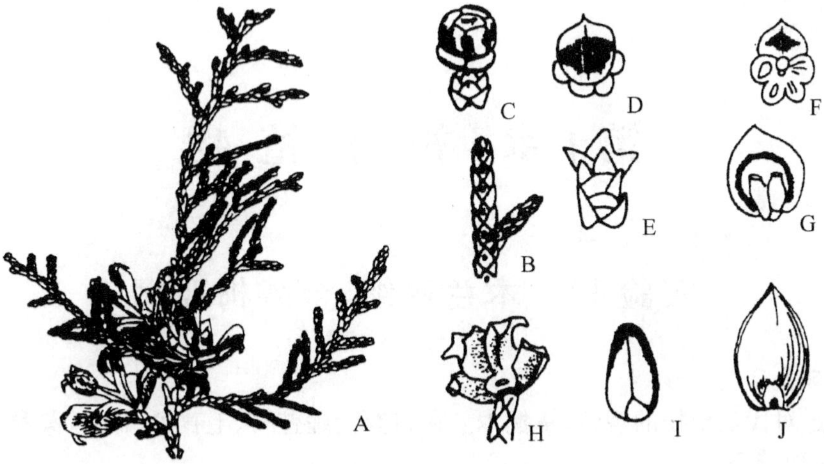

图 1-93 侧柏(自赵遵田)

A. 植株一部分;B. 小枝及叶;C. 小孢子叶球;D. 小孢子叶背面;E. 大孢子叶球;
F. 小孢子叶腹面观;G. 大孢子叶腹面观;H. 球果;I. 种子;J. 种磷

6. 常见裸子植物

日本冷杉 *Abies firma* Sieb. et Zucc.、白扦 *Picea meyeri* Rehd. et Wils、金钱松 *Pseudolarix amabilis* (Nelson) Rehd.、水杉 *Metasequoia glyptostroboides* Hu et Cheng、南洋杉 *Araucaria cunninghamii* Sweet、圆柏 *Sabina chinensis* (L.) Ant.、罗汉松 *Podocarpus macrophyllus* (Thunb.) D. Don、草麻黄 *Ephedra sinica* Stapf、买麻藤 *Gnetum montanum* Markgr.。

7. 校园内裸子植物

到校园内对裸子植物进行认真地观察和比较,启发学生识别裸子植物科、属、种的能力,做到进一步巩固和加深课堂和室内实验的内容。

【实验报告】

1. 绘苏铁带有种子的大孢子叶形态图,并注明各部分名称。
2. 绘银杏大孢子叶球图,示珠领和胚珠。
3. 绘油松大、小孢子叶球纵切面简图。
4. 绘油松叶横切面图,示维管束和树脂道。

【思考题】

1. 裸子植物的主要特征是什么?
2. 编制苏铁科、银杏科、松科、杉科和柏科的分科检索表。
3. 银杏在外形上像杏,它们有什么本质区别?
4. 苏铁和蕨类有哪些相似特点?说明了什么问题?
5. 名词解释:

长枝　短枝　大孢子叶球　小孢子叶球　珠领　珠鳞　苞鳞　鳞盾　鳞脐

第十章 被子植物

实验 17 木兰亚纲、金缕梅亚纲

【目的与要求】

1. 通过对代表植物的观察，掌握木兰科、莲科、睡莲科、毛茛科、榆科、桑科、胡桃科等科植物的主要特征。

2. 通过对代表植物的观察比较，掌握木兰科、毛茛科、睡莲科植物的原始性状，了解它们在植物系统演化中的地位。

【材料与用品】

玉兰、含笑、鹅掌楸、莲、睡莲、毛茛、乌头、威灵仙、榆、桑、胡桃、枫杨、板栗、麻栎新鲜植物材料（或腊叶标本）；

显微镜、放大镜、镊子、解剖针、刀片、培养皿、载玻片、盖玻片。

【内容与方法】

1. 木兰亚纲 Magnoliidae

(1) 木兰科 Magnoliaceae

1) 玉兰 *Magnolia denudate* Desr.（图 1－94） 观察玉兰植株（或腊叶标本），玉兰为落叶乔木，树皮灰色，光滑不裂。注意当年生枝条的基部有托叶脱落后留下的环痕。单叶互生、半革质、全缘、羽状网脉，注意叶的形状。花两性，整齐，大型，单生枝顶，芳香，有乳白色同型的花被 9 片，分 3 轮着生，每轮 3 片，排列均匀：花托伸长呈圆锥状，上部是多数

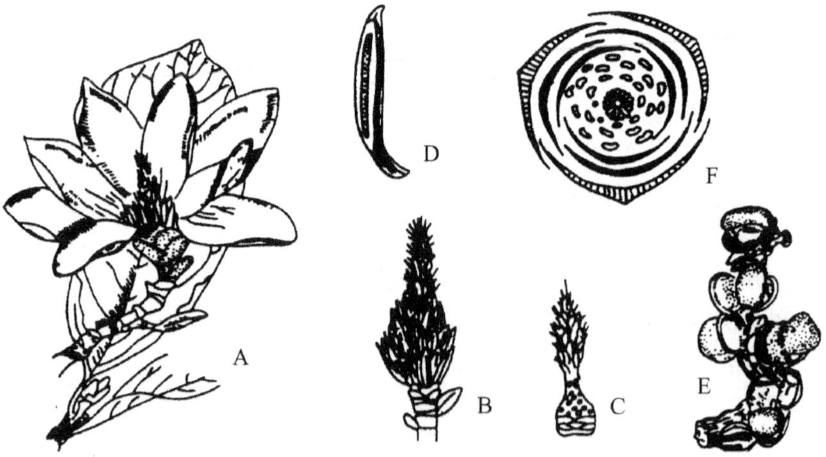

图 1－94 玉兰（引自汪劲武，2009）

A. 花枝；B. 雄蕊群与雌蕊群；C. 雌蕊群；D. 雄蕊；E. 果枝；F. 花图式

螺旋状着生的雌蕊，下部是多数螺旋状着生的雄蕊。果实为长卵圆形的聚合蓇葖果，淡褐色。

2）含笑 *Michelia figo*（Lour.）Spreng.　观察含笑植株（或腊叶标本）。（注意与玉兰比较，含笑属与木兰属有什么不同?）含笑为常绿灌木；芽、幼枝、花梗和叶柄上均密被黄褐色绒毛。叶片狭椭圆形，长不超过 10 cm。花小，单生叶腋，直径不超过 2 cm，花被片淡黄色而边缘有红晕，聚合蓇葖果在成熟时呈口状开裂。

3）鹅掌楸 *Liriodendron chinensis*（Hemsl.）Sarg.　观察鹅掌楸腊叶标本，为落叶乔木，叶片马褂状，翅果。

（2）莲科 Nelumbonaceae：莲 *Nelumbo nucifera* Gaertn.（图 1－95），观察莲的植物体，叶单生于地下根状茎的节上，挺立于水面之上，盾状；叶片大而圆，射出脉。根状茎节间膨大，内生多数大型气腔。花两性，大型，单生叶腋；花被片多数、同型，白色或粉红色；雄蕊多数；雌蕊多数，且包藏于倒圆锥形花托中，花托成熟时形成莲蓬，子房发育成的椭圆形坚果包藏于其中。

图 1－95　莲（引自吴国芳等，2000）

A. 叶；B. 花；C. 莲蓬；D. 果实和种子；E. 雄蕊；F. 藕

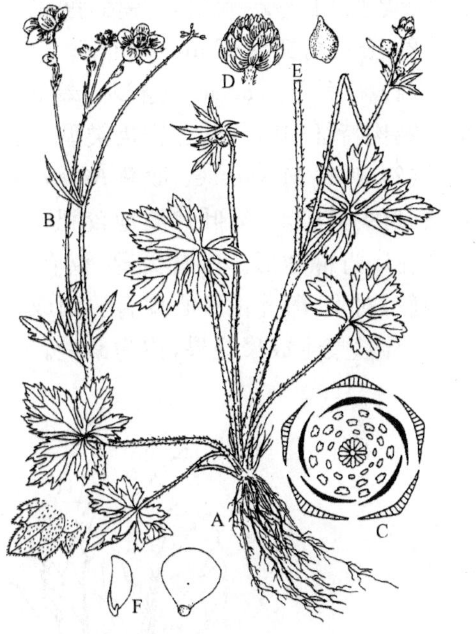

图 1－96　毛茛（引自吴国芳等，2000）

A. 植株全形；B. 花枝；C. 花图式；D. 聚合果；E. 瘦果；F. 花瓣基部的蜜腺穴

（3）睡莲科 Nymphaeaceae：睡莲 *Nymphaea tetragona* Georgi，观察睡莲的植物体（注意叶为心脏状卵形或近圆形，漂浮于水面之上，不能挺立）。其花较莲花小，花瓣与雄蕊数目多，且离生，螺旋状排列；其雌蕊由多数心皮合生而成，花后形成球形浆果，由宿存的外轮花被片包裹。种子多数椭圆形，具肉质囊状的假种皮（注意观察花瓣、雄蕊、雌蕊之间有过渡类型）。

（4）毛茛科 Ranunculaceae

1）毛茛 *Ranunculus japonicus* Thunb.（图 1－96）　观察毛茛新鲜植物体（或腊叶标本），

毛茛为多年生直立草本。基生叶有长柄,叶片五角形。花黄色,花萼、花瓣各 5 枚,离生,花瓣基部有蜜腺;雌、雄蕊均为多数,分离,螺旋状着生于突起的花托上。聚合瘦果近球形。

常见的毛茛属植物还有石龙芮 *R. sceleratus* L. 和茴茴蒜 *R. chinensis* Bunge,二者皆喜生于溪沟边和湿地,石龙芮无毛,花序较多,而茴茴蒜茎与叶柄具明显的淡黄色糙毛,三出复叶以区别于石龙芮。

2) 乌头 *Aconitum carmichaeli* Debx. 观察乌头新鲜植物体(或腊叶标本),可见乌头为多年生草本植物,茎高可达1.5 m,茎基部具倒圆锥形的块根,其一侧还附生另一块与之近等大的块根(中药名为附子)。单叶互生,叶片呈五角形,3 全裂,中裂片最大,呈菱形,上部再次羽状分裂,小裂片三角形。顶生总状花序,花蓝紫色,萼片 5 枚,上萼片盔形,侧萼片近等大,花瓣状;花瓣 2 枚,有长爪,退化的其余花瓣成为蜜腺;雄蕊多数,雌蕊 3～5 枚,离生;花后结蓇葖果。

3) 威灵仙 *Clematis chinensis* Osbeck 观察新鲜植物体(或腊叶标本),为多年生草质藤本。1 至数回羽状复叶,小叶柄具有卷须功能。圆锥花序,多腋生,花无瓣,花萼瓣状,暗紫色或白色。雌雄蕊多数,瘦果卵形,宿存花柱呈羽毛状。

2. 金缕梅亚纲 Hamamelidae

(1) 榆科 Ulmaceae: 榆 *Ulmus pumila* L.,观察其新鲜植物体(或腊叶标本),注意其形态结构特征(叶形、叶缘锯齿类型、花序类型、果实类型),看与科的特征是否相符。

(2) 桑科 Moraceae: 取桑 *Morus alba* L.(图 1－97)的新鲜枝条(或腊叶标本)作仔细观察,可见其叶卵形,叶片质地较肥厚。拉断叶柄,伤口流白色乳状汁液。柔荑花序轴短,整个花序近椭球形。雄花无冠,仅有 4 裂的花萼。雄蕊 4 枚,雌花萼片也是 4 枚,组成内外两轮,对生,雌蕊由 2 心皮合生而成,无花柱,子房 1 室,1 胚珠;小坚果成熟时包在肉质的花萼内,集生成聚花果,称为桑椹。

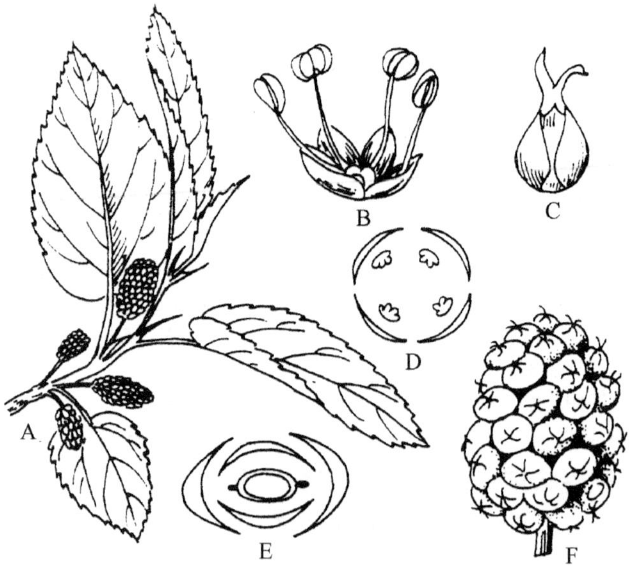

图 1－97 桑(引自李扬汉,1984)

A. 雌花枝;B. 雄花;C. 雌花;D. 雄花图式;E. 雌花图式;F. 果

桑科常见植物还有无花果 *Ficus carica* L. 及构树 *Broussonetia papyrifera*（L.）Vent.。可注意观察其叶及花、果的特征，与桑作比较，找出差别。

（3）胡桃科 Juglandaceae

1）胡桃 *Juglans regia* L.（图 1－98） 观察胡桃的枝叶（或腊叶标本），其枝具有褐色片状髓，叶为具有 5～11 片小叶的大型奇数羽状复叶，互生。小叶片长椭圆形，上面无毛，背面脉腋处有成簇的短柔毛。花单性同株；雄花呈柔荑花序，下垂，每朵小花具 1～4 萼片，无花冠，雄蕊3～40个；雌花序短，顶生，常具 2～3 枚雌花，雌花也无花冠，萼片与子房合生，柱头 2，明显；果实成核果状，具肉质的外果皮（有花萼参与形成），内果皮木质，坚实，表面有褶皱，胚具 2 片大型子叶，多褶皱，无胚乳。（思考：其食用部分是什么？）

2）枫杨 *Pterocarya stenoptera* DC. 观察新鲜植物体（或腊叶标本），可见其具有小型奇数羽状复叶，且总叶柄两侧具有窄翅；其果序下垂，呈柔荑花序状，每一坚果具有对称的双翅。

图 1－98 胡桃（引自吴国芳等，2000）

A. 花枝；B. 果序；C. 雄花背面；D. 雄花侧面；E. 雌花；F. 雌花纵切；G. 果核；H. 果核纵剖（示不完全 2 室）；I. 果核横剖

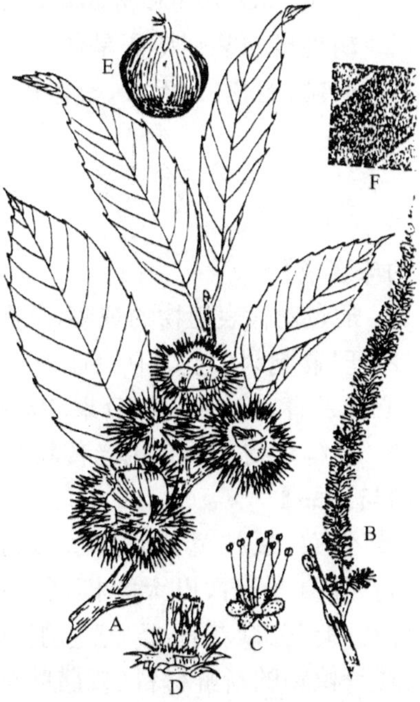

图 1－99 板栗（引自李扬汉，1984）

A. 果枝；B. 雄花枝；C. 雄花；D. 雌花；E. 坚果；F. 叶背面一部分（示星状毛）

（4）山毛榉科 Fagaceae

1）板栗 *Castanea mollissima* Bl.（图 1－99） 观察板栗的植物体（或腊叶标本），可见其幼枝有灰褐色绒毛，无顶芽。叶成 2 列着生；长椭圆形或近长椭圆状披针形，边缘锯齿的末端成芒刺，叶上面深绿色，下面因密生短绒毛而成灰白色。雌花序生于枝条上部的雄花序基部；总苞近球形，坚果；苞片呈针状，苞内生 2～3 朵雌花；雌蕊由 6 个心皮组成，6 室，每室 2 胚珠，但只有 1 个胚珠发育；花后形成坚果 2～3 个，果皮褐色。

2）麻栎 *Quercus acutissima* Carr. 观察麻栎新鲜植物体（或腊叶标本），可见其幼枝有黄色绒毛；叶长椭圆状披针形，边缘也具有芒状锯齿，叶幼时被短绒毛，老后仅在下面脉腋处有毛。壳斗杯状,包围坚果1/2,苞片披针形,反卷,坚果卵形至长卵形,材质坚实,叶可放养柞蚕。(注意栎属与栗属的不同点。)

【实验报告】

1. 绘玉兰、莲、毛茛、桑花的纵切面图,绘其花图式。

2. 绘桑、胡桃、板栗雌、雄花的纵切面图,写出其花程式。

【思考题】

1. 木兰科和毛茛科有何共同特点?这些特点说明它们在被子植物系统演化中处于什么地位?

2. 桑科、胡桃科、山毛榉科有何共同特征?又有何主要区别?

3. 比较聚合果与聚花果、坚果与核果、柔荑花序与穗状花序、头状花序与隐头花序的特点,找出其异同点。

4. 栗属 *Castanea* 和栎属 *Quercus* 的区别是什么?

5. 胡桃科的鉴别特征是什么?

6. 胡桃、无花果、板栗、桑椹可食部分是什么?它们各属于什么科?

实验18 石竹亚纲、五桠果亚纲(Ⅰ)

【目的与要求】

1. 通过对代表植物的观察,掌握藜科、石竹科、蓼科、锦葵科、葫芦科等科的主要特征。

2. 理解胞果、特立中央胎座、托叶鞘、雄蕊离心式发育、单体雄蕊、分果和瓠果等概念。

3. 了解植物花的结构与传粉的适应性。

【材料与用品】

藜、菠菜、反枝苋、鸡冠花、石竹、繁缕、王不留行、红蓼、萹蓄、巴天酸模、牡丹、芍药、木槿、棉花、蜀葵、紫花地丁、三色堇、黄瓜、南瓜及栝楼等植物的新鲜材料(或腊叶标本及部分浸制材料);

光学显微镜、解剖镜、放大镜、镊子、解剖针、刀片、载玻片、盖玻片。

【内容与方法】

1. 石竹亚纲 Caryophyllidae

(1) 藜科 Chenopodiaceae

1) 藜 *Chenopodium album* L.(图1-100)

观察藜的标本(或新鲜材料)(注意植物为草本);叶互生,肉质,菱状卵形,具锯齿,表面有泡状毛(注意泡状毛有何作用);穗状圆锥花序生枝端。

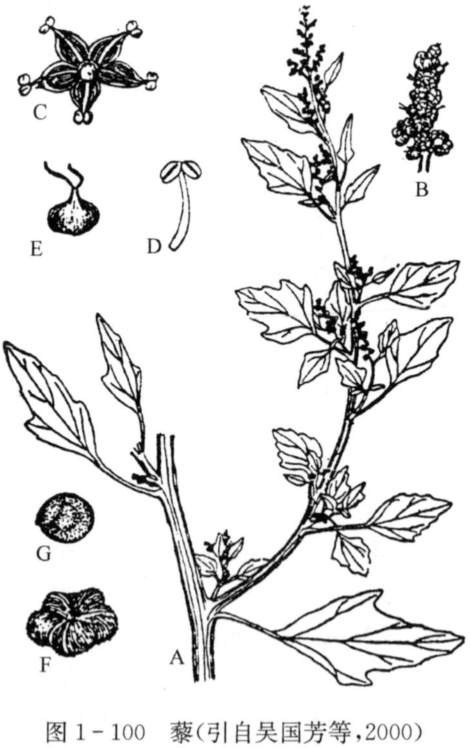

图1-100 藜(引自吴国芳等,2000)

A. 植株;B. 花序;C. 花;D. 雄蕊;E. 雌蕊;F. 胞果;G. 种子

观察花序(注意花序是由许多花密集簇生

枝上部形成的)。

解剖花观察：花小，近球形，两性；萼片 5，卵形，绿色，具白色膜质边缘，宿存；雄蕊 5，对萼着生，伸出花萼外，花药黄色；雌蕊 1，子房上位，卵球形，花柱极短，柱头 2 裂，线形。

用解剖针从花中取出子房横剖观察，子房的心皮数目及子房室数等。再取一子房纵剖观察胎座类型及胚珠数目等。

取藜的果实，在解剖镜下观察，果实为胞果，扁球形，包于宿存增大的花萼内。剥下花萼，剖开果皮，果皮薄，内有 1 枚种子。用镊子取出观察，种子为双凸透镜形，黑色，光滑，表面有沟纹。

2) 菠菜 *Spinacia oleracea* L. 菠菜茎中空，叶戟形；花单性，雌雄异株；雄花萼片 4，雄蕊 4；雌花萼片退化，具苞片 2 个，合生，雌蕊柱头 4～5；胞果包于宿存增大硬化带刺的苞片内(注意菠菜与藜的区别)。

通过解剖观察，进一步比较二者花的外部形态、苞片、萼片、雄蕊及雌蕊的形态特征，以及子房、胞果、种子和胚的形态结构特点。

(2) 苋科 Amaranthaceae

1) 反枝苋 *Amaranthus retroflexus* L. 取反枝苋新鲜材料(或腊叶标本)观察。植物为草本，被毛；叶互生，菱状卵形，先端具小芒尖；穗状圆锥花序生枝端。

观察花序，注意花序是由具刺芒状花簇紧密排列于枝上部形成的圆锥花序。

取花解剖观察，注意花小、杂性；苞片、小苞片数枚，卵状披针形，绿色，顶端刺芒状，具白色膜质边缘；萼片 5，长圆形，先端具小芒尖，白色膜质；花瓣退化；雄蕊 5，对萼着生，伸出花萼外；雌蕊 1，子房上位，卵球形，花柱极短，柱头 3。

用解剖针取出子房，横剖观察(注意子房的心皮数、子房室数)；再取出子房纵剖观察(注意胚珠 1 枚，基底胎座)。

取果实在解剖镜下观察，注意果实为蒴果，扁卵圆形，外包宿存的苞片，小苞片和花萼环裂；再取出种子，观察其形态特征。

2) 鸡冠花 *Celosia cristata* L. 取鸡冠花新鲜标本(或腊叶标本)观察，叶片卵状披针形；穗状花序肉质扁平，呈鸡冠状、卷冠状或羽毛状等；小苞片和花萼均红色、膜质，宿存；雄蕊花丝结合成杯状；雌蕊花柱单一，柱头头状，稍 2 裂，反折(注意植物体与反枝苋的区别)。

通过解剖观察，进一步比较二者子房的内部结构，如心皮数、子房室数、胎座类型及胚珠数目等；果实、种子的形态特征。

(3) 石竹科 Caryophyllaceae

1) 石竹 *Dianthus chinensis* L.(图 1 - 101) 观察石竹新鲜材料或标本。该植物体为草本，茎节膨大；单叶对生，线状披针形，基部渐狭围抱茎节；花单生或 1～3 朵成聚伞花序。

取花解剖观察。花两性，整齐，5 基数；苞片 4，狭卵状披针形，先端外展，具细长芒；花萼圆筒状，5 齿裂，宿存；花冠石竹型，粉红色，花瓣 5；花瓣具长的爪和宽的瓣片，瓣片先端齿裂；取下花冠，观察内部结构，下部为雌雄蕊柄(花盘特化而成)，上部外面有雄蕊 10，呈二轮排列；雌蕊 1，子房上位，长卵形，花柱 2，丝状。取出子房，横剖观察，子房由 2 心皮结合而成，1 室，特立中央胎座，胚珠多数；再取一子房纵剖观察，重点注意特立中央胎座，胚

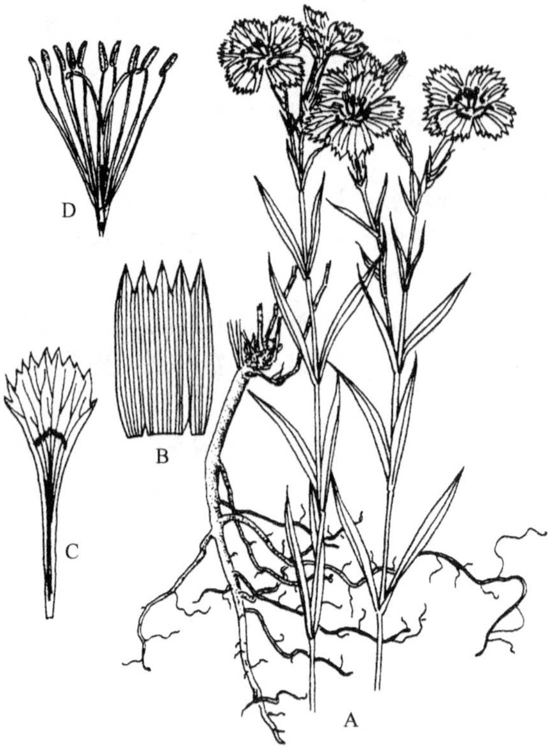

图 1-101 石竹(引自《山东经济植物》)
A. 植株全形;B. 花萼;C. 花瓣;
D. 雄蕊、雌蕊及种子柄

珠多数,子房 1 室等。

取果实观察,果实为蒴果,长卵形,顶端 4 齿裂,包于宿存的苞片和萼筒内。剥去苞片和萼筒,剥开果皮,取出种子观察,种子扁卵形,边缘有窄翅;剥去种皮,胚直立,具外胚乳。

2) 繁缕 *Stellaria media* (L.) Cyr. 繁缕为小草本,叶中下部有长柄,上部无柄;花梗花后延长;萼片卵状披针形,边缘膜质;花瓣短于萼片,2 深裂几达基部,白色;具花盘;花瓣 5 (注意与石竹的区别)。

3) 王不留行 *Vaccaria segetalis* (Neck.) Garcke 植物茎的上部二叉状分枝:花梗中部具 2 枚鳞片状小苞片;花萼卵状圆筒形,具 5 棱,先端 5 齿裂;子房基部 4 室;种子球形,表面有小瘤状突起(注意与石竹的区别)。

(4) 蓼科 Polygonaceae

1) 红蓼 *Polygonum orientale* L. (图 1-102) 取红蓼新鲜材料(或腊叶标本)观察:植物为草本,被柔毛;茎节膨大,叶互生,卵形,托叶鞘筒状,先端绿色,向外呈环形叶状开展或呈干膜质撕裂,有缘毛;穗状花序生枝端或叶腋。

观察花序:花序细长下垂,花粉红色,稠密而不间断。

花的解剖观察:花小,两性;苞片 1,鞘状,广卵形,外被长毛;花被钟形,裂片 5,卵圆形;雄蕊 7,伸出花被外(注意观察雄蕊着生位置);花盘裂为数腺体,齿状;雌蕊 1,子房上位,球形,花柱 2 裂,柱头头状。用解剖针取出子房,横剖观察(注意子房的心皮数、子房室数等),再取子房纵剖观察(注意胎座类型及胚珠数目等)。

取果实在解剖镜下观察,果实为坚果,近圆球形,黑色,具光泽,包于宿存的花被及苞片内。剥去苞片及花被,剖开果皮,观察种子的形态特征;再剖开种皮,观察胚的形态特征。

2) 萹蓄 *Polygonum aviculare* L. 萹蓄为小草本:叶片椭圆形,基部有关节;托叶鞘膜质,先端撕裂;花簇生叶鞘;花梗基部有关节;花被片暗绿色,边缘蔷薇色;雄蕊 8,短于花被片,花柱 3;坚果三棱形,黑褐色等特征区别于红蓼。

3) 巴天酸模 *Rumex patientia* L. 大草本;叶中下部长椭圆形,边缘皱波状,上部狭披针形;托叶鞘筒状,膜质;大型圆锥花序顶生或腋生;花簇轮生密接;花梗基部有关节;花被片 6,2 轮,内轮果期增大,宽心形,全缘,有网纹,有时背面具瘤状突起,外轮小而内弯;雄蕊 6,花柱 3,柱头 3,画笔状;坚果三棱形,褐色,有光泽,被扩大的内轮花被片所包(注意与红蓼的区别)。

图 1-102 红蓼(自赵遵田)

A. 植株;B. 托叶鞘;C. 花纵剖;D. 种子;E. 花图式

2. 五桠果亚纲(1)Dillendidae

(1) 芍药科 Paeoniaceae

1) 牡丹 *Paeonia suffruticosa* Andr. 取牡丹腊叶标本(或新鲜材料)观察,植物为木本。2 回 3 出复叶互生;花单生枝端。

取花解剖观察,花大而美丽,两性;萼片 5,宽卵形,绿色;花瓣 5,常重瓣,先端波状;雄蕊多数,离心式发育;剥去萼片、花瓣和雄蕊,可见到花盘杯状革质,红色,顶端数齿裂,包围雌蕊,熟时开裂;再剥去花盘观察,雌蕊 5,离生,子房长圆形,密生柔毛,花柱短,柱头扁平,向外反卷。取下子房横剖或纵剖,注意子房的心皮数、子房室数、胎座类型及胚珠数目等。

取一果实观察,果实为蓇葖果,卵状长圆形,具黄褐色硬毛,成熟时开裂(注意其开裂方式);取出种子,观察其形态;剥开种皮,观察胚的形态特征。

2) 芍药 *Paeonia lactiflora* Pall. 观察时注意比较与牡丹的不同点:芍药为草本,茎基部具鳞片;叶边缘具白色骨质细齿;花数朵顶生或腋生;萼片 4;花瓣 9~13;花盘浅杯状,包住雌蕊基部,雌蕊 3,子房无毛;蓇葖果顶端具喙。

(2) 锦葵科 Malvaceae

1) 木槿 *Hibiscus syriacus* L.(图 1-103) 观察木槿腊叶标本(或新鲜材料),植物为木本;单叶互生,菱状卵形,基出 3 脉,先端 3 裂;花单生叶腋。

取木槿花解剖观察,花大,两性,整齐,5 基数;副萼片 6~7 片,线形;花萼钟状,裂片 5,三角形,镊合状排列,用放大镜观察花萼(注意其外面密被星状毛和细短柔毛);花冠钟状,色彩多样;花瓣 5,具短爪和倒卵形瓣片,爪基部与雄蕊管合生,并具白色长髯毛;雄蕊多数,花丝基部结合为管状围绕雌蕊周围成为一体,花药和花丝上部分离(即单体雄蕊)。纵剖雄蕊管,可见到雌蕊为 1,子房卵圆形,未与雄蕊管合生,故子房上位,花柱细长,顶端 5 裂,柱头头状。取下子房横剖观察,子房由 5 心皮合生而成,5 室,中轴胎座,胚珠多数。

图 1-103 木槿(自赵遵田)

A. 花枝;B. 叶背及星状毛;C. 花纵切;D. 果枝;E. 果瓣;F. 种子

取木槿果实观察,果实为蒴果,卵圆形,先端有喙,被宿存的花萼和副萼所包。剥去副萼和花萼,剖开果皮,取出种子观察,种子肾形,熟后黑褐色,背面具棕色长毛。剥开种皮,观察胚的形态特征。

2) 棉花 *Gossypium hirsutum* L.(图 1-104) 棉花为草本。叶宽卵形,掌状 3~5 裂;副萼片 3,分离,基部心形,边缘有 7~13 细长齿裂;子房 3~5 室,蒴果大,熟后开裂;种子被白色长绒毛等特征区别于木槿。

3) 蜀葵 *Althaea rosea* (L.)Cav. 蜀葵为草本;叶圆心形,5~7 浅裂;副萼片 7~8,披针形,基部合生;子房扁球形,两端凹入;分果,由 20~30 个分果瓣成轮排列于中轴周围而成。取一分果瓣观察,分果瓣斜肾形,背面具纵沟,边缘具翅,侧面具辐射状斜纹;种子大,肾形(观察时注意与木槿的区别)。

图 1-104 棉花(引自李扬汉,1984)

A. 花枝;B. 花的纵切;C. 蒴果;D. 去绒的种子;E. 锦葵科的花图式

(3) 堇菜科 Violaceae

1) 紫花地丁 *Viola philippica* Car. Makino 观察紫花地丁腊叶标本或新鲜材料。植物体为草本,无地上茎,根茎粗短;叶互生,叶片长圆披针形,边缘具圆齿,叶柄具狭翅;

托叶叶状宿存；花单生叶腋。

取其花解剖观察。花两性，两侧对称，5基数，具长梗；苞片2，较小，生花梗中部；萼片5，绿色，卵状披针形，宿存；花瓣5，紫色，前瓣基部突出成距；剥下萼片和花瓣继续观察，雄蕊5，花丝短，花药靠合，围绕子房，内向纵裂，前2雄蕊药隔基部延伸成蜜腺，插入距内；剥去雄蕊，观察雌蕊，雌蕊1，子房上位，卵圆形，花柱单一，基部膝曲，柱头头状，顶端凹陷；取出子房，横剖观察（注意子房由3心皮合生而成，1室，侧膜胎座，胚珠多数）。

取一果实观察，果实为蒴果，长圆形，外有宿存的萼片，熟时3瓣裂。用解剖针取种子，观察其形态特征；剥去种皮，观察胚的形态（注意有无胚乳）。

2）三色堇 *Viola tricolor* L. var. *hortensis* DC.　与紫花地丁的不同点：植物体具地上茎；托叶羽状，大头羽裂；叶片长圆状卵形，边缘具疏齿；苞片极小，生花梗上部；萼片附属物大；花冠3色（白、黄、紫色）；花柱短，明显膝曲；柱头球状，顶端凹陷，具活瓣。

（4）葫芦科 Cucurbitaceae

1）黄瓜 *Cucumis sativus* L.（图1－105）　观察标本（或新鲜材料）。该植物为草质藤本；茎5棱，具卷须（注意卷须的来源及着生位置、分枝与否及与葡萄科植物卷须的区别等）；单叶互生，叶宽心状卵形，3～5浅裂；雌雄同株。

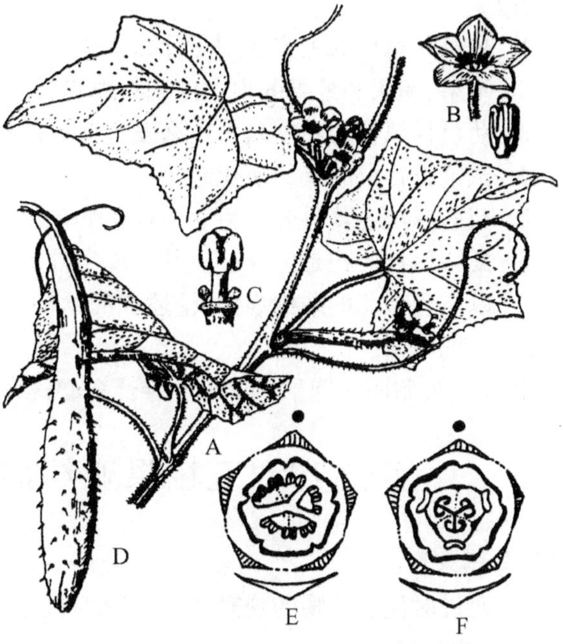

图1－105　黄瓜（引自周云龙，1993）

A．花枝　B．雄花及雄蕊　C．雌蕊的柱头及花柱
D．果实　E．葫芦科雄花花图式　F．葫芦科雌花花图式

观察雄花枝：雄花数朵簇生于叶腋。取黄瓜雄花解剖观察，花萼钟形，绿色，裂片5，钻形；花冠钟形，黄色，裂片5，长圆形，先端急尖；取下花萼和花冠，观察雄蕊的形态特征，雄蕊理论上5枚，实际上3枚，呈现 $A_{(2)(2)1}$ 的特征，花丝短，花药靠合，呈"S"形折曲。

再观察雌花枝：注意雌花单生或数朵簇生叶腋。观察黄瓜雌花，重点注意雌蕊1，子房下位，圆柱形，有刺状突起，花柱短，柱头3，各膨大2裂。

取子房横剖观察：子房由3心皮合生而成，1室，侧膜胎座，胚珠多数等。

取果实观察（注意果实类型及外部形态特征）；横剖果实，取出种子，观察其形态特征；剥开种皮，观察胚的形态特征。

2）南瓜 *Cucurbita moschata*（Duch.）Poir.　植物茎节处生不定根；卷须3～4分枝；雄花萼片线形，先端叶状；雌花萼片叶状；瓠果形态多样，扁球形、壶形、葫芦形等，两端凹入，表面有纵沟。瓜蒂成喇叭状；种子扁卵圆形（注意与黄瓜的区别）。

3）栝楼 *Trichosanthes kirilowii* Maxim.　植物茎多分枝；卷须2～5分叉；叶片掌状3～7中裂或浅裂，裂片边缘具不规则缺刻；雌雄异株；雄花3～8朵顶生；苞片宽卵形，边缘有齿;花冠5深裂,白色,裂片顶端和边缘分裂成流苏状;瓠果球形;种子扁长圆形等(注意与黄瓜的区别)。

【实验报告】

1. 绘石竹花纵剖图,注明各部分名称。
2. 绘巴天酸模果实形态图,注明各部分名称。
3. 绘蜀葵花纵剖图,写出棉花的花图式和花程式。
4. 绘紫花地丁的花图式,写出其花程式。
5. 绘南瓜雄蕊、雌蕊及果实形态图,注明各部分名称。

【思考题】

1. 藜科和苋科的主要区别是什么?
2. 胞果、蒴果和分果的根本区别在哪里?
3. 葫芦科植物的卷须是由什么发育而成的? 着生位置如何?
4. 试论石竹科胎座的演化趋势。
5. 芍药属从毛茛科分出另立芍药科的理由是什么?
6. 藜科植物的花是怎样适应其环境条件的?
7. 以三色堇花的结构为例,论述花的结构与昆虫传粉的适应性。
8. 名词解释:

特立中央胎座　胞果　分果　雄蕊离心式发育　托叶鞘　单体雄蕊　瓠果

实验19　五桠果亚纲(Ⅱ)、蔷薇亚纲(Ⅰ)

【目的与要求】

1. 通过对代表植物的观察,掌握杨柳科、十字花科、蔷薇科、蝶形花科等植物的主要特征及其主要区别。

2. 掌握一些常见植物的主要分类依据。

【材料与用品】

毛白杨、旱柳、白菜、荠菜、麻叶绣线菊、珍珠梅、月季、朝天委陵菜、苹果、梨、桃、杏、合欢、紫荆、蚕豆植物的新鲜材料(或腊叶标本);

解剖镜、放大镜、镊子、解剖针、刀片、培养皿。

【内容与方法】

1. 五桠果亚纲(Ⅱ)Dilleniidae

(1) 杨柳科 Salicaceae

1) 毛白杨 *Populus tomentosa* Carr.(图1-106)　落叶乔木。雌雄异株,均为柔荑花序,观察雌、雄花序有何区别及雌、雄花苞片的形状、花盘的特点及着生位置;雄蕊的数目、横切子房(注意心皮的数目、胎座的类型、胚珠数目等);果实的类型、果实裂开的位置、种子是否具毛。

2) 旱柳 *Salix matsudana* L.　和毛白杨对比观察:雌雄异株,均为柔荑花序;雄花有几枚蜜腺、着生位置、雄蕊几枚;雌花的腺体数目、雌蕊由几心皮组成、胎座类型等。

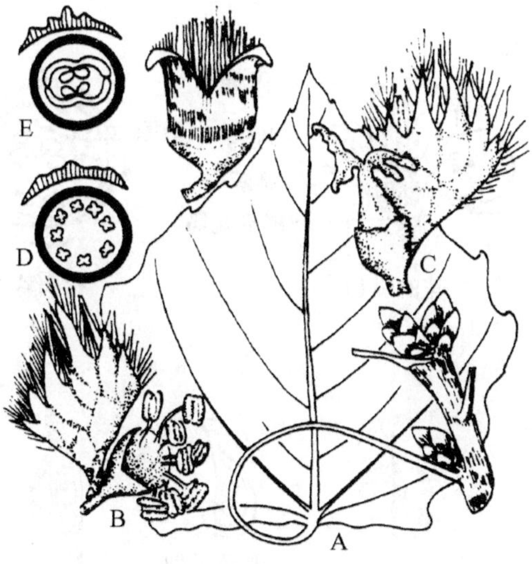

图 1-106 毛白杨(引自李扬汉,1984)

A. 叶与芽;B. 雄花;C. 雌蕊;
D. 雄花图式;E. 雌花图式

图 1-107 白菜(引自《山东经济植物》)

A. 植物的上部;B. 基生叶;C. 花;D. 萼片;
E. 雄蕊和雌蕊;F. 长角果

(2) 十字花科 Cruciferae

1) 白菜 *Brassica pekinensis* Rupr.(图 1-107) 白菜为二年生草本。总状花序。取一朵花观察(注意萼片、花瓣的数目、颜色、蜜腺的数目、着生位置;雄蕊的数目、为何称为四强雄蕊;雌蕊的心皮数目、室数目、胎座的数目、假隔膜的位置等;角果)。

2) 荠菜 *Capsela bursa-pastoris* (L.) Medic.(图 1-108) 二年生草本。花小白色,短角果,倒心状三角形。

本科还有许多常见的蔬菜或野生蔬菜,如擘蓝 *Brassica caulorapa* Pasq.、大头菜 *B. napobrassica* (L.) Mill.、芜菁 *B. rapa* L.、青菜(油菜) *B. chinensis* L.、萝卜 *Raphanus sativus* L.、独行菜 *Lepidium apetalum* Willd.、播娘蒿 *Descurainia sophia* (L.) Schur.。

图 1-108 荠菜(引自吴国芳等,2000)

A. 植株;B. 萼片;C. 花瓣;D. 雄蕊;
E. 雌蕊;F. 果实;G. 开裂的短果

2. 蔷薇亚纲(Ⅰ)Rosidae

(1) 蔷薇科 Rosaceae

1) 绣线菊亚科 Spiraeoideae 麻叶绣线菊 *Spiraea cantoniensis* Lour.(图 1-109),落叶乔木,注意花序的类型。取一朵花观察,观察花托是否下陷;萼片、花瓣、雄蕊、雌蕊的数目、心皮是否分离,聚合蓇葖果。

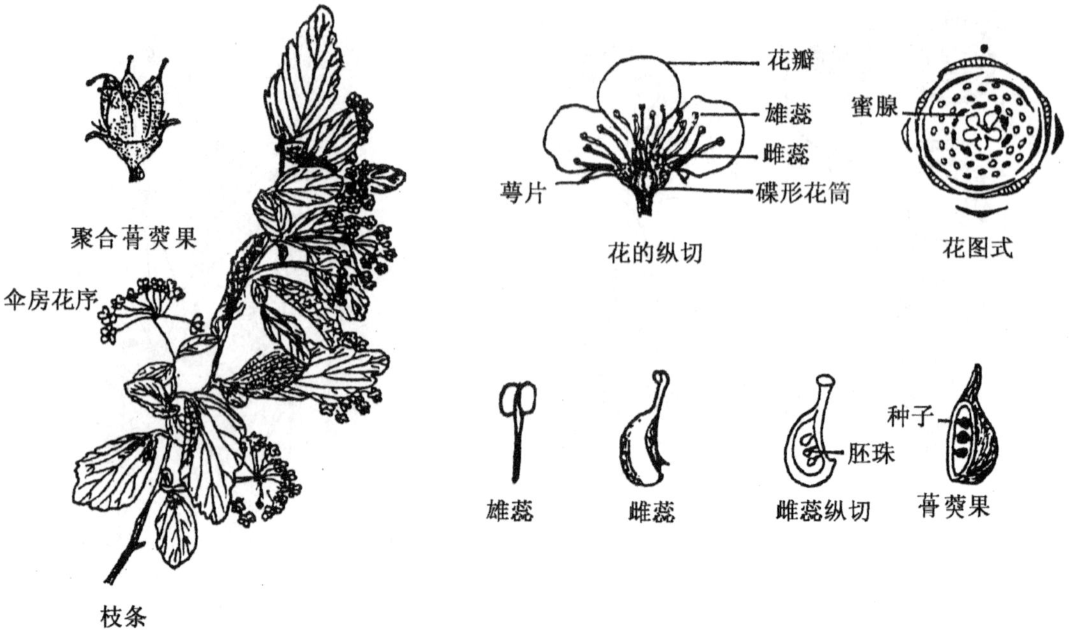

图 1-109 绣线菊(引自童恩预、何汝保,1993)

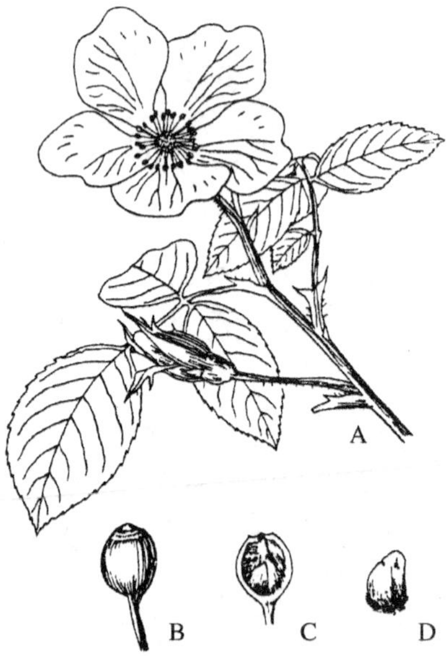

图 1-110 月季花

A. 花枝;B. 果实(蔷薇果);C. 果实纵切示瘦果;D. 种子

珍珠梅 *Sorbaria sorbifolia* (L.) A. Br.,落叶灌木,观察叶型和排列方式。(注意花排列成什么花序?)取一朵花在解剖镜下观察(与麻叶绣线菊比较)萼片、花瓣的数目、颜色、雄蕊和雌蕊的数目、心皮是否分离、子房的位置等。

2) 蔷薇亚科 Rosoideae 月季花 *Rosa chinensis* Jacq.(图 1-110),半常绿灌木,茎上有疏密不等的皮刺。取花作纵剖,观察下陷的花托,萼片、花瓣和雄蕊的着生位置。取单瓣花与复瓣花作比较(注意花瓣的增加与雄蕊的数目变化的关系),雌蕊的数目、心皮的离合状态如何;子房是否与花托全部愈合?取月季的聚合果作纵剖,注意膨大的花托与瘦果的着生关系,此果又称为蔷薇果。

朝天委陵菜 *Potentilla supina* L.,匍匐草本,羽状复叶,注意有无托叶,托叶着生的位置。取一朵花观察花萼、花瓣的数目、颜色、有无副萼;雄蕊的数目,着生位置;雌蕊多数,是否分离,花托是否下陷;聚合瘦果。

3) 苹果亚科 Malodeae 苹果 *Malus pumila* Mill.(图 1-111),落叶乔木。取苹果花观察,花萼合生,5 裂,花瓣 5 枚,离生;将花纵切,观察雄蕊的数目,花柱是否合生,柱头几条;子房与花托的愈合程度;将子房及果实横切,观察心皮的数目、几室、胚珠的数目;并在果实上分辨出花托、萼筒和果皮的位置。

图 1-111　苹果(引自李扬汉,1984)
A. 花枝;B. 花纵切面;C. 果纵切面;D. 果横切面

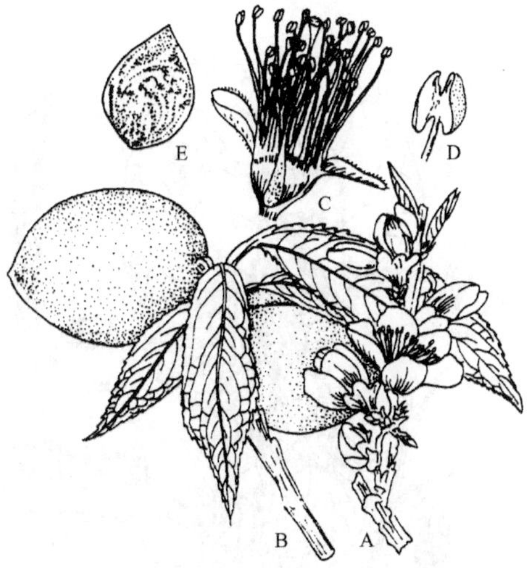

图 1-112　桃(引自李扬汉,1984)
A. 花枝;B. 果枝;C. 花的纵切;D. 花药;E. 桃核

梨 *Pyrus bretschneideri* Rehd.,梨为落叶乔木,与苹果作比较(注意二者的不同点)。

4) 梅亚科 Prunoideae　桃 *Amygdalus persica* L.(图 1-112),落叶乔木。取桃花观察萼片、花瓣、雄蕊和雌蕊的数目。将花纵剖,观察花托的形状、子房的位置、心皮的数目。桃为核果(注意区分外果皮、中果皮和内果皮)。

杏 *Armenica vulgaris* Lam.,比较与桃的异同:叶片的形状、花冠的形状及颜色、果实的形状及结构等。

本科还有许多常见的植物,有许多是重要的果树或花,如玫瑰 *Rosa rugosa* Thunb.、山楂 *Crataegus pinnatifida* Bge.、樱桃 *Cerasus pseudocerasus* (Lindl.)G. Don 等。

(2) 含羞草科 Mimosaceae:合欢 *Albizzia julibrissin* Durazz.(图1-113),落叶乔木。头状花序再排成伞房花序;解剖一朵花,注意花萼和花冠的数目,雄蕊多数,花丝细长,柱头直立,单雌蕊,荚果。

本科还有含羞草 *Mimosa pudica* L. 等常见植物。

(3) 苏木科 Caesalpiniaceae:紫荆 *Cercis chinensis* Bge.(图 1-114),落叶灌木或小乔木。花先叶开放,簇生于老枝上,紫红色。花萼 5,基部合生;花瓣 5,排成假蝶形花冠(注意各瓣的排列顺序);雄蕊 10,离生;单雌蕊,荚果。

本科常见的植物还有皂荚 *Gleditsia sinensis* Lam.、决明 *Cassia tora* L.。

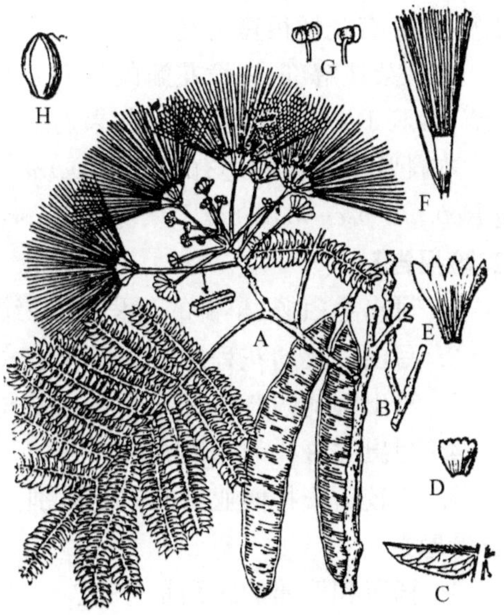

图 1-113　合欢(引自吴国芳等,2000)
A. 花枝;B. 果枝;C. 小叶;D. 花萼;E. 花冠;F. 雄蕊(花丝下部联合);G. 花药;H. 种子

图 1-114 紫荆(引自李法曾,2004)

A. 叶枝;B. 花枝;C. 花;D. 旗瓣、翼瓣、龙骨瓣;E. 去掉花萼、花冠的花;F. 雄蕊;G. 雌蕊;H. 荚果;I. 种子(放大)

图 1-115 蚕豆(引自吴国芳等,2000)

A. 植株上部;B. 旗瓣、翼瓣及龙骨瓣;C. 除去花冠之花;D. 荚果;E. 种子

(4) 蝶形花科 Fabaceae:蚕豆 *Vicia faba* L.(图 1-115),二年生草本(北方为一年生)。茎近方形。偶数羽状复叶,小叶 2~6,椭圆形,托叶宽大,半箭头形;腋生总状花序很短,其上有花梗很短的花 2~4 朵。

取一朵花解剖,注意花瓣的排列方式与紫荆的区别。其花为蝶形花冠;雄蕊 10,二体雄蕊;雌蕊 1 心皮,子房上位;荚果。

本科常见的植物还有大豆 *Glycine max* (L.) Merr.、菜豆 *Phaseolus vulgaris* L.、刺槐 *Robinia pseudoacacia* L.、槐 *Sophora japonica* L. 等。

【实验报告】

1. 写出毛白杨、旱柳的花程式,并绘出旱柳雄花、雌花花图式。
2. 写出白菜的花程式并绘出花图式。
3. 写出刺槐的花程式并绘出花图式。
4. 写出蔷薇科的花程式。
5. 比较蔷薇科四亚科的主要区别。

【思考题】

1. 杨属和柳属的区别是什么?
2. 十字花科有何主要特征?
3. 比较豆目三个科的主要区别,并论述其演化趋势。
4. 蔷薇科有何主要特征?

实验20　蔷薇亚纲（Ⅱ）

【目的与要求】

1. 通过对代表植物的观察，掌握卫矛科、大戟科、葡萄科、芸香科、伞形科等植物的主要特征。

2. 比较并掌握聚伞花序、杯状花序等花序的特点。

【材料与用品】

冬青卫矛、蓖麻、葡萄、元宝槭、枸橘、花椒、胡萝卜等植物的新鲜材料（或腊叶标本、浸制标本）；

解剖镜、放大镜、镊子、解剖针、刀片及培养皿。

【内容与方法】

1. 卫矛科 Celastraceae

冬青卫矛 *Euonymus japonicus* Thunb.，植物体为常绿灌木或小乔木。二歧聚伞花序腋生。取一朵花解剖观察，小花四基数，花盘发达，雄蕊着生在花盘上（注意其与花瓣的排列关系）。雌蕊2心皮，合生。蒴果，有红色假种皮。

本科常见的植物还有：白杜 *Euonymus maackii* Rupr.、卫矛 *E. alatus* (Thunb.) Sieb.、南蛇藤 *Celastrus orbiculatus* Thunb. 等。

2. 大戟科 Euphorbiaceae

蓖麻 *Ricinus communis* L.（图1-116），植物体为一年生高大草本（在南方较热地区可成为小乔木）。圆锥花序，花单性同株，雌花序在上，雄花序在下。雄花花萼3～5裂，无花瓣，雄蕊多数，花丝下部合生成分枝状，称多体雄蕊；雌花无花瓣，横切子房（注意成几室）。蒴果，种皮有花纹。

本科常见的植物有猫眼草 *Euphorbia lunulata* Bge.、乳浆大戟 *E. esula* L.、泽漆 *E. helioscopia* L. 等。

3. 葡萄科 Vitaceae

葡萄 *Vitis vinifera* L.（图1-117），植物体为木质藤本［注意卷须的位置（茎卷须）］。圆锥花序与叶对生；花萼、花冠均5裂，花冠顶部合生成帽状，后脱落；雄蕊生于花盘上，与花瓣对生；蜜腺5，与雄蕊互生；2心皮，合生，每室有2胚珠。浆果。

本科常见的植物有山葡萄 *V. amurensis* Rupr.、毛葡萄 *V. quinquangularis* Rehd.、桑叶葡萄 *V. ficifolia* Bge. 等。

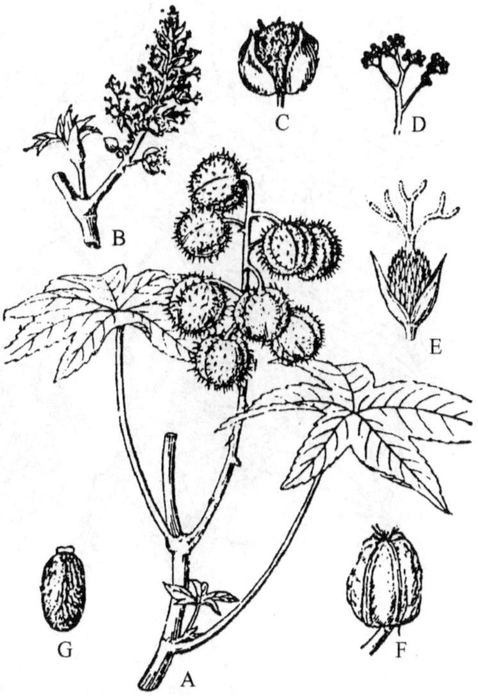

图1-116　蓖麻（引自吴国芳等，2000）

A. 果期植株上部；B. 圆锥花序；C. 雄花；D. 雄花的花丝分枝；E. 雌花；F. 无刺的蒴果；G. 种子

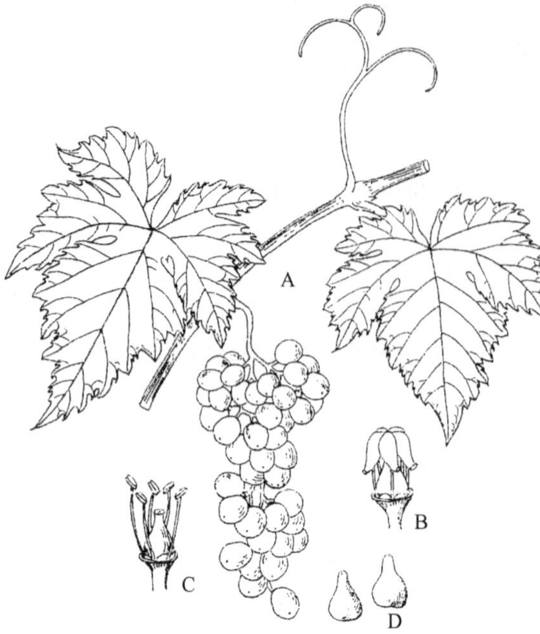

图 1-117 葡萄(引自《山东经济植物》)

A. 果枝;B. 花,示花瓣脱落;C. 雄蕊、雌蕊及花盘;D. 种子

4. 槭树科 Aceraceae

元宝槭 *Acer truncatum* Bge.(图 1-118),落叶乔木。伞房花序顶生,花小,黄绿色,花萼、花瓣各 5 枚;雄蕊 8 枚,生于花盘内侧;雌蕊 2 心皮;翅果,果翅几与果实等长。

本科植物还有鸡爪槭 *A. palmatum* Thunb.、三角槭 *A. buergerianum* Miq. 等。

5. 芸香科 Rutaceae

1) 枸橘 *Poncirus trifoliata* (L.) Rafin (图 1-119) 落叶灌木或小乔木,密生长棘刺;花白色,萼片 5,花瓣 5;雄蕊 8~20;雌蕊多心皮合生;柑果,橙黄色。

2) 花椒 *Zanthoxylum bungeanum* Maxim. 落叶灌木或小乔木,茎上常具增大的皮刺。花单性,花被片 4~8;雄花具 5~7 枚雄蕊;雌花 3~4 心皮,合生;蓇葖果,有瘤状突起的腺体。

图 1-118 元宝槭(引自《山东植物志》)

A. 花枝;B. 雄花;C. 两性花;D. 果枝;E. 种子;F. 花图式

本科常见的植物还有橘子 *Citrus reticulata* Blanco、代代花 *C. aurantium* L. var. *amara* Engl.、金橘 *Fortunella margarita* (Lour.) Swingle。

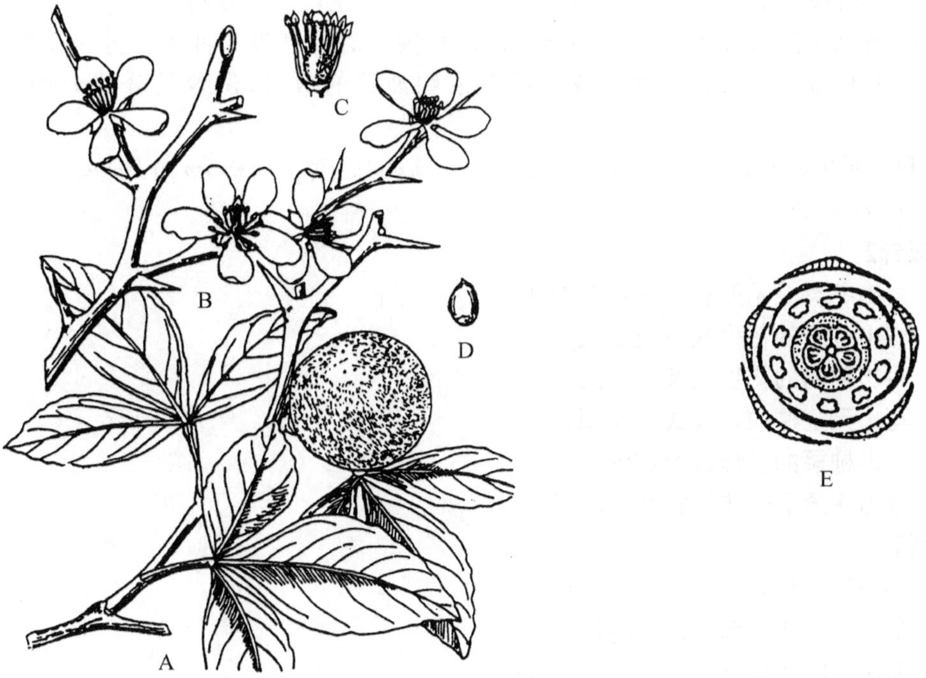

图 1-119　枸橘

A. 果枝；B. 花枝；C. 去花被(示雄蕊群及雌蕊)；D. 种子；E. 花图式

6. 伞形科 Umbelliferae

胡萝卜 *Daucus carota* var. *sativus* DC.(图 1-120)，草本植物，有肥大的肉质根。复伞形花序顶生或侧生，观察时注意着生在花序中央的花，取其放在解剖镜下观察，花萼很小，齿状，与花瓣互生，5 枚(花萼发育的程度是鉴定伞形科植物的主要特征)；花瓣 5 枚；雄蕊 5 枚；花柱短，有基部增厚的花柱基，即上位花盘，起蜜腺作用；子房下位，2 心皮，2 室，每室有一悬垂胚珠；双悬果。

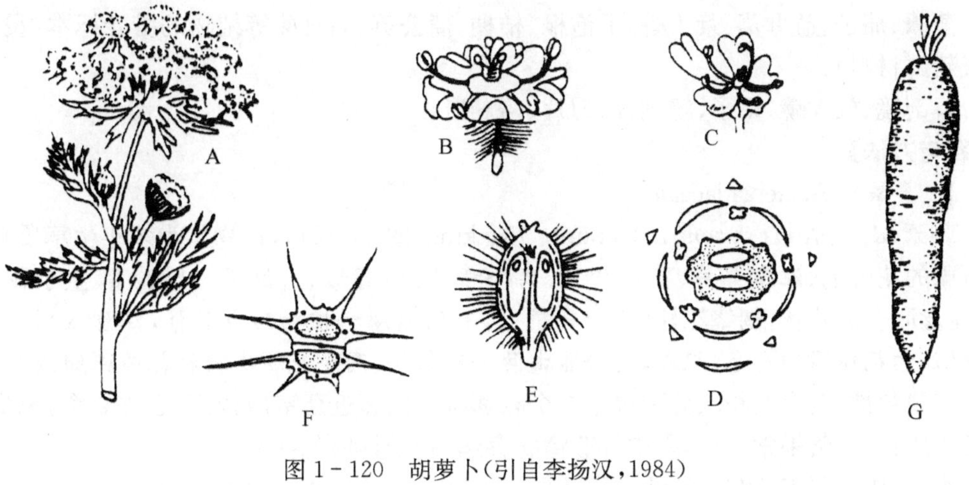

图 1-120　胡萝卜(引自李扬汉，1984)

A. 花枝；B. 花序中间的花；C. 边花；D. 花图式；
E. 果实纵切；F. 果实横切；G. 肥大直根

用放大镜观察果实,可见两侧稍压平,其上具有纵肋,用刀片将双悬果做横切片,用间苯三酚染色后作临时装片,观察主棱与次棱,棱下的维管束和油管的分布位置,以及它们之间的相互关系(主次棱及棱下维管束和油管的数目,位置是分属分种的主要依据)。

本科常见的植物还有芫荽 *Coriandrum sativum* L.、芹菜 *Apium graveolens* L.、野胡萝卜 *Daucus carota* L.等。

【实验报告】

1. 写出冬青卫矛的花程式及花图式。
2. 写出蓖麻的花程式及花图式。
3. 写出葡萄的花程式及花图式。
4. 写出元宝槭的花程式及花图式。
5. 写出枸橘的花程式及花图式。
6. 写出胡萝卜的花程式及花图式。

【思考题】

1. 绘图说明杯状花序的结构特点。
2. 伞形科植物有哪些进化特征?
3. 举例说明浆果、柑果、双悬果的区别。

实验 21 菊 亚 纲

【目的与要求】

1. 通过对代表植物的观察,掌握萝藦科、茄科、唇形科、木犀科、玄参科、桔梗科、菊科等科的主要特征。
2. 识别各科常见的植物。
3. 通过对花的解剖,了解花各部构造的演化趋势及其对传粉的适应性。

【材料与用品】

萝藦、茄子、益母草、紫丁香、毛泡桐、桔梗、蒲公英、向日葵等植物的腊叶标本(浸制标本或新鲜材料);

解剖镜、放大镜、镊子、解剖针、刀片、培养皿。

【内容与方法】

1. 萝藦科 Asclepiadaceae

萝藦 *Metaplexis japonica* (Thunb.)Makino(图 1-121),植物体为多年生草质藤本。取萝藦的花解剖(注意萼片、花冠数目、离合程度、副冠形状、位置);雄蕊 5,生于花冠基部,花丝联合成管状,围绕花柱(此为合蕊冠,有的萝藦科植物为合蕊柱,注意区别),花粉块状(注意花粉器的形态、组成,花粉器由两个花粉块、两个花粉块柄和花粉腺组成),花粉块外有膜包被,两个花粉块分别位于 2 个相邻雄蕊的邻近药室内;雌蕊心皮 2 个,离生;花柱延长成喙;蓇葖果常一个,果皮外有瘤状突起,种子具白色种毛。

本科中常见植物还有地梢瓜 *Cynanchum thesioides* (Freyn) K. schum.、杠柳 *Periploca sepium* Bge.等。

图 1-121 萝藦(引自《山东植物志》)

A. 花枝;B. 合蕊柱;C. 花粉器(示花粉块通过花粉块柄连在着粉腺上);
D. 蓇葖果;E. 种子;F. 花图式

2. 茄科 Solanaceae

茄 *Solanum melongena* L.(图 1-122),植物体为草本。取花解剖观察,花萼合生、钟状,5 裂。花冠大,钟状,紫色,5 裂;雄蕊 5,插生在花冠上,花药彼此合成圆锥形,围绕于花柱四周,2 室,自顶孔开裂。雌蕊 1 枚,2 心皮,2 室,胚珠多数,中轴胎座。果实球形、长圆形或卵形,浆果,紫色或青白色,有随果增大的宿存萼。

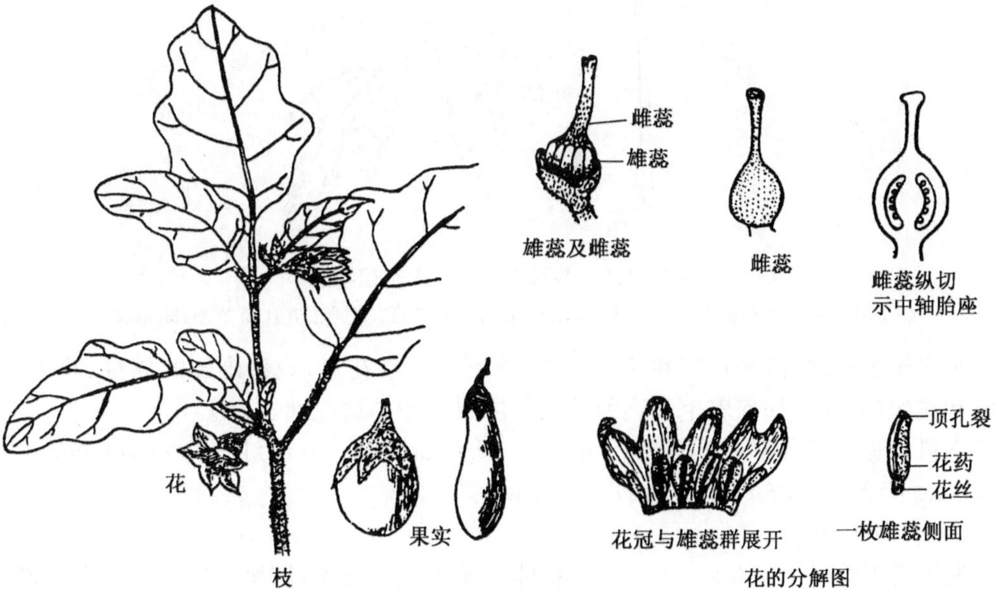

图 1-122 茄(引自童恩预、何汝保,1993)

本科常见植物还有辣椒 *Capsicum annuum* L.、枸杞 *Lycium chinense* Mill.、龙葵 *Solanum nigrum* L.等。

3. 唇形科 Labiatae

益母草 *Leonurus* artemisia (Lour.) S. Y. Hu(图 1-123),植物体为一年生或多年生草本,茎四棱形,有香气;茎下部叶卵形,掌状 3 裂,裂片再羽状 3 裂,花序上的叶线形或线状披针形;轮伞花序,花颜色为粉红色至淡红色;花冠唇形,雄蕊 4 枚,为二强雄蕊,近下唇一对花丝长。雌蕊 2 心皮合生,柱头 2 裂。子房深 4 裂,4 个小坚果。

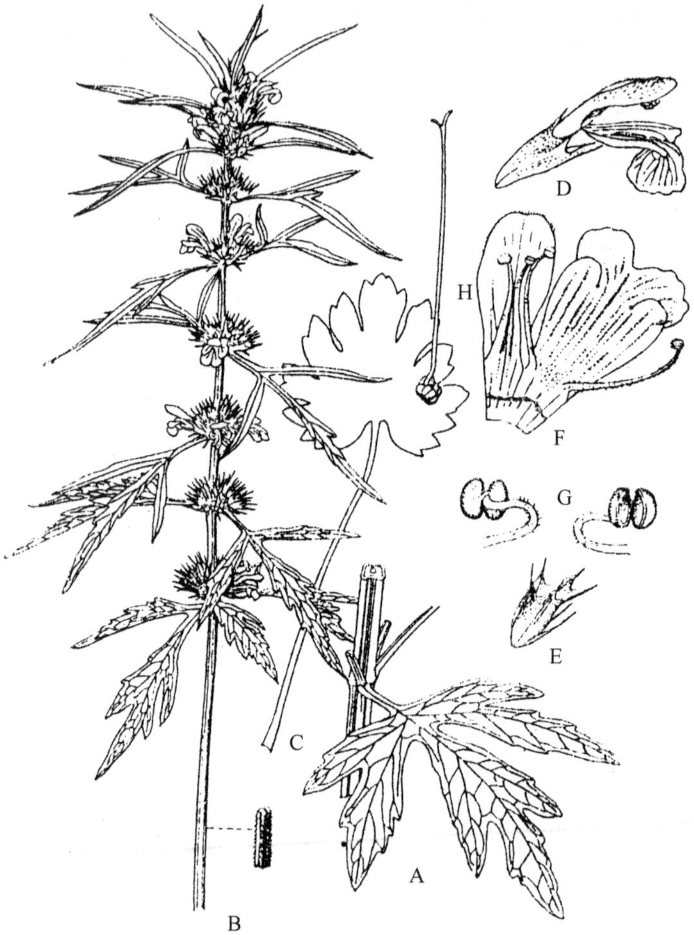

图 1-123 益母草(引自《山东植物志》)

A. 茎中部叶;B. 植株上部;C. 基部叶;D. 花;E. 花萼;F. 花冠展开;G. 雄蕊;H. 雌蕊

观察轮伞花序,区分花萼和花冠的上、下唇。纵剖花冠,观察雄蕊的数目、着生位置、药隔和花丝的形状、如何着生及这种结构与昆虫传粉的适应性。

本科常见的植物还有丹参 *Salvia miltiorrhiza* Bge.、一串红 *Salvia splendens* Ker-Gawl.、薄荷 *Mentha haplocalyx*(Briq.)Kudo 等。

4. 木犀科 Oleaceae

紫丁香 *Syringa oblata* Lindl.,植物体为灌木或小乔木,圆锥花序顶生。取花解剖观察,花两性,萼小,4 裂;花冠筒状,淡紫色,4 裂;雄蕊 2 枚,贴生于花冠筒上;心皮 2,合生,

2 室；果实为蒴果。本科常见的植物还有女贞 *Ligustrum lucidum* Ait.、连翘 *Forsythia suspense*(Thunb.)Vahl 等。

5. 玄参科 Scrophulariaceae

毛泡桐 *Paulownia tomentosa*(Thunb.) Steud.(图 1-124)，毛泡桐为乔木。圆锥花序顶生，取花解剖，可见花萼钟状，浅 5 裂，密被星状绒毛；花冠淡紫色，漏斗状钟形；雄蕊 4，为二强雄蕊；2 心皮，2 室，有腺毛；蒴果卵圆形。

本科常见的植物还有地黄 *Rehmannia glutinosa* (Gaert.) Libosch.、通泉草 *Mazus japonicus*(Thunb.) Kuntze 等。

6. 桔梗科 Campanulaceae

桔梗 *Platycodon grandiflorus* (Jacq.) A. DC.(图 1-125)，植物体为多年生草本，根肥大肉质；花单生或数朵生于枝顶；花萼 5 裂；花冠钟状，蓝色，5 裂；雄蕊 5，花丝基部扩大相连；子房下位，5 室，柱头 5 裂；蒴果，卵圆形或近球形。

本科常见的植物还有展枝沙参 *Adenophora divaricata* Franch. et Sav.、石沙参 *A. polyantha* Nakai 等。

图 1-124 毛泡桐(引自《山东植物志》)

A. 叶；B. 花枝；C. 展开花冠(示雄蕊)；D. 花萼和雌蕊；E. 蒴果；F. 种子

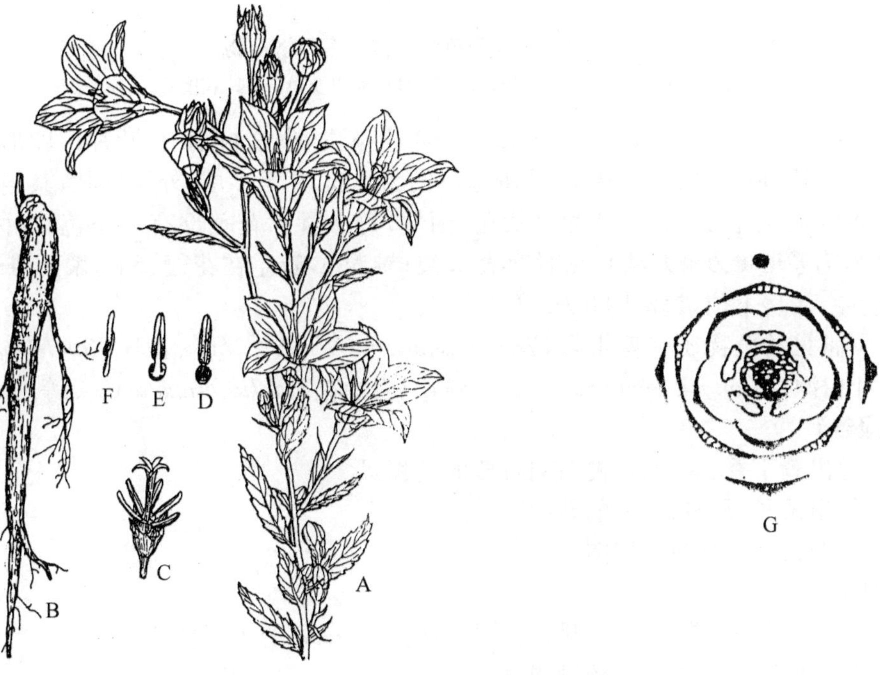

图 1-125 桔梗(引自《山东植物志》)

A. 花枝；B. 根；C. 除去花瓣示花萼、雄蕊及雌蕊；D. 雄蕊正面观；E. 雄蕊背面观；F. 雄蕊侧面观；G. 花图式

7. 菊科 Compositae

(1) 蒲公英(婆婆丁)*Taraxacum mongolicum* Hand.-Mazz.(图 1-126):多年生草本植物。叶基生,莲座状平展,矩圆状倒披针形,羽状深裂,裂片 4～5 对,倒向生。全株含白色乳汁,注意花葶无叶,中空,其上只生一个头状花序;解剖花序,可见总苞片 2 至多层,全部为舌状花,黄色,两性,瘦果具长喙,把白色冠毛举出总苞外,利于果实传播。

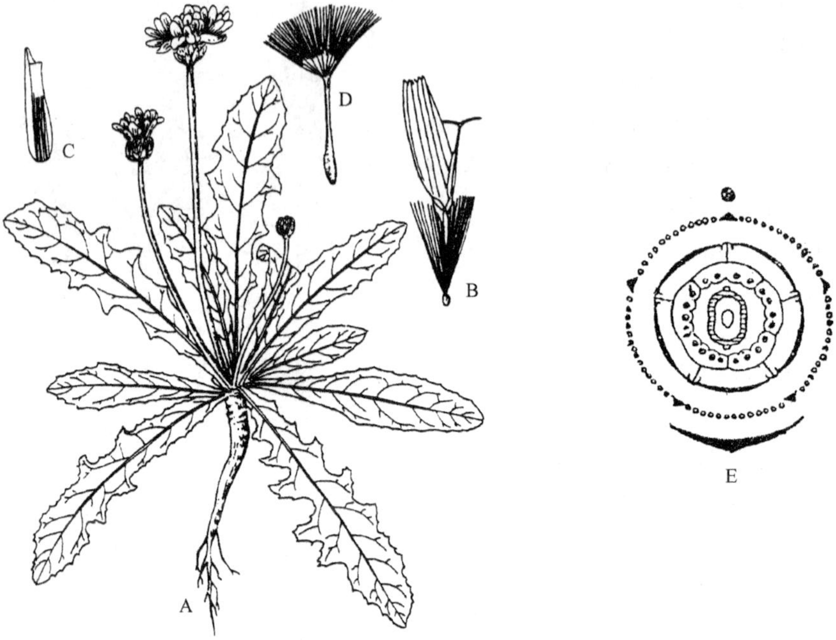

图 1-126 蒲公英(引自《山东经济植物》)

A. 植株;B. 舌状花;C. 总苞;D. 瘦果及冠毛;E. 花图式

(2) 向日葵 *Helianthus annuus* L.:一年生草本,全株被刚毛,叶片广卵形,互生;头状花序圆盘状,顶生;取花序观察,外围绿色的为总苞,2 至多层,外层叶状;其内为一轮黄色的假舌状花,中性;中央全部为管状花,两性,每个管状花基部有一小苞片,称托片(膜片)(注意花萼退化为鳞片状);花冠管状,5 裂;雄蕊 5,着生在花冠管上,聚药雄蕊;雌蕊 2 心皮,合生,子房下位,1 室 1 胚珠;瘦果。

本科常见的植物还有刺儿菜 *Cirsium setosum*(Willd.)MB.、苍耳 *Xanthium sibiricum* Patrin、小白酒草 *Conyza canadensis*(L.)Cronq.、大丽花 *Dahlia pinnata* Cav. 等。

【实验报告】

1. 写出紫丁香、茄子、桔梗及向日葵的花程式。
2. 绘出茄子、丹参、桔梗的花图式。
3. 绘向日葵管状花纵切图。

【思考题】

1. 总结萝藦科、茄科、木犀科、玄参科、桔梗科、菊科的主要特征。
2. 比较唇形科和玄参科的异同点。
3. 菊科为什么能成为被子植物的第一大科?
4. 菊科有哪些进步特征?

实验 22 泽泻亚纲、鸭跖草亚纲 槟榔亚纲、百合亚纲

【目的与要求】

1. 通过对代表植物的观察，了解和掌握单子叶植物莎草科、禾本科、百合科、兰科等科植物的特征。

2. 认识各科主要代表植物。

【材料与用品】

慈姑、半夏、马蹄莲、芋、香附子、小麦、葱、天门冬、凤尾丝兰、黄花菜、韭莲、水仙、春兰等植物的腊叶标本(浸制标本或新鲜材料)；

显微镜、解剖镜、放大镜、镊子、解剖针、刀片、培养皿。

【内容与方法】

1. 泽泻亚纲 Alismatidae

泽泻科 Alismataceae

慈姑 *Sagittaria sagittifolia* L.(图 1-127)，慈姑为多年生水生草本，具纤细的根状茎，其枝端膨大成球茎；总状花序，上部为雄花，下部为雌花；取花解剖，可见花被两轮，雄花具多枚雄蕊，螺旋状排列；雌花具多数离生的雌蕊，螺旋着生于圆凸形花托上，聚合瘦果。

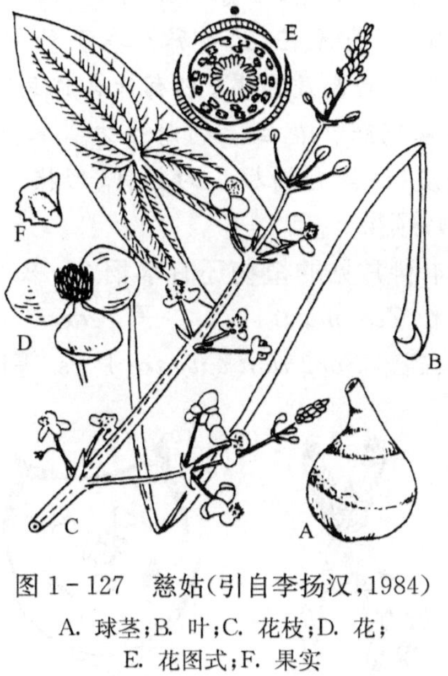

图 1-127 慈姑(引自李扬汉，1984)

A. 球茎；B. 叶；C. 花枝；D. 花；E. 花图式；F. 果实

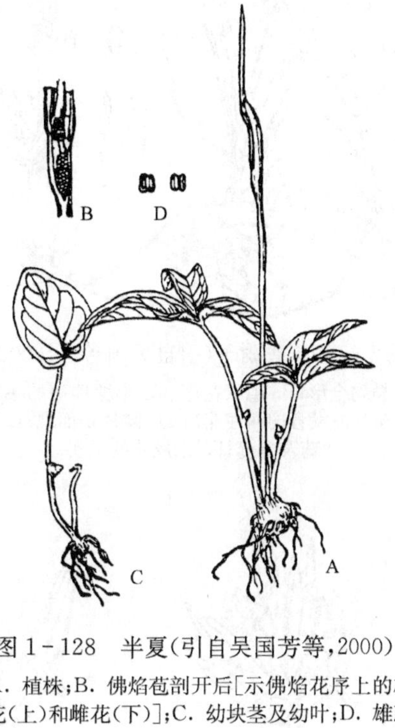

图 1-128 半夏(引自吴国芳等，2000)

A. 植株；B. 佛焰苞剖开后[示佛焰花序上的雄花(上)和雌花(下)]；C. 幼块茎及幼叶；D. 雄蕊

2. 槟榔亚纲 Arecidae

天南星科 Araceae

(1) 半夏 *Pinellia ternata* (Thunb.)Breit.(图 1-128)：半夏为多年生草本，其块茎

呈球形,叶茎生,一年生叶为单叶,多年生叶为三小叶复叶,叶柄下部常有一球芽;佛焰苞绿色,顶端合拢。剖开佛焰苞,可见其肉穗花序顶端有一细长柱状附属物。单性花,上部为雄花,雄蕊具两花药,下部为雌花,具3心皮,1室,胚珠1枚;浆果红色。

(2) 马蹄莲 *Zantedeschia aethiopica* (L.) Spreng:马蹄莲为多年生草本。株较高大,其根状茎块状;呈心状箭形;佛焰苞大,白色或乳白色,上部展开;肉穗花序无附属物,上部雄花与下部雌花之间无间隔,雄花具3雄蕊,雌花3心皮(注意与半夏的区别)。

(3) 芋 *Colocasia esculenta*(L.)Schott:芋为多年生草本,球茎卵形或椭圆形,表面有纤维状鳞片,褐色,叶单生,卵状盾形,佛焰苞长短不一,黄色;肉穗花序,椭圆形,短于佛焰苞。

3. 鸭跖草亚纲 Commelinidae

(1) 莎草科 Cyperaceae:香附子 *Cyperus rotundus* L.(图1-129),多年生草本,有地下匍匐茎,尖端具块茎,卵圆形;秆三棱无节,叶线状,3列互生,叶鞘闭合;聚伞花序顶生,小穗呈穗状排列,小花最外为红褐色鳞片,雄蕊3枚,雌蕊3心皮,柱头3裂,线状,小坚果。

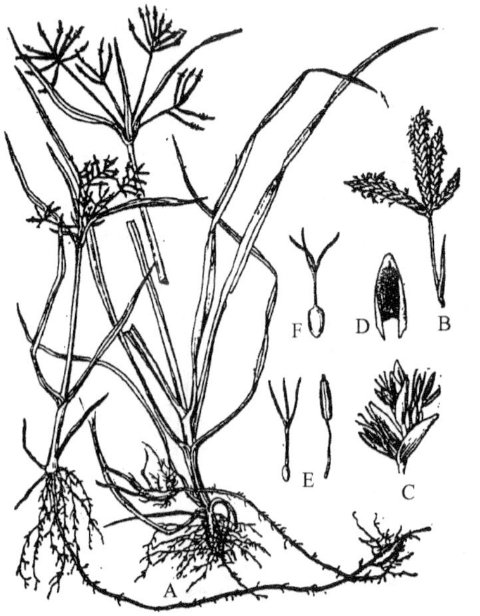

图1-129 香附子(引自吴国芳等,2000)

A. 植物全形;B. 穗状花序;C. 小穗顶端的一部分(示鳞片内发育的两性花);D. 鳞片正面观;E. 雌蕊及雄蕊;F. 未成熟的果实

本科常见的植物还有荸荠 *Eleocharis dulcis* (Burm. f.) Trin. ex Henschel、旱伞草 *Cyperus alternifolius* L. 等。

(2) 禾本科 Poaceae, Gramineae:小麦 *Triticum aestivum* L.(图1-130),小麦为两年生草本,叶片线形(注意有无叶舌,叶耳);解剖观察小穗(注意外颖、内颖,每小穗中有几花、有无穗轴?解剖小花,注意区别外稃、内稃,它们的形态如何,有无芒、几条脉?取下外稃,注意观察其基部的肉质浆片,它有什么作用?)雄蕊3枚(注意花药在花丝上的着生方式)。雌蕊1枚,2心皮(注意它的柱头的数目、形状、与传粉的关系);颖果。

禾本科常见的植物还有水稻 *Oryza sativa* L.、玉米 *Zea mays* L.、谷子 *Setaria italica* Beauv.、高粱 *Sorghum vulgare* Pers. 等植物。

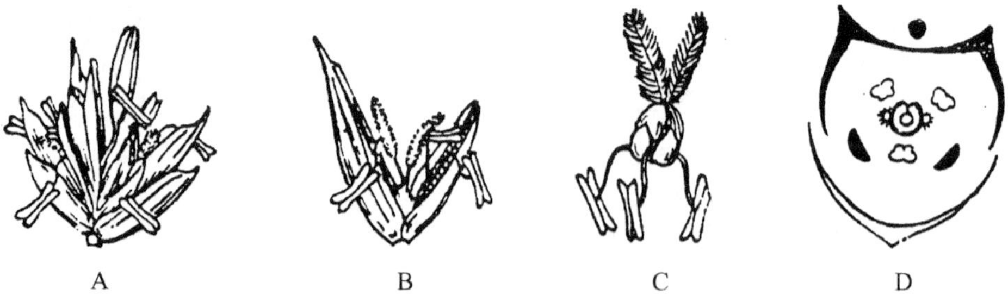

图1-130 小麦的小穗

A. 小穗;B. 小花;C. 除去内外稃的小花;D. 花图式

4. 百合亚纲 Liliidae

(1) 百合科 Liliaceae：黄花菜 *Hemerocallis citrina* Baroni，黄花菜为多年生宿根草本，块根肥大。花黄色，长 8～16 cm，具芳香味，花茎顶生 3～6 朵花；取花解剖，可见花被 2 轮（注意雄蕊和雌蕊心皮的数目、子房位置如何、几室、什么胎座、每室几胚珠？），蒴果。

本科常见植物还有葱 *Allium fistulosum* L.、韭菜 *A. tuberosum* Rottl. ex Spreng.、蒜 *A. sativum* L.、洋葱 *A. cepa* L.。

(2) 石蒜科 Amaryllidaceae：韭莲 *Zephyranthes grandiflora* Lindl.，植物体为多年生草本，具球形鳞茎，叶似韭菜叶；花序自中央生长，花单生，花被高脚蝶状，2 轮，粉红色；雌蕊 3 心皮，柱头 3 裂（注意子房位置、几心皮、胚珠数目）。蒴果。

本科常见植物还有葱莲 *Z. candida* (Lindl.) Herb.、水仙 *Narcissus tazetta* L. var. *chineusis* Roem.、君子兰 *Clivia miniata* Regel.、朱顶红 *Hippeastrum rutilum* (Ker-Gawl.) Herb.。

(3) 兰科 Orchidaceae：春兰 *Cymbidium goeringii* (Rchb. f.) Rchb. f.，多年生草本。取一朵花观察（注意花被片数目和排列方式，各花被是否相同？注意区分花瓣和唇瓣）。雄蕊和雌蕊结合成合蕊柱（注意合蕊柱有什么特点？雄蕊有几个？着生在什么位置？）。花粉粘成花粉块。柱头与花药间有蕊喙。子房扭转 180°，子房下位，1 室，侧膜胎座；蒴果，种子细小。

本科常见植物还有白及 *Bletilla striata* (Thunb.) Rchb. f.（图 1－131）、建兰 *Cymbidium ensifolium* (L.) SW.、天麻 *Gastrodia elata* Bl. 等。

图 1－131　白及（引自何凤仙，2000）

A. 植物全形；B. 唇瓣；C. 合蕊柱；D. 合蕊柱顶端的药床及雄蕊背面；E. 花粉块；F. 蒴果

【实验报告】

1. 绘出慈姑雄花和雌花的花图式，并写出其花程式。
2. 写出莎草科的花程式并绘出花图式。
3. 绘小麦花分解图，并注明各部分名称，写出小麦花程式。
4. 写出葱的花程式并绘出花图式。
5. 绘兰花分解图，注明各部分名称，写出花程式。

【思考题】

1. 比较单子叶植物和双子叶植物的特征。
2. 比较莎草科和禾本科植物的主要特点。
3. 比较百合科和石蒜科的异同点。
4. 兰科有哪些进步特征？

第二部分

综合性实验

实验 23　种子萌发及幼苗形成过程的观察

种子是种子植物的繁殖器官，一般由种皮、胚和胚乳三部分构成。其中最重要的是胚，它是新生植物的雏体，由胚芽、胚根、胚轴和着生在胚轴上的子叶四部分组成。胚轴又分为上胚轴(子叶着生点到第一片真叶)和下胚轴(子叶着生点到胚根)。

成熟的植物种子经过休眠，在获得合适的内在和外界环境条件(充足的水分、足够的氧气、适宜的温度)时，通过一系列的同化和异化作用，就可开始萌发而长成幼苗。由于种子的结构不同，其萌发和形成幼苗的过程也有差异，因而形成的幼苗类型也不同。

【目的与要求】

1. 理解种子萌发所需的条件，了解种子萌发形成幼苗的形态变化过程和幼苗类型的不同之处。

2. 学会用徒手切片和显微化学方法鉴定种子中的贮藏物质。

3. 学习、掌握种子萌发的方法，了解有机物在种子萌发过程中的转化和利用。

4. 了解种子的休眠、寿命，学会选种和测定种子萌发率的方法，了解它们在农业生产上的意义。

【材料与用品】

小麦、玉米、水稻、大豆、蚕豆、菜豆、豌豆、花生、蓖麻、南瓜、向日葵等种子；

花盆(或底部有小孔的透明玻璃缸、小木箱等)，未受污染的土壤(蛭石、沙子、锯木屑等)；显微镜、载玻片、盖玻片、培养皿、刀片、纱布、解剖针、镊子；

I－KI 溶液、苏丹Ⅲ溶液。

【内容与方法】

1. 利用徒手切片鉴定种子中的贮藏物质

(1) 淀粉的鉴定：取禾谷类种子小麦(或玉米、水稻等)，在水中浸泡，待种子泡软时作徒手切片。从中挑选较薄的切片制成临时装片，并用 I－KI 染色。在显微镜下观察，可看到被染成蓝色的淀粉粒(注意观察淀粉粒的脐点、轮纹)。

(2) 蛋白质(糊粉粒)的鉴定：取一泡软的大豆种子子叶(或其他豆类种子、蓖麻种子或禾谷类种子)，作徒手切片和制成临时装片，用 I－KI 染色，显微镜观察可看到被染成黄色的圆球状小颗粒，即为贮藏蛋白质的糊粉粒。

(3) 脂肪和油滴的鉴定：取一粒花生种子的子叶(其他豆类种子、蓖麻、核桃、向日葵种子等)作徒手切片，并制成临时装片。用苏丹Ⅲ染色后在显微镜下观察，可看到被染成橙红色的圆球形油滴。

用苏丹Ⅲ染色后的花生切片，再用 I－KI 复染，然后在显微镜下观察，这样可在同一切片中同时观察到上述三种贮藏物质：

蓝色的是__________；浅黄色的是__________；橙红色的是__________。

2. 种子萌发和幼苗形成过程及幼苗的类型

种子萌发时，种子的胚从相对静止状态转入生理活跃状态，胚细胞进行旺盛的有丝分裂，不断产生新细胞。胚根突破种皮向下生长形成根系，胚芽向上生长形成茎叶。

(1) 选种：选取结构完整、粒大饱满的种子，置于水中浸泡 2～3 d(浸泡时间视种皮的厚度和硬度不同而定)，使种子充分吸水膨胀。

(2) 播种：把吸水膨胀的种子播种于盛有松软的土壤(或锯木屑、沙子、蛭石)的花盆(小木箱、玻璃缸)中，每盆播种 100 粒，深度约 3 cm，并适当浇水。另把一些种子置于铺有吸水纸或纱布的培养皿中，种子上面再覆盖纱布或吸水纸，并保持湿润。

(3) 观察纪录：播种后，定时观察(每天一次)、记录种子萌发(培养皿中材料)和幼苗形成及形态变化的过程(花盆中材料)。

(4) 种子萌发率的计算：利用培养皿中的材料(500 粒种子，每个培养中置 50～100 粒)，萌发的标准是：玉米、大豆、蚕豆的幼根、幼芽长度与种子直径等长；小麦、水稻幼根长度与种子等长，幼芽长度为种子长度的一半。

种子发芽率的计算：

$$\text{发芽率}(\%)=\frac{\text{发芽种子的粒数}}{\text{供试种子粒数}}\times 100\%$$

把观察结果填入表 2－1。(注意种子萌发时胚的哪一部分先突破种皮而伸出种子？所做实验种子的子叶钻出土面还是留在土壤中？)

表 2－1　不同种子萌发及幼苗形成情况

种子名称	浸种日期	播种日期	根伸出日期	芽伸出日期	留土或出土萌发	备注
大　豆						
蚕　豆						
小　麦						
玉　米						
菜　豆						
水　稻						
豌　豆						
花　生						
蓖　麻						
南　瓜						
向日葵						

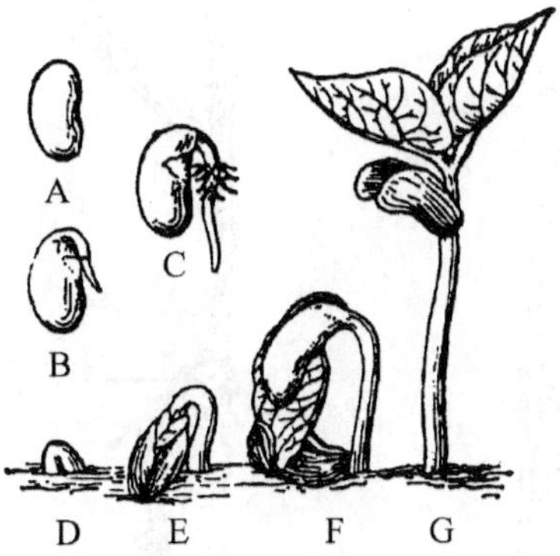

图 2-1 大豆幼苗形成过程(示子叶出土)(引自吴国芳等,2000)

A. 大豆种子;B. 种皮破裂,胚根伸出;C. 胚根向下生长,并长出根毛;D. 胚根伸长形成倒钩状突出地面;E. 胚轴伸长,牵引子叶脱离种皮而出;F. 子叶出土,胚芽长大;G. 胚轴伸长,两片真叶展开,幼苗形成

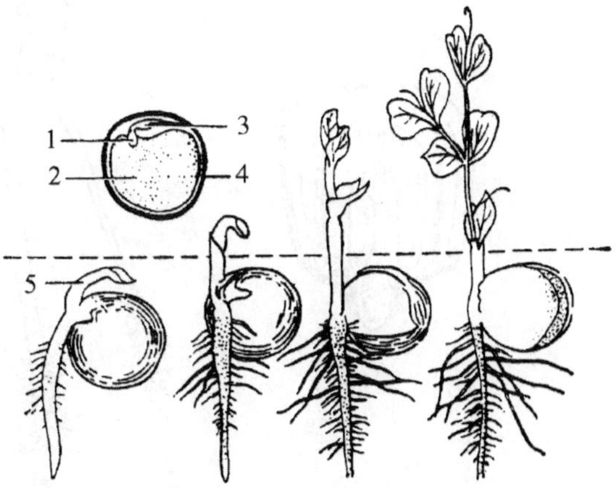

图 2-2 豌豆幼苗形成过程(示子叶留土)(引自李扬汉,1984)

1. 胚芽;2. 子叶;3. 胚根;4. 种皮;5. 上胚轴

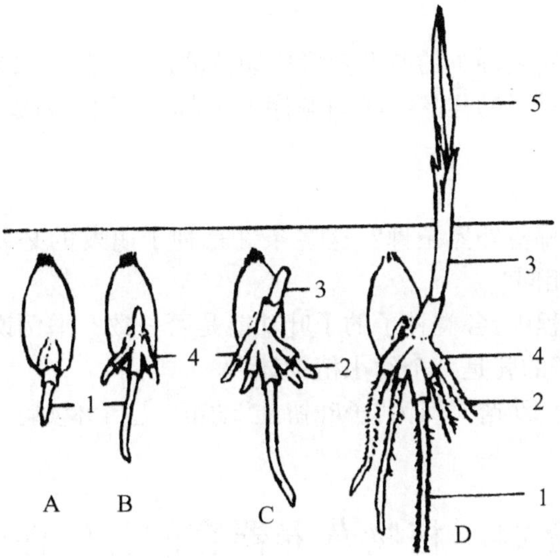

图 2-3 小麦幼苗形成过程(引自贾洪敏等,1995)

A. 胚根突破种皮和果皮,并伸出胚根鞘;B. 胚根两侧出现不定根,胚芽鞘露出;C. 胚芽鞘继续长大,不定根数目增多;D. 须根系形成,第一片真叶穿出胚芽鞘

1. 由胚根伸长形成的根;2. 不定根;3. 胚芽鞘;4. 胚根鞘;5. 真叶

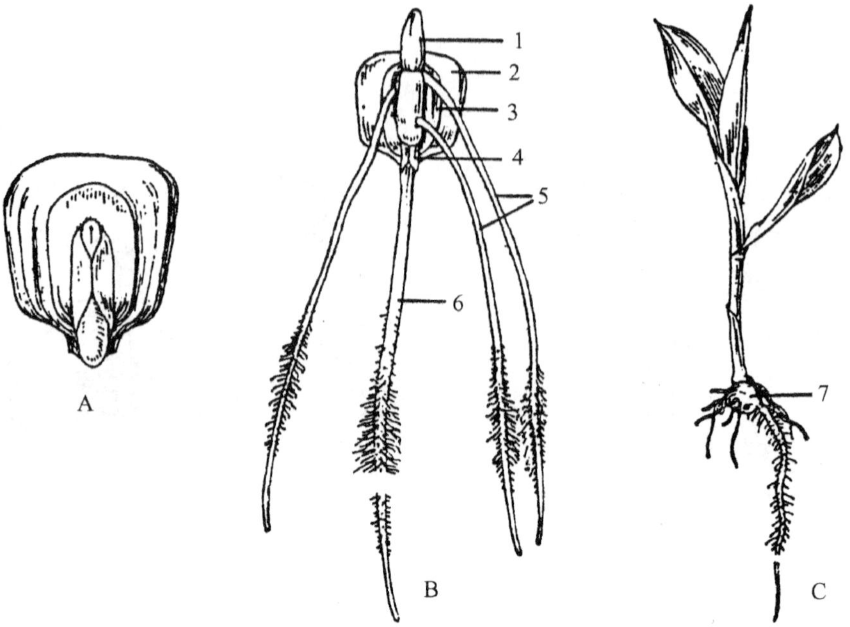

图2-4　玉米幼苗的形成过程(引自何凤仙,2000)

A. 剥去外皮的玉米种子(示胚根鞘、胚芽鞘和贴附胚乳的盾片);B. 萌发早期(示伸长的主根、两侧的不定根和鞘状的胚芽鞘);C. 幼苗形态
1. 胚芽鞘;2. 胚乳;3. 盾片;4. 胚根鞘;5. 不定根;6. 主根;7. 残存籽粒

【实验报告】

1. 列表比较所做实验种子的萌发及形成幼苗的过程(表2-1)。

2. 观察、测量、记录后的样品按时间顺序放入标本瓶中,制成浸制标本(或制成腊叶标本)。

【思考题】

1. 种子萌发需要哪些外界条件? 这些条件是种子萌发的必要条件吗? 各类种子对这些条件的需要是否相同?

2. 在种子萌发过程中,各类种子的子叶功能是否一致? 举例说明。

3. 如何理解"种子的胚是一个幼小植物体"?

4. 何为"子叶出土"幼苗? 何为"子叶留土"幼苗? (注: 本实验可分小组做,每小组做2~3类种子萌发的实验。)

实验24　植物营养器官的整体性研究

植物种子经过休眠,萌发形成幼苗。幼苗继续发育,生长成为具有根系和枝系的成年植物。根在土壤中形成庞大的根系,吸收土壤中的水分和无机盐,并通过输导组织运送到地上部分的茎、叶中去。茎干及其分支连同叶子形成繁茂的地上部分,叶片利用根输送来的水分和无机盐,通过光合作用制造有机物,这些有机物作为营养被运送到茎、根中去。根、茎、叶所处的环境不同,执行的生理功能不同,所以形态、结构特征也不同。

【目的与要求】

1. 掌握植物根、茎、叶的功能及与之相适应的形态结构特征。
2. 了解植物器官与环境条件相适应的形态结构特点。
3. 学会用专业术语描述植物体及其结构。
4. 能用徒手切片方法做植物幼嫩茎的横切片和用显微镜观察并绘图。

【材料与用品】

玉米植株(或小麦、水稻、高粱)、蚕豆、大豆、豌豆、棉花植株;核桃、杨树、丁香、苹果等植物的二或三年生植株(可接上一次实验,用自己培养的材料);

显微镜、解剖镜、放大镜、载玻片、盖玻片、刀片、镊子、吸水纸、纱布、解剖针、培养皿;碘液。

【内容与方法】

1. 玉米根及根系

构成玉米根系的根,形态、大小相似,无主次之分,为须根系。玉米根系的发育特点是,种子萌发时伸出的胚根,不是继续发育成主根,而是很快退化,再由茎基部长出丛生的须状根(终生都较细小)。因这些须状根不是来自老的根,而是发生自茎上,所以又称它们为不定根。

随玉米的长高,在其基部培土,看是否从玉米的节上有不定根生出?如果有,这些不定根的名称是什么?起什么作用?

用放大镜或解剖镜仔细观察未受损伤的玉米根尖端,可看到最顶端有一较透明的结构,即为根冠。用碘液染色后可看到根冠细胞内有被染成蓝黑色的淀粉粒。

(思考:根冠细胞的保护功能和控制根向地性生长的作用是如何实现的?)

在根冠之后的部位较明显的特征是可看到密生的白色绒毛,即表皮细胞外壁向外突出形成的根毛,是根吸收水分和无机盐的主要部位。

(思考:有根毛生出的部位又叫成熟区,为什么?)

(思考:仔细观察,看能否在根上发现气孔和角质层,并考虑原因。)

比较观察大豆、菜豆、蚕豆、豌豆、棉花、小麦、水稻、向日葵及木本植物树木等植物的根和根系,看它们有何区别。

2. 玉米茎秆的形态结构观察

(1) 玉米茎的形态观察:玉米为一年生草本栽培植物,茎秆直立,圆柱状。节膨大,节间明显,且靠基部几个节的节间较短,靠上部的节间相对较长。在茎秆基部的节上常生有气生根。(思考:玉米节间的伸长是由什么组织完成的?这一组织存在于什么部位?)

(2) 玉米茎的结构(做徒手切片观察横切面):取较幼嫩的玉米植株茎节间,做徒手切片,制成临时装片,于显微镜下观察并完成下列问题。

表皮为____________层细胞,横切面呈________形,表皮细胞外壁上有较厚的________层。表皮细胞之内有几层细胞的体积较小、壁厚,为________细胞,有________作用。其内为基本组织细胞,细胞较大,排列________,越靠近茎中央部位细胞越大。维管束散生在茎内的________细胞中,外周维管束的数量________,体积________,而靠中央部位的维管束数量________,但体积________,维管束中无________,为________维管束。维管束的外围有厚壁细胞构成的__________。

(3) 玉米叶的观察

玉米叶为__________叶,叶片宽大,呈__________形,叶片基部下延形成狭长抱茎的__________,具有__________、__________ 和 __________的作用。玉米的叶脉为__________脉,气孔器与叶脉成__________分布。

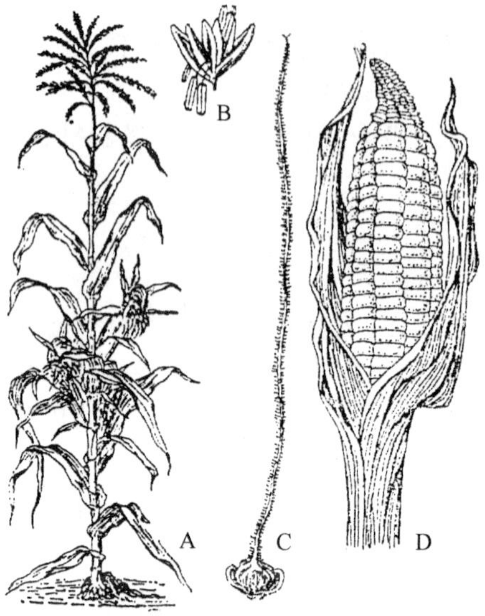

图 2-5 玉米植株(引自吴国芳等,2000)

A. 开花的植株;B. 雄花(2朵);C. 雌花;D. 果序

图2-6 玉米支柱根

(引自丘安经,2001)

【实验报告】

1. 做大豆、小麦茎横切片观察(与玉米茎横切片比较),并绘图,注明各部位的名称。
2. 比较玉米、小麦、大豆、棉花根、茎、叶形态的异同点。

【思考题】

1. 植物根、茎、叶的形态结构特征是如何适应生存环境的?
2. 如何理解植物营养器官之间的相关性?

实验 25 检索表的编制和使用

【目的与要求】

1. 熟悉检索表的类型和使用方法。
2. 学会编制植物检索表。

【材料与用品】

用于鉴定植物科、属或种的新鲜材料或腊叶标本(尽量带花、果)。有条件的学校可提前安排学生每人采集 15~20 种校园植物,由老师筛选搭配后,较生疏的种类让学生鉴定,都认识的种类分给学生用来编制检索表。

放大镜、镊子、解剖针、用于鉴定植物的检索表(或复印件)。

【内容与方法】

1. 检索表的类型和编制原理

检索表是植物分类中识别和鉴定植物必不可少的工具，其基本编制方法是把一群植物的典型特征归纳分成相对应的两个分支，再把每个分支中的典型特征再归纳分成相对应的两个分支，如此反复下去直到目标为止。根据检索的目的不同，检索表有分科、分属、分种等检索表。常用的植物检索表主要有两种，即定距（二歧）检索表和平行检索表。如山东榆科植物分属检索表的两种类型（见榆科植物检索表）。

2. 用检索表来鉴定植物

取需鉴定的材料1～3种，先仔细观察它们的各部分特征，然后用检索表进行鉴定，查出结果后，再通过专门的工具书或相关资料查实核对，若标本上的所有形态特征均和资料上描述的一致，说明鉴定正确，否则就需重新鉴定，直到正确为止。

3. 检索表的编制

从实验教师处领取8～10种植物材料，编制一个用于区分这些植物的检索表，在编制之前先把它们的主要特征观察清楚并归纳比较，确定各级检索特征后再编制检索表。

编制时的注意事项如下。

1）首先决定是编制分科、分属还是分种检索表，确定后，在对各植物的特征作严谨、细致观察、研究的基础上，列出它们的主要特征并找出相同点和突出区别，这时才可编制检索表。

2）在选用区别特征时，要注意选用性状稳定且容易观察的相反或易于区别的特征，如木本或草本，单叶或复叶等。似是而非，易于混淆的特征不能选用，如叶大叶小。

3）在检索表中，只能有两种性状状态相对应，而不能有三种或更多种并列。

【实验报告】

写出所编制的各种植物的定距和平行检索表。

【思考题】

1. 我们在某地采到一种不认识的植物，鉴定时是首先选择该地区的植物检索表，还是先选择全国性的检索表？为什么？

2. 用检索表鉴定植物过程中，某一项特征模糊或搞不清楚，但下一项（或几项）特征符合，可不可以跳过去向下检查？为什么？

3. 在鉴定植物时，如果确定了待查标本符合两项对应特征的其中之一时，还要不要看另一个特征？为什么？

附　　榆科植物分属检索表

定距检索表（二歧检索表）：

1. 叶为羽状脉；侧芽先端不紧贴小枝。
    2. 枝无刺，坚果或翅果。
        3. 翅果 …………………………………………………………………………………… 榆属
        3. 坚果 …………………………………………………………………………………… 榉属
    2. 枝通常有刺，小坚果有翅 ……………………………………………………………… 刺榆属
1. 叶为三出脉；侧芽先端紧贴小枝。

4. 核果。
  5. 叶片侧脉伸达齿端 …………………………………………… 糙叶树属
  5. 叶片侧脉不伸达齿端而上弯 ………………………………………… 朴属
4. 小坚果…………………………………………………………………… 青檀属

平行检索表：
1. 叶为羽状脉;侧芽先端不紧贴小枝 ……………………………………… 2
1. 叶为三出脉;侧芽先端紧贴小枝 ………………………………………… 4
2. 枝无刺,坚果或翅果 ……………………………………………………… 3
2. 枝通常有刺,小坚果有翅 ……………………………………………… 刺榆属
3. 翅果 ……………………………………………………………………… 榆属
3. 坚果 ……………………………………………………………………… 榉属
4. 核果 ……………………………………………………………………… 5
4. 小坚果 …………………………………………………………………… 青檀属
5. 叶片侧脉伸达齿端 …………………………………………………… 糙叶树属
5. 叶片侧脉不伸达齿端而上弯 ………………………………………… 朴属

实验 26 植物标本的采集和制作

【目的与要求】

1. 通过实验使学生熟悉采集植物标本所需工具的准备和用途。

2. 掌握植物标本的采集、制作方法,为野外实习打下基础。

【材料与用具】

标本夹、吸水纸、枝剪、掘根铲、工具包(厚帆布包)、采集袋(可用较大的塑料袋)、号签(用硬白纸裁成 4 cm×3 cm 的长方形纸片,一端穿上棉白线即可)、野外记录本、铅笔、放大镜、镊子、广口瓶、台纸、标签、缝衣针、棉白线、胶水等。

【内容与方法】

1. 用具的准备

实验前,提前准备好实验材料和用具。

2. 植物标本的采集

(1) 采集时间：采集不同植物应选各自的花果期进行,就一天来说,时间最好选在上午 9 点以后,因为早晨露水没有干,植物的水分比较多,不利于标本的压制。同样,要尽量避免在阴雨天采集标本。

(2) 采集地点：由于不同环境中生长着不同的植物,因此标本采集路线的选择应具代表性,要注意选择植物种类比较丰富的路线和地点,并注意往返路线不要重复。

(3) 采集标本的大小和份数：所采集标本的大小要考虑到制作标本时的方便,制作标本的台纸一般用的是 8 开的白板纸(40 cm×27 cm),因此采集标本的长和宽,一般不要超过 35 cm×25 cm。每种植物的采集份数一般为 3～5 份。特殊或重要种类适量多采几份。

(4) 采集标本的方法：所采集的标本要完整、典型、有代表性且没有病虫害。具体到不同的植物其要求也不一样。

1）木本植物 一般取其具有代表性的枝条（尽量带有花和果）。对矮小的木本植物也可将全株（包括根）挖出。

2）草本植物 一般采取其植物全株（包括根和各种变态地下茎），对生活在岩石和树皮上的固着或附生植物，剥离时有的可能比较难（如某些苔藓植物和地衣类），这时应连其固着的基质或基物一起采下，待后处理。

3）藤本植物 采集藤本植物（包括木质和草质藤本）时，应视其茎的长度和粗细进行选择性采集。粗而长的藤本植物可分段采集其具有代表性的部分（包括繁殖器官），细而短的应采集全株。

4）采集时的注意事项。

- 采集标本时，应注意雌雄异株的植物，并将两者编为同一号码，注明雌株或雄株。
- 对寄生植物应连寄主一起采集，并记下寄主名称。
- 采集苔藓植物时，应尽量选择有孢蒴的植株，并应将其生长的基物一起采回。
- 采集蕨类植物时，要尽可能地采集具有孢子囊的标本，并挖出生活于地下的根状茎，对具两形叶的蕨类，两种叶都要采回。

（5）野外纪录：标本采集后应立即编号，拴号牌，认真填写采集记录，不得随意从简。因为如果没有详细的记录，很难进行准确的鉴定和研究。植物采集记录册的主要内容、形式见表 2-2。

表 2-2 植物采集记录册

__________大学植物采集记录册

采集人________________采集号________________

日期________年________月________日________

产地________________ 生境________________

海拔________________ 习性________________

高度________________ 胸径________________

根________________ 茎________________

树皮________________________________

叶________________________________

花________________________________

果________________________________

中名或俗名________________________________

学名________________________________

经济用途________________________________

是否常见________________________________

其他________________________________

3. 植物腊叶标本的制作

（1）压制：野外采集回来的标本，在清除其根上的泥土、污物并作适当修剪后，就可压制在有吸水纸的标本夹中。对过长的草本植物，压制时可将其折成“V”、“N”形。对于具有鳞茎、球茎或块茎等的植物可用开水烫或纵向切取 1/2 或剔除其内部的肉质部分再进行压制。而对于一些肉质多浆植物，可用开水烫后压制；对水杉、合欢等一些压制时易落叶的植物也可用开水烫后再压（注意，不能烫花）。对过大的叶，若是单叶可从叶脉的一侧剪去一半；若是复叶可将叶轴一侧的小叶剪短，但要保留顶端小叶。

(2) 换纸：标本压制后要及时换纸，换纸越勤，标本干得越快，原色保存得越好。一般地说，标本压制后的前三天，每天需换纸 2～3 次，以后可逐步减少换纸频率直到标本干透为止。换下的纸要及时晒干或烘干，以便再用。

(3) 整形：第一次换纸时，要对标本进行仔细整形。这时的标本被压制得非常柔软，极易整形，可用镊子把每一朵花、每一片叶展平，凡是有折叠的部分都要展开，同时要使各部分枝叶不重叠。多余的叶片可从叶基的上面剪掉，用来表示叶序类型和叶基的形态。去掉多余的花也要保留花梗。另外还要注意叶片和花要正、反两面都有，以便观察它们两面的特征。

(4) 消毒：野外采集的标本往往带有虫子或虫卵，为防虫蛀，必须消毒。消毒的方法是把标本放入密闭容器中，用硫磺或二硫化碳熏蒸 1～2 d 即可。

(5) 上台纸：就是把标本固定于 8 开的白板纸(大小约为 40 cm×27 cm)上。固定前先把标本平铺于台纸上，台纸的右下角和左上角留出空间，以备分别粘贴定名标签和野外采集记录。标本固定时，应注意标本的造型要自然、美观，并尽量体现植物的生活状态。对根、茎可用白棉线固定，而叶片、花可用胶水粘贴。

(6) 定名：标本做好后，要先鉴定出正确名称，然后根据要求，填好定名标签的每一项，将其粘贴在台纸的右下角，而该标本的野外采集记录则粘贴于台纸的左上角。这样，一份完整的植物腊叶标本就做好了。最后，把做好的标本放入标本橱中。

【实验报告】

每人制做 3～5 份完整的标本。

【思考题】

1. 粘贴标本时为什么不用糨糊？

2. 通过本次实验，你认为要做出一个好的标本，要注意哪些关键环节？

实验 27 藻类植物的采集和培养

【目的与要求】

熟悉藻类植物的采集和培养方法。

【材料与用具】

工具袋(厚帆布包)、25 号筛绢浮游生物网、塑料瓶(或试剂瓶)(100 mL)、广口瓶(250 mL、500 mL)、大镊子、采集刀、吸管、铅笔、标签纸、纸袋(或信封)等。

【内容与方法】

1. 淡水藻类的采集方法

(1) 浮游藻类：在较大较深水面，可用浮游生物网在水中作“∞”字形来回慢慢拖动采集。采集后将网垂直提出水面，打开网底的阀门，将采集到的标本注入标本瓶(或广口瓶)中。同时做好采集记录、编号，并在瓶上贴上标签，或用铅笔在纸条上写上编号，放入瓶中。

在较浅较小水体中，可直接用广口瓶灌注或用吸管吸取后再移入瓶中。

(2) 固着藻类：以固着器或假根固着于岩石、水生植物或其他基质上的藻类(如刚毛藻、丝藻)等，采集时可直接用手或镊子采下。如果不能保证标本的完整，则须用采集刀刮取或连基物一起采下。

(3) 气生藻类：对生活于潮湿的地面上、墙角、树皮上及花盆壁上的藻类可直接用采集刀刮下放入纸袋中。

2. 常见淡水藻类的野外识别观察

在野外采集藻类时，要先对所采的藻类有一个总体认识。藻类植物的粗略观察归类，一要看藻体的颜色，二要熟悉不同藻类的生活习性。有的藻类喜生于富含有机质的池塘、沟渠、污水坑中，如裸藻、颤藻等；有的藻类则生活于清洁的山涧溪流中，如串珠藻等；而有的藻类则生活于静水池塘、稻田或水流缓慢的沟渠中，如水绵、水网藻、刚毛藻等；还有的藻类能生活于水流湍急的河流、瀑布等环境中，如绿丝藻。对个体微小的浮游藻类，在野外用肉眼无法直接观察其形态结构，但可根据水色初步推断其大类群的组成。如水色很绿，可能为浮游绿藻较多，如水色为茶褐色，则可能含有较多的硅藻、金藻或甲藻，如果水面有一层绿色薄膜，则可能是裸藻形成的水华，若水面漂浮的蓝绿色或蓝黑色团块，则可能是颤藻类蓝藻，水底表面上的蓝绿色薄层，一般也为颤藻类蓝藻，浅水沟渠或池塘水底表面上褐色酱油状底栖物，则多为硅藻。

对一些特点突出的较大型丝状藻类，用肉眼也可作出鉴别。如水绵、双星藻不分枝，手感黏滑；刚毛藻可看出具多分枝，用手触摸有粗糙感；绿丝藻一般生活于清洁水流的石面上，丛生成一片绿色毡层，用手触摸既不黏滑也不粗糙；而轮藻的植物体大型，高达几十厘米，并有明显的节和节间，节上轮生短分枝，短枝的下侧还有橘红色的精囊球，因此极易识别。

3. 常见藻类的分离和培养

(1) 衣藻的分离和培养

1) 藻种分离　把野外采集来的衣藻水样，经显微镜镜检后，倒入广口瓶内，置于窗台向阳处，由于衣藻有趋光性，几个小时后，可见向阳面的瓶壁于水面的交界处出现一条绿线，用吸管从绿线处吸取一滴水，一般可得到成群的衣藻。

2) 培养　培养衣藻的最简便的方法是用土壤浸出液或有机培养液，也可用无机培养液。

土壤浸出液：取肥沃土壤 500 g，加水 1 000 mL，在高压锅内蒸煮灭菌 30 min，用冷却沉淀后的上清液作原液，用时稀释 5 倍即可。

有机培养液：将 100 g 白菜叶或萝卜根切碎，加水 200 mL，煮沸，冷却后取上清液作培养基。

无机培养液：硝酸铵 10.5 g、硝酸钾 19 g、磷酸二氢钾 17 g、硫酸镁 3.7 g、氯化钙 4.4 g、土壤浸出液 10 mL、水 990 g，以此作母液用时稀释 10 倍即可。

(2) 团藻的分离和培养：可用土壤浸出液或池塘水(最好是采集团藻标本的池塘水)经煮沸或高压灭菌，冷却，将含有团藻的水也倒入其中进行培养。因团藻喜凉，培养温度应在 8～20℃之间。

(3) 水绵的培养：水绵分布广泛，而且一年四季均可采到，一般不需培养。如果需要可用土壤浸出液、天然池塘水或富含有机质的菜园土和水 1∶1 的混合液(除去漂浮物)培养；也可用水绵的无机培养基培养，该培养基还能诱导、促进水绵的接合生殖。其配方如下：硝酸钾 1 g、硫酸镁 1 g、磷酸二氢钾 1 g、硝酸钙 3 g、水 1 000 mL，用时稀释 2 倍即可。

(4) 硅藻的培养：培养硅藻可用硅藻1号(HB-D1)培养液，其配方如下：

硝酸钠120 mg、硫酸镁70 mg、磷酸氢二钾40 mg、磷酸二氢钾80 mg、氯化钙20 mg、氯化钠10 mg、硅酸钠100 mg、柠檬酸铁5 mg、土壤浸出液20 mg、硫酸锰2 mg，加蒸馏水到1 000 mL。

4. 海藻的采集和保存

(1) 采集：位于沿海城市的学校，可利用自身的有利条件，采集一些海藻。采集海藻最好在退潮以后，在岩石或缝隙间寻找采集。大型海藻多营固着生活，采集时要设法用采集刀把固着器挖出，以保证标本的完整性。采集的小标本可放入盛有海水的广口瓶中，大标本放入采集桶内带回。

(2) 保存：海藻一般是做成浸制标本来加以保存。其方法是，把采回来的标本先清洗处理干净后，直接投入5%海水-福尔马林液(清洁海水95 mL与30%～40%福尔马林5 mL混合而成)里，封紧瓶口，可长期保存。海藻标本的采集、制作，也要进行编号、记录、贴标签等工作。

【实验报告】

概括总结本次实验的藻类植物采集、培养过程、结果以及其中的关键步骤。

【思考题】

采集时，瓶中所装藻类一般不能超过瓶容积的三分之二，为什么？

实验28 校园植物的调查研究

【目的与要求】

1. 通过对校园植物的调查研究使学生熟悉观察、研究区域植物及其分类的基本方法。

2. 认识校园内的常见植物。

【材料与用具】

放大镜、镊子、铅笔、笔记本、检索表等。

【内容与方法】

现在的大学校园面积都比较大，绿化比较好，栽培及自然生长的植物种类非常多。为了保证实验的质量和效果，实验教师可根据学校的实际情况，在实验前把校园划分成几个区域，学生可分成多个小组对不同校园区域的植物(包括栽培及自然生长的植物)进行调查研究。

1. 校园植物形态特征的观察

植物种类的识别、鉴定必须在严谨、细致的观察研究后进行。在对植物进行观察研究时，首先要观察清楚每一种植物的生长环境，然后再观察植物具体的形态结构特征。植物形态特征的观察应起始于根(或茎基部)，结束于花、果实或种子。先用眼睛进行整体观察，细微、重要部分须借助放大镜观察。特别是对花的观察、研究要极为细致、全面，从花柄开始，通过花萼、花冠、雄蕊，最后到雌蕊。必要时要对花进行解剖，分别作横切和纵切，观察花各部分的排列情况、子房的位置、组成雌蕊的心皮数目、子房室数及胎座类型等。只有这样，才能全面、系统地掌握植物的详细特征，才能正确、快速地识别和鉴定植物。

2. 校园植物种类的识别和鉴定

在对植物观察清楚的基础上，识别、鉴定植物就会变得很容易。对校园内特征明显、自己又很熟悉的植物，确认无疑后可直接写下名称；生疏种类借助于植物检索表等工具书进行检索、识别。

在把区域内的所有植物鉴定、统计后，写出名录并把各植物归属到科。

3. 校园植物的归纳分类

在对校园植物识别、统计后，为了全面了解、掌握校园内的植物资源情况，还须对它们进行归纳分类。分类的方式可根据自己的研究兴趣和校园植物具体情况进行选择。对植物进行归纳分类时要学会充分利用有关的参考文献。下面是几种常见的校园植物归纳分类方式。

(1) 按植物形态特征分类：木本植物(乔木、灌木、木质藤本)和草本植物(一年生草本、二年生草本、多年生草本)。

(2) 按植物系统分类：苔藓植物、蕨类植物、裸子植物、被子植物(双子叶植物、单子叶植物)。

(3) 按经济价值分类：观赏植物、药用植物、食用植物、纤维植物、油脂植物、淀粉植物、材用植物、蜜源植物、鞣质植物和其他经济植物。

4. 编制校园植物的定距式检索表

【实验报告】

写出所调查区域校园植物名录(归属到科)，并对它们进行归纳分类。

【思考题】

通过校园植物的调查、研究，谈谈你对学校绿化现状的意见和建议。

第三部分

研究性实验

实验 29　不同生境下植物叶片形态结构的比较观察

【研究背景】

叶子是植物的重要器官，它有两大生理功能，光合作用和蒸腾作用。蒸腾作用是根系吸收水分的动力之一，植物根系吸收的矿物质主要是随蒸腾液流上升并转运到植物体的其他部位。另外，蒸腾作用也能降低叶片的表面温度，从而使叶子在强烈的日光照射下，不至于因温度过分升高而受损伤。但蒸腾作用会消耗很多植物体内的水分，因而植物根系吸收的水分和叶片蒸腾作用消耗的水分之间需达到一个等量的状态，即水分平衡状态。植物在长期的进化过程中，逐渐形成了防止水分过分散失的结构，如叶表面的角质层、密生茸毛、气孔下陷或形成气孔窝、叶片内储水组织发达等，都是为了适应保持水分、减少水分蒸腾的特征。植物生活于不同的生态环境中其叶片的这些适应性结构不同，形态变化也较大。

【材料与方法】

1. 以菹草、芦荟叶、夹竹桃叶、松树叶、慈姑、小麦叶为实验材料，观察各种植物叶子的形态，用放大镜或在解剖镜下仔细观察叶片的表面(拍照或画简图记录)。

2. 取上述植物的叶子，作徒手切片(或冰冻切片)，制成临时装片在显微镜下观察，并绘图。据实验观察结果完成表 3 - 1。

表 3 - 1　不同植物叶片形态结构比较

植物名称 / 项目	小　麦	菹　草	夹竹桃	松树	慈姑	芦　荟
叶形、大小						
厚度、质地						
气孔数目/单位面积						
表皮附属物						
叶肉细胞						
栅栏组织						
海绵组织						
生长环境						

【实验报告】

1. 说明土壤中的水分经植物体散发到空气中的途径。

2. 说明植物叶子对生活环境(旱生、水生环境;阳地、阴地植物等)的适应性的形态结构特点。

3. 比较菹草、苦草、眼子菜、夹竹桃、松树、芦荟、仙人掌、小麦、玉米等植物叶子形态结构的异同点。

实验 30 不同形态结构的花与传粉的关系

【研究背景】

花是被子植物特有的生殖器官。典型的被子植物花由花柄、花托、花被、雄蕊群、雌蕊群五部分组成。其中,雄蕊群和雌蕊群是最重要的部分,它们是产生雌、雄配子的场所。当雄蕊中的花粉粒和雌蕊中胚囊成熟或二者之一成熟时,花即开放。由花粉囊散发出的成熟花粉粒,通过不同的媒介被传送到同一朵花或不同花的柱头上,完成传粉。传粉是开花植物有性生殖的一个必要过程,并且各类花都具有与传粉媒介、过程相适应的形态结构。

【材料与方法】

取唇形科(紫苏、薄荷、一串红、益母草)、杨柳科(杨属)、蝶形花科(豌豆、蚕豆等)、禾本科(玉米、小麦、水稻)、蔷薇科(苹果、海棠)、菊科(向日葵、蒲公英)、苦草、黑藻、金鱼藻、无花果、槭属等植物的花,用解剖镜(或用放大镜)观察其花的组成、结构及区别,用花程式和花图式表示花的构成。把实验观察结果填入表 3－2。

表 3－2 各种花形态结构及传粉方式

项目 \ 植物	杨柳科	蝶形花科	唇形科	蔷薇科	禾本科	无花果
花形态、大小						
花被(数目)及排列方式						
花的对称性						
花颜色						
花气味						
花托形状						

续 表

植物 项目	杨柳科	蝶形花科	唇形科	蔷薇科	禾本科	无花果
雄蕊数目及类型						
花药中花粉量						
雌蕊数目						
子房位置						
传粉方式及适应性特点						

【实验报告】

1. 从花的形态结构说明传粉的适应性特点。
2. 探讨不同植物的花形态结构的差异、盛花期时间与传粉媒介的关系。
3. 花托形态的变化与花的其他部分着生位置变化有何关系？与花的传粉方式有无关系？

实验 31 植物物候期的观察

【研究背景】

植物物候学是研究自然界的植物(包括农作物)和环境条件(气候、水文、土壤条件)的周期变化之间相互关系的科学。其目的是认识植物与自然季节现象变化关系的规律，以服务于农业生产和科学研究。

植物物候学是通过观测点或站(各个地方、各个区域)，一年当中的春、夏、秋、冬四个季节的变化和记录一年中植物的发芽、生长及枯荣情况，从而了解气候变化和季节、气候变化对植物生长发育的影响。植物物候的记录如：杨柳绿、桃花红、花粉散、草结籽、果晚熟、禾贪青等，既反应了当时的天气，又反映出过去一个时期内的天气情况(阳光、温度等)的积累。因而，从物候的观察记录资料中，可以得知气候的早迟、气温的高低、阳光的照射等情况，所以，植物物候学也可称为植物气候学。

【材料与方法】

1. 选择合适的植物

根据当地环境条件，选择适于生长、分布较广泛的植物(包括木本和草本、一年生和多年生)。

2. 观察记录

1) 木本植物的芽萌动期、芽开放期、展叶期、叶变色期、落叶期、新枝生长、花期、果期。

2) 草本植物的萌动期、展叶期、花期、果期、黄枯期。

3) 农作物观测记录时注意：播种、出苗、第三叶出现、分蘖、拔节、现蕾(抽穗)、开花结实、完熟(收获)等。并配合记录田间管理措施。

3. 配合观察记录

环境气象条件：风、雨、雷、电;温度;光照;霜、冻、雪等的起始及结束期。

【实验报告】

1. 将观测记录的资料制成表格或坐标曲线,并仔细分析这些资料,得出结论。

2. 不同区域(不同纬度、海滨或内陆)观测、记录的资料相互交换,对比分析后看同一种(类)被观测植物的物候期是否一致,并分析它们出现不一致情况的可能原因。

3. 分析植物的物候期与哪些条件有关(植物自身和外在条件)?

4. 不同区域生长的同类植物的物候期是否一致?分析原因。

5. 分析植物物候期在农业生产上的意义。

实验 32　近郊常见植物调查

【研究背景】

植物的生长和分布与周围的环境有着密切关系,通常情况下,植物只能在适宜的环境条件下生长,这是植物在长期对环境条件的适应过程中形成的特性。因此,在不同的环境条件下,就会有不同的植物种类,同时,植物的生长和分布又能反映出环境的特点,植物与环境之间有着密切的辩证关系。

环境是各个生态因子的总和,包括光、温度、水、空气和土壤等,这些因子不是孤立的,而是相互影响和相互制约的,因此,环境对植物的作用是各个生态因子的综合作用。本实验通过对山地丘陵、池塘、平原等不同环境条件下常见植物的采集、鉴定,使同学们在识别常见植物的基础上,进一步了解植物与环境间的关系。

【材料与方法】

准备标本夹、吸水纸、采集袋、枝剪、小镐头、标签及野外记录本、放大镜、铅笔、参考书等。

选取近郊一些典型生境,如山地丘陵、池塘、平原等地区进行植物的识别,了解常见植物及其生境特点,理解植物与环境的关系。

1. 山地丘陵常见植物

山地丘岭地区由于地形复杂,拥有峰、梁、坡、谷和台等各种地形,在这类地形上,又有高度、坡度、坡向等等变化,存在着多种多样的生态环境,所以,山地丘陵地区的植物种类和分布状况要比平原复杂得多。常见的植物种类为乔木、灌木、草本植物等。

2. 池塘生境常见植物

池塘中生长的植物主要是水生植物,根据植物对水的深度适应性不同,可以将它们分为三种类型:挺水植物、浮水植物和沉水植物。

3. 农田、路边生境常见植物

农田及其附近的杂草是农业生产中的一害,由于它们生长快,繁殖能力强,并且具有较强的抗逆性,与农作物竞争肥、水和空间,从而严重影响农业生产,因此识别常见的农田杂草具有较大的实践意义。

【实验报告】

1. 举例说明水生植物的类型及适应特点。
2. 编制检索表，区别常见的农田杂草。

实验 33 植物花粉形态观察研究

【研究背景】

比较形态学是植物分类学最为重要的一个资料来源，分类群以明显的、而不是隐微的特征来划分，自然非常方便，但这是造成分类学上主观性的重要原因之一。进入 20 世纪以来，由于显微技术的不断发展，人们可借助光学显微镜和扫描电子显微镜观察植物表面的细微形态，与(宏观)形态相对应，将其称为微形态。微形态学的研究内容很广泛，从植物体茎叶表皮细胞形状和排列、外层细胞壁的突起到叶片表面毛、气孔器、腺体的结构和形态以及果实、种子和花粉表面的精细结构，其中对花粉形态结构的研究形成了一门独立的学科——孢粉学(Palynology)。孢粉学是研究植物花粉(种子植物)和孢子(孢子植物)的科学。孢粉学的发展对现代植物分类学产生了很大影响，为分类学提供了大量信息资料，同时也对地质学、古植物学的发展起到了积极的推动作用。

【材料与方法】

光学显微镜、扫描电子显微镜、水浴锅、离心机、小试管、镊子、解剖针、细铜网、载玻片、盖玻片、双面透明胶带、酒精灯、目镜测微尺；

冰乙酸、乙酸酐、浓硫酸、甘油、石炭酸、加拿大树胶、蒸馏水、酒精。

花粉形态特征很复杂，形状、大小、极性、萌发孔、外壁纹饰及结构有着很大差异，因此相对应的描述术语也很多，可参阅《中国植物花粉形态》、《孢粉学手册》、《孢粉学概论》等专著或教材。

不同科属植物材料花粉可以取自新鲜植株或腊叶标本均可。

1. 花粉材料的收集

取植物的具花腊叶标本，用解剖针和镊子小心拨取花药分别放入 6 支小玻璃管中并编号，或从新鲜植株的花朵中拨取花药。

2. 乙酸酐分解法制片

将 2 mL 冰乙酸加入上述盛有花药的小玻璃管中，待花药泡软后将其弄破。通过细铜网将花粉过滤到编号对应的离心管中，经离心沉淀后，倒去冰乙酸。加入乙酸酐-浓硫酸混合液(9∶1)，将离心管放入水浴锅(或具水的烧杯中)加热至沸，1～2 min 后离心沉淀，倒去混合液。加入蒸馏水，再离心，重复 3 次。加入 50%甘油，将甘油和花粉一起倒入小玻璃管中，并加入少许防腐剂(石炭酸或麝香草酚)。将保存材料制成固定封片。

3. 扫描电镜样品的制备

取花药少许置于载玻片上，然后滴 50%酒精 1 滴，用小镊子把花药压碎，将花粉粒洗脱，经自然干燥，置光学显微镜下检查花粉粒的多少，当达到一定量的花粉时，再用小毛笔尖蘸花粉粒转到具双面透明胶带纸的样品台上，将载有花粉粒样品的样品台移于镀膜机上，喷金镀膜 3 min 后即可在扫描电镜下观察照相。

4. 观察测量

将用乙酸酐分解法制成的固定封片置于光学显微镜下观察，注意观察花粉粒的形状、萌发孔的类型，并用目镜测微尺测量花粉粒的大小，每种花粉粒测量 20 粒，取其最小值、最大值和平均值。在扫描电镜下观察花粉粒的形状，萌发孔(沟)的类型，尤其是外壁纹饰，利用扫描电镜照片测量萌发沟的大小，测量值根据放大照片上的比例尺，重新准确计算照片的实际放大倍数，然后以在照片上的实际大小长度除以放大倍数求得。

【实验报告】

1. 将观察结果填入表 3-3。

表 3-3 常见植物的花粉形态特征比较

种名	花粉粒形状	花粉粒大小	萌发孔		外壁纹饰
			类型	沟的大小	

2. 比较不同科属植物花粉形态特征差异，探讨植物的亲缘关系。

附　　录

附录 1　常用植物学实验仪器

1. 显微镜

植物学实验中常用普通光学显微镜，它通过特殊的光学成像原理把被观察的物体放大几十倍到几百倍甚至上千倍，使我们能够对微小的生物及生物体的细胞结构进行仔细地观察。它是研究植物细胞结构、组织特征和器官构造的不可取代的重要工具。

植物学实验中还常用到电子显微镜，它分为透射电子显微镜和扫描电子显微镜，即人们常说的透射电镜和扫描电镜。可观察了解植物细胞超微结构及对样品进行成分和元素分布的分析。

2. 恒温培养箱

利用电热，可调节温度范围 25～60℃，一般用于种子萌发、酶促反应、离析材料，以及制片时的浸蜡等。

3. 电冰箱

作为一种小型的制冷设备，主要用于实验药品、试剂和新鲜材料在低温或冷冻条件下保存。

4. 切片机

(1) 轮转式切片机：这种切片机是将切片刀固定在刀架上，将材料预先用石蜡作为包埋剂包埋，切制时将材料放置在夹钳上，利用手摇或电力带动转轮，使刀刃切下所需薄片，这种切片机可以切制连续蜡带。制作石蜡切片，目前多使用这种切片机。配置一套半导体冰冻机后可作冰冻切片，切片的截面不宜过大，一般在 10 mm×10 mm，切片的厚度可在 1～25 μm 范围内调节。

(2) 滑走切片机：是由机身、升降夹物装置、切片刀的夹刀滑行部分组成。它的夹物装置下连接着控制切片厚度的微调装置，当夹刀部分滑行时，在夹物部分的组织块就被切下一片，当夹物部分再从轨道上退回原处时，微调装置会自动地将夹物装置向上升出一段距离，即一片材料的厚度。可用于切制木材或其他较硬材料(例如小麦粒、玉米粒等)。平常冰冻切片也可用这种切片机，还可作石蜡切片用。切片的厚度，一般可在 10～100 μm 之间调节。但作连续切片不如轮转切片机方便。

(3) 冷冻切片机：通常是在滑走切片机或轮转切片机上装一个冷冻装置。切片刀及切片操作基本上与使用滑走切片机或轮转切片机的操作相似。

5. 其他常用器具

(1) 载玻片：通用的为 25 mm×75 mm，厚度在 1.1～1.5 mm 左右。载玻片太薄容易破碎，而且不符合一般显微镜预制上的要求。如果太厚(超过 2 mm)，高倍物镜(如油镜)无法观察。

(2) 盖玻片：常用的有方形或矩形等规格。方形多为 8 mm×8 mm 和 22 mm×22 mm两种，矩形的多为 22 mm×30 mm 或 22 mm×40 mm 等。

(3) 培养皿：平常可按需要备有 100 mm×15 mm 的数套及直径较小的数套。

(4) 量筒：一般备有 25 mL、100 mL、1 000 mL 的三种即可。

(5) 漏斗：可备用上口直径 55 mm 和 100 mm 的两种。

(6) 试管：通用口径 20 mm×150 mm。

(7) 烧杯：备有 25 mL、50 mL、100 mL、200 mL、500 mL、1 000 mL 等几种。

(8) 广口瓶和细口瓶：需有各种规格(容积在 30 mL 到 1 000 mL)。

另外还需备有解剖盘、解剖针、解剖剪、刀片、镊子、放大镜、毛笔、酒精灯、纱布等常用器具。

附录 2　实验药剂的配制

1. 常用清洁剂

将乙醚和乙醇按 7∶3 混合，装入滴瓶备用。用于擦拭显微镜镜头上油迹和污垢等(注意瓶口必须塞紧，以免挥发)。

2. 常用固定液、离析液

(1) 福尔马林-乙酸-酒精固定液(FAA，又称万能固定剂)：福尔马林(38%甲醛)5 mL+冰乙酸 5 mL+70%酒精 90 mL，可用于固定植物的一般组织，但不适用于单细胞及丝状藻类。幼嫩材料用 50%酒精代替 70%酒精，可防止材料收缩；还可加入 5 mL 甘油(丙三醇)以防蒸发和材料变硬。FAA 可兼作保存剂。

(2) 福尔马林-丙酸-酒精固定液(FPA)：福尔马林 5 mL+丙酸 5 mL+70%酒精 90 mL，用于固定一般的植物材料，通常固定 24 h，效果比 FAA 好，并可长期保存。

(3) 福尔马林-丙酸-氯仿固定液(卡诺固定液)

配方一：无水酒精 3 份+冰乙酸 1 份。

配方二：无水酒精 6 份+冰乙酸 1 份+氯仿 3 份。

是研究植物细胞分裂和染色的优良固定液，材料固定后，用 95%和 85%的酒精浸洗，清洗 2～3 次，也可转入 70%酒精中保存备用。

(4) 甘油-酒精软化剂：甘油 1 份+ 50%或 70%酒精 1 份，适用于木材的软化，将木质化根、茎等材料排除空气后浸入软化液中，时间至少一周或更长一些，也可将材料保存于其中备用。

(5) 铬酸-硝酸离析液：铬酸为三氧化铬的水溶液：① 10 mL 铬酸；② 10 mL 浓硝酸。将上述两液等量混合均匀后再使用。适于对导管、管胞、纤维等木质化的组织进行解离时使用。

(6) 盐酸-酒精固定离析液：将浓盐酸、95%酒精等量混合备用，一般用于离析根尖细胞。

(7) 铬酸-乙酸固定液：根据固定对象的不同，可分强、中、弱 3 种不同的配方：

弱液配方：10%铬酸 2.5 mL+10%乙酸 5.0 mL+蒸馏水 92.5 mL；

中液配方：10%铬酸 7 mL+10%乙酸 10 mL+蒸馏水 83 mL；

强液配方：10%铬酸 10 mL+10%乙酸 30 mL+蒸馏水 60 mL。

弱液用于固定较柔嫩的材料，例如藻类、真菌类、苔藓植物和蕨类的原叶体等，固定时间较短，一般为数小时，最长可固定 12～24 h，但藻类和蕨类的原叶体可缩短到几分钟到 1 h。

中液用作固定根尖、茎尖、小的子房和胚珠等，固定时间 12～24 h 或更长。

强液适用于木质的根、茎和坚韧的叶子、成熟的子房等。为了易于渗透，可在中液和强液中另加入 2%的麦芽糖或尿素。固定时间 12～24 h 或更长。

(8) 铬酸-乙酸-福尔马林混合液：这 3 种药品混合在一起所配成的各种固定液，通常称纳瓦兴式固定液(Nawashin fixative)，简称 Craf。配方见下表附 1－1。

附表　纳瓦兴式固定液配方(单位：mL)

常备液	试剂名称	纳瓦兴原式	纳瓦兴式液					桑弗利斯液
			Ⅰ	Ⅱ	Ⅲ	Ⅳ	Ⅴ	
甲液	1%铬酸		40	40	60			
	10%铬酸	15				8	10	
	10%乙酸		15	20	40	60	70	
	冰乙酸	10	—					8
	蒸馏水	75	45	40		32	20	79
乙液	福尔马林	40	10	10	20	20	30	64
	蒸馏水	60	90	90	80	80	70	36

甲、乙两液均为贮备液，使用之前才将甲、乙两液等量混合。适用于组织学和细胞学的研究材料。柔嫩而含水多的材料，可选用Ⅰ式或Ⅱ式固定，坚韧而成熟的材料，可选用高浓度的Ⅳ式或Ⅴ式，一般材料多采用Ⅲ式，Ⅲ式使用得最普遍。制作染色体和有丝分裂的纺锤体标本时，常采用桑弗利斯固定液。Ⅰ至Ⅴ式固定时间为 12～48 h，桑弗利斯液固定时间为 4～6 h。

(9) 鲁哥氏液(Lugol's solution)：先将 6 g 碘化钾溶于蒸馏水中，搅拌溶解后加入 4 g 碘，待碘溶解后加入 80 mL 蒸馏水即成。这种固定液最适于固定浮游藻类，其使用浓度一般以1.5%为宜。

(10) 李庆特氏液(Lichent's fluid)：1%铬酸水溶液 15 mL ＋ 冰乙酸 5 mL+福尔马林 80 mL。这种固定液适于固定丝状藻类和真菌。

3. 常用染色液

(1) 番红染液

1) 番红水液　取 0.1 g 番红溶于 100 mL 蒸馏水中，过滤后即成 0.1%的番红染液；

2) 番红酒液　取 0.1 g 番红溶于 100 mL 50%酒精中，过滤后即可使用。

番红是一种碱性染料，可将木质化、栓质化和角质化的细胞壁及细胞核中的染色质和染色体染成红色。在植物组织制片中常与固绿配合进行对染，是最常用的染色剂之一。

(2) 固绿染液：取 0.1 g 固绿溶于 100 mL 95%酒精中，过滤后即可使用。

固绿是一种酸性染料，可将纤维素的细胞壁和细胞质染成绿色。在植物组织制片中常与番红配合进行对染，是最常用的染色剂之一。

(3) 碘-碘化钾(I-KI)染液：先取 3 g 碘化钾溶于 100 mL 蒸馏水中，再加入 1 g 碘，溶解后即可使用，它能将蛋白质染成黄色。若用于淀粉的鉴定，还需稀释 3～5 倍。如果用于观察淀粉粒上的轮纹，需稀释 100 倍以上，观察结果更清晰。

(4) 苏丹Ⅲ(或Ⅳ)染液：有两种配法，如下。

1) 取 0.1 g 苏丹Ⅲ(或Ⅳ)，溶解于 20 mL 95%的酒精中即可；

2) 先将 0.1 g 苏丹Ⅲ(或Ⅳ)溶解在 50 mL 丙酮中，再加入 70%酒精 50 mL，即可使用。

染色时可将脂肪、角化、栓化的细胞壁染成橘黄色。

(5) 间苯三酚染液：将 5 g 间苯三酚溶解于 100 mL 95%的酒精中(注意溶液呈黄褐色即失效)。用来染木质化的细胞壁。

(6) 铁乙酸洋红染液：洋红(又名胭脂红)1 g + 冰乙酸 90 mL + 蒸馏水 110 mL。

配法一：冰乙酸 90 mL 加入 110 mL 蒸馏水中煮沸。取下后立即加入 1 g 洋红搅拌，使之迅速冷却并过滤，再加入数滴乙酸铁或氢氧化铁媒染剂的水溶液，至颜色变为红葡萄酒色即可(注意铁剂不要加得太多，否则洋红会发生沉淀)。

配法二：先将 200 mL 45%乙酸水溶液放入锥形瓶中煮沸后停止加热，然后将 1 g 洋红粉末分多次缓慢加入(注意不能一次倾入，以防溅沸)。待全部加完后，再煮 1～2 min，并用棉线悬入一生锈的小铁钉，过 1 min 后取出，或滴入 4%的铁明矾液5～10 滴，使染色剂略含铁质，以增进染色性能。过滤后，放棕色滴瓶中备用(避免阳光直射)。

如无洋红，可用地衣红代替，配法同洋红，而且对于某些植物染色效果更好。

(7) 龙胆紫染液：取 0.2 g 龙胆紫溶于 100 mL 蒸馏水中。一种碱性染料，可染细胞核、染色质、纺锤丝、线粒体等。现常以结晶紫代替。必要时可将医用紫药水稀释 5 倍后代用。

(8) 改良苯酚品红染液：是近年来观察植物染色体时新使用的比较理想的染色剂，优点较多，使用方便。配制顺序如下：

A 液：取 3 g 碱性品红溶于 100 mL 70%酒精中(可长期保存)；

B 液：取 A 液 10 mL 加入 90 mL 5%苯酚(即石炭酸)水溶液中(2 周内使用)；

C 液：取 B 液 55 mL 加入 6 mL 的冰乙酸和 6 mL 38%甲醛(可长期保存)；

染色液：取 C 液 10～20 mL，加入 80～90 mL 45%乙酸和 1.5 g 山梨醇。放置 2 周后使用，染色效果显著，可普遍用于植物组织的压片法和涂片法，使用 2～3 年不变质。山梨醇为助渗剂，兼有稳定染色液的作用。如果没有山梨醇，也能染色，但效果稍差。

(9) 苏木精染液：苏木精是植物组织制片中应用最广的染料，它不仅是很强的核染料，而且染色时可以分化出不同的颜色。它的配方很多，最常用的配方有：

1) 代氏苏木精

甲液：苏木精 1 g + 95%酒精 10 mL；

乙液：铵明矾(硫酸铝铵)10 g+蒸馏水 100 mL；

丙液：甘油 25 mL + 甲醇 25 mL；

配法：分别配制甲、乙液，充分溶解后，将甲液滴入乙液中，并不断摇动，放入广口瓶，瓶口用纱布扎住，置于光线充足的地方一周以上，再加丙液，混合均匀，瓶口仍用纱布封住，继续充分氧化，直到颜色变成深紫黑色为止。过滤，再密封瓶口，两个月后即可使用。染色力强，可保存多年不变质。如果急用，可加少量过氧化氢促其氧化。使用时根据需要可稀释 1～3 倍。

2）铁矾苏木精

甲液：铁明矾（硫酸铁铵）4 g ＋蒸馏水 100 mL＋冰乙酸 1 mL＋硫酸 0.12 mL。甲液是媒染剂，必须用时现配，保持新鲜；

乙液：苏木精 0.5 g＋蒸馏水 100 mL。

乙液有两种配法，配制程序如下：先将苏木精 0.5 g 溶于少量 95％酒精中，待溶解后，再加入蒸馏水 100 mL，瓶口用纱布包扎静置，使其慢慢氧化，约一个月后过滤备用。如急用，可加入 3～5 mL过氧化氢，可促其氧化成熟。或取苏木精2 g溶解于 20 mL 95％酒精中，过滤做为长期保存的原液。使用时，用蒸馏水稀释，即取原液 5 mL 加入蒸馏水 95 mL，即成 0.5％的苏木精水液。

（10）曙红染液：取曙红 0.25 g 溶于 100 mL 95％酒精中。常与苏木精对染，能使细胞质染成浅红色，起衬染作用。

（11）中性红染液：取中性红 0.1 g 溶于 100 mL 蒸馏水中，用时再稀释 10 倍左右，用于染细胞中的液泡，可鉴定细胞的死活。

（12）钌红染液：取 5～10 mg 钌红溶于 25～50 mL 蒸馏水中即可。因配后不易保存，应现用现配。钌红是细胞胞间层的专性染料。

（13）亚甲基蓝染液：取 0.1 g 亚甲基蓝，溶于 100 mL 蒸馏水中即成。常用于细菌等的染色。

（14）其他常用药品的配制：

1）酸酒的配制　取 100 mL 50％或 95％酒精，加入 1～2 滴浓盐酸，摇匀后即可使用。

2）树胶封固剂　将固体的加拿大树胶块，溶解于二甲苯或正丁醇中，浓度要适当（注意绝对不能混入水或酒精），是玻片标本最好的封固剂。也可用人工合成的中性树胶代替。

3）明胶粘贴剂　明胶 1～2 g＋石炭酸（苯酚）2 g＋蒸馏水 100 mL＋甘油15 mL。

配法：先将蒸馏水加温至 30～40℃，慢慢加入明胶，待全部溶解后，再加入 2 g 苯酚和 15 mL 甘油，搅拌至全溶为止，然后用纱布过滤，滤液贮于瓶中备用。

4）各级酒精的配制　由于无水乙醇价格较高，故常用 95％的酒精配制。配制方法很简便，用 95％的酒精加上一定量的蒸馏水即可。可按下列公式推算：

（原酒精浓度值（95％）－最终酒精浓度值）×100＝所需加水量

最终酒精浓度	95％酒精用量	蒸馏水量
85％	85 mL	10 mL
70％	70 mL	25 mL
50％	50 mL	45 mL
30％	30 mL	65 mL

5）洗液的配制 （专用于清洁玻璃器皿）

取重铬酸钾(工业用)8～10 g 溶于 100 mL 清水中，加热使溶解，待冷却后，再加入浓硫酸(工业用)100 mL(注意要分 4～5 次缓慢加入，以免发生高热、爆裂玻璃容器)。当洗液变成墨绿色时，说明其已氧化变质，应该废弃。洗液的腐蚀性极强，当心沾染衣服、桌面和皮肤，以防损坏。

主要参考文献

陈阜东. 1985. 植物简易实验观察. 北京：科学出版社.

陈汉斌等. 1990. 山东植物志(上). 青岛：青岛出版社.

陈汉斌等. 1997. 山东植物志(下). 青岛：青岛出版社.

陈阅增. 2001. 普通生物学. 北京：高等教育出版社.

高信曾. 1995. 植物学实验指导. 北京：高等教育出版社.

关雪莲，王丽. 2002. 植物学实验指导. 北京：中国农业大学出版社.

何凤仙. 2000. 植物学实验. 北京：高等教育出版社.

胡适宜. 1983. 被子植物胚胎学. 北京：人民教育出版社.

华东师范大学，上海师范大学. 1982. 植物学. 北京：高等教育出版社.

贾洪敏，杨德奎等. 1995. 植物学实验教程. 济南：山东教育出版社.

李法曾，2004. 山东植物精要. 北京：科学出版社.

李扬汉. 1984. 植物学. 上海：上海科学技术出版社.

李正理. 1983. 植物解剖学. 北京：高等教育出版社.

李正理. 1996. 植物组织制片学. 北京：北京大学出版社.

陆时万，沈敏健. 2000. 植物学(上). 北京：高等教育出版社.

明延凯. 1991. 植物学实验教程. 东营：石油大学出版社.

丘安经. 2001. 植物学实验指导. 广州：华南理工大学出版社.

山东经济植物编写组. 1978. 山东经济植物. 济南：山东人民出版社.

山东经济植物编写组. 山东经济植物. 1978. 济南：山东人民出版社.

滕崇德. 1992. 植物学(上). 上海：东北师范大学出版社.

童恩预，何汝保. 1993. 植物学实验指导. 开封：河南大学出版社.

汪劲武. 2009. 种子植物分类学(第2版). 北京：高等教育出版社.

王英典，刘宁. 2001. 植物生物学实验指导. 北京：高等教育出版社.

吴国芳等. 2000. 植物学(下册). 北京：高等教育出版社.

吴人坚，张丕方. 1987. 植物学实验方法. 上海：上海科学技术出版社.

徐汉卿. 1996. 植物学. 北京：中国农业出版社.

阎毓秀. 2000. 植物学实验指导. 北京：中央广播电视大学出版社.

杨继. 2000. 植物生物学实验. 北京：高等教育出版社.

杨世杰. 2000. 植物生物学. 北京：科学出版社.

赵遵田，樊守金等. 1995. 植物学实验教程. 济南：山东教育出版社.

郑国铝. 1985. 生物显微技术. 北京：人民教育出版社.

中国科学院植物研究所. 1972. 中国高等植物图鉴. 北京：科学出版社.

中国科学院植物研究所形态学及细胞学研究室. 1974. 情报资料室. 扫描电子显微镜在植物上的应用. 北京：科学出版社.

周仪. 1993. 植物形态解剖实验(第二版). 北京：北京师范大学出版社.

周云龙. 1993. 孢子植物实验及实习. 北京：北京师范大学出版社.

竺可桢，宛敏渭. 1999. 物候学. 长沙：湖南教育出版社.